Felix Wemheuer (Hg.)
Linke und Gewalt

Bibliografische Information der Deutschen Bibliothek:

Die Deutsche Bibliothek verzeichnet diese Publikation in der Deutschen Nationalbibliografie; detaillierte bibliografische Daten sind im Internet über http://dnb.ddb.de abrufbar.

© 2014 Promedia Druck- und Verlagsgesellschaft m.b.H., Wien
Alle Rechte vorbehalten
Lektorat und Gestaltung: Stefan Kraft
Umschlaggestaltung: Gisela Scheubmayr
Druck: CPI – Clausen & Bosse, Leck
Printed in Germany
ISBN: 978-3-85371-370-9

Fordern Sie die Kataloge unseres Verlages an:

Promedia Verlag
Wickenburggasse 5/12
A-1080 Wien

E-Mail: promedia@mediashop.at

Internet: www.mediashop.at
             www.verlag-promedia.de

Felix Wemheuer (Hg.)

Linke und Gewalt

Pazifismus, Tyrannenmord,
Befreiungskampf

Über den Herausgeber

Felix Wemheuer, Jahrgang 1977, lebt in Wien und veröffentlichte in der „Edition Linke Klassiker" bei Promedia „Maoismus. Ideengeschichte und revolutionärer Geist" (2009) sowie (gemeinsam mit Barbara Eder) „Die Linke und der Sex. Klassische Texte zum wichtigsten Thema" (2011). Außerdem verfasste er eine Biographie über Mao Zedong und ein Buch über die Hungersnöte in China und der Sowjetunion im 20. Jahrhundert. Wemheuer ist regelmäßiger Mitarbeiter der Wochenzeitschrift „Jungle World".

Inhaltsverzeichnis

Felix Wemheuer
Linke und Gewalt in den revolutionären Zyklen des 20. Jahrhunderts 7

Kapitel I: Krieg und bewaffnete Revolution

Wladimir Iljitsch Lenin
Militärprogramm der proletarischen Revolution (1916) 33
Pierre Ramus
Ziviler Ungehorsam gegen Konterrevolution und Militarismus (1921) 40
Mao Zedong
Politische Macht kommt aus den Gewehrläufen (1938) 48
Régis Debray
Bewaffnete Agitation (1967) 54

Kapitel II: Individueller Terror, „Tyrannenmord" und gesellschaftliche Veränderung

Wera Figner
Volkswille und Zarentötung (1926) 61
Johann Most
Es lebe der Tyrannenmord! (1881) 68
Rosa Luxemburg
Terror kann die Gemüter des Proletariats befreien (1905) 72
Leo Trotzki
Über den Terror (1911) 75
Gustav Landauer
Gewalt als Quelle von Despotie und Autorität (1901) 79
Erich Mühsam
Sabotage und Attentate (1932) 83

Kapitel III: „Roter Terror" und die Verteidigung der Revolution

Karl Kautsky
Bolschewistischer Terrorismus (1919) 87
Leo Trotzki
Pflicht zum Terror, um die Revolution zu verteidigen (1920) 90
Isaac Steinberg
Die Grenzen der revolutionären Gewalt (1931) 98
Errico Malatesta
Lieber untergehen, als Galgen errichten (1924) 109

Kapitel IV:
Gewalt als Mittel zur Befreiung des kolonialisierten Menschen und der Afroamerikaner

Frantz Fanon
Gewalt und Dekolonialisierung (1961) 113
Martin Luther King
Aufruf zum zivilen Ungehorsam (1967) 123
Eldridge Cleaver
Der Tod von Martin Luther King: Requiem für die Gewaltlosigkeit (1968) 129

Kapitel V: „Stadtguerilla": Strategie und Kritik

Rote Armee Fraktion
Das Konzept Stadtguerilla (1971) 133
Oskar Negt
Keine Solidarität mit den Desperados der RAF (1972) 145
Schreckliche Situation: Interview mit Sartre über seinen Besuch bei Baader (1974) ... 151
Interview mit der Roten Zora: Bildet Banden (1984) 154

Anhang

Autorinnen und Autoren des Bandes 163
Quellen 169
Weiterführendes 171

Felix Wemheuer
Linke und Gewalt
in den revolutionären Zyklen des 20. Jahrhunderts

„Die Waffe der Kritik kann allerdings die Kritik der Waffen nicht ersetzen (...)."
Karl Marx (1844)

„Danton: Wo die Notwehr aufhört, fängt der Mord an; ich sehe keinen Grund, der uns länger zum Töten zwänge.
Robespierre: Die soziale Revolution ist noch nicht fertig; wer eine Revolution zur Hälfte vollendet, gräbt sich selbst sein Grab."
Georg Büchner, „Dantons Tod" (1835)

„Furchtbar ist es, zu töten.
Aber nicht andere nur, auch uns töten wir, wenn es nottut
Da doch nur mit Gewalt diese tötende
Welt zu ändern ist, wie
Jeder Lebende weiß."
„Die vier Agitatoren", in: Bertolt Brecht, „Die Maßnahme" (1930)

Gewalt kennt viele Formen und hat viele Namen. Dieses Buch dokumentiert einige der hitzigen Debatten innerhalb der globalen Linken im Zeitraum von den 1880er bis zu den 1980er Jahren um die Frage der Ausübung von Gewalt zur sozialrevolutionären Veränderung gesellschaftlicher Verhältnisse. Der Schwerpunkt liegt auf den Diskussionen über den bewaffneten Kampf: Kann auf Gewalt beruhende Herrschaft mit friedlichen Mitteln gestürzt werden oder ist Gegengewalt notwendig? Wenn ja, welche Formen sind in Bezug auf die Ziele zu rechtfertigen und welche nicht? Wie steht es mit Sabotage, „Tyrannenmord" oder gar Geiselerschießungen? Wie verändert die Gewaltausübung den Revolutionär? Kann man überhaupt verhindern, daß man seinen Gegnern immer ähnlicher wird? Welche Auswirkungen hat der bewaffnete Kampf auf Subalterne in Kolonien und „Ghettos" oder auf die Geschlechterverhältnisse?

Um die Breite der Debatten zu diesen Fragen darzustellen, wurden für diesen Band Texte von Kommunisten, (pazifistischen) Anarchisten, russischen Sozialrevolutionären, schwarzen Bürgerrechtlern, Theoretikern des Partisanenkrieges und der „Stadtguerilla" sowie deren Kritikern ausgewählt. Der Begriff „Linke" wird großzügig verwendet und umfaßt so unterschiedliche Akteure wie Martin Luther King oder die Rote Armee Fraktion (RAF). Die Teilnahme am Kampf für eine andere Gesellschaft hat ihren Preis. Fast alle der 18 Autoren und Autorinnen dieses Buches saßen im Gefängnis oder mußten aus ihrer Heimat fliehen. Erich Mühsam, Gustav Landauer, Rosa Luxemburg, Leo Trotzki und Martin Luther King wurden von ihren politischen Gegnern ermordet.

Historische Verortung

Um die Texte und die Gewaltfrage in einen historischen Kontext zu stellen, sollen die zentralen globalen Revolutionszyklen[1] des 20. Jahrhunderts thesenhaft kurz periodisiert werden. „Globaler Zyklus" bedeutet eine Gleichzeitigkeit von revolutionären Bewegungen, die in einem bestimmten Zeitraum ausbrechen und dann wieder abflauen. Damit ist nicht gesagt, daß die revolutionären Bewegungen in den Ländern, wo der Aufruhr konzentriert war, immer direkt miteinander zusammenhingen. Die Akteure fühlten sich jedoch als Teil eines globalen Moments und bezogen sich in ihren Kämpfen aufeinander.

Auf jedes revolutionäre Aufbrechen der Verhältnisse folgten konterrevolutionäre Gegenbewegungen wie der „weiße Terror" nach dem Ersten Weltkrieg, der Faschismus oder die „Aufstandsbekämpfung" der Kolonialmächte und der USA seit den 1950er Jahren. Diskurse der sozialrevolutionären Gewalt kann man nur verstehen, wenn man sie in Interaktion mit der konterrevolutionären Gewalt betrachtet.

Der erste Zyklus: „Den Krieg in den Bürgerkrieg umwandeln" (1917–1923)

Der Ausbruch des Ersten Weltkriegs 1914 läutete das Ende der Sozialdemokratie als internationalistische Bewegung ein, da so gut wie alle Arbeiterparteien in Europa ihre eigenen Regierungen in der großen Massenschlächterei unterstützten. Aus der Opposition gegen diesen Krieg, deren prominenteste Vertreter die russischen Bolschewiki stellten, sollte einige Jahre später die kommunistische Weltbewegung entstehen. Auch die anarchistische Bewegung erlebte in den Nachkriegsjahren in einigen Ländern Europas und Asiens einen bedeutenden Aufschwung.

Die erste Welle der Revolutionen in Europa zwischen den Jahren 1917 und 1919 war eine unmittelbare Folge des Krieges. Die Massenmobilisierung brachte die Verhältnisse zum Tanzen, da Millionen Menschen als Soldaten aus ihren gewohnten sozialen Verhältnissen gerissen worden waren. Um alle Ressourcen in den Dienst des Krieges zu stellen, griff der Staat in einem nicht gekannten Ausmaß in die Wirtschaft ein und übernahm in vielen Ländern in Form eines Rationierungssystems die Versorgung der Soldaten und weiterer Teile der Bevölkerung. Im zaristischen Rußland, dem deutschem Kaiserreich und Österreich-Ungarn führten Versorgungskrisen im zweiten bzw. dritten Kriegsjahr zu Massenprotesten und Streiks. Revolutionen wurden möglich, da Soldaten revoltierten und sich den Aufständen anschlossen. In Rußland desertierten vor allem die bäuerlichen Soldaten in Massen. Die neue Provisorische Regierung, die durch die Februarrevolution von 1917 an die Macht kam, beging schwere Fehler, als sie weder eine Landreform in Gang brachte, noch den Krieg beendete. Dadurch bot sich den revolutionären Bolschewiki, gestützt auf Teile der Arbeiterklasse, im Oktober 1917 die Chance die Macht zu ergreifen. Der Aufruf der neuen bolschewistischen Regierung für einen sofortigen Friedensschluß ohne Annexionen machte die Oktoberrevolution für

---

1 Emmanuel Wallerstein spricht von globalen „anti-systemischen Bewegungen" und nimmt eine andere Einteilung vor; „New Revolts against the System" (2002), in: New Left Review No.18, S. 29-30. Zur Diskussion von Revolutionszyklen siehe auch David Mayer (2010): Revolutionen: Welten auf den Kopf gestellt, in: Sieder/Langthaler (Hg.): Globalgeschichte 1800–2010, Wien: Böhlau, 2010.

viele Arbeiter in ganz Europa zum Vorbild. In Deutschland, Österreich und Ungarn entwickelte sich im Folgejahr eine ähnliche Dialektik zwischen Krieg und Revolution. Es kam zur Gründung von Arbeiter- und Soldatenräten, die zeitweise die Macht in Teilen des Landes übernahmen.

Als Reaktion auf die revolutionären Unruhen der roten Arbeiter und Soldaten folgte eine Welle des „weißen Terrors" in Deutschland, Ungarn und Italien, der mit der Ermordung von tausenden Revolutionären und aktivistischen Arbeitern einherging. In Ungarn, Italien, Bulgarien und Spanien wurden in den Nachkriegsjahren rechte bzw. faschistische Diktaturen errichtet. In Deutschland behielt die Sozialdemokratie im Bündnis mit den alten Kräften des preußischen Militarismus, rechten Paramilitärs und Teilen des Bürgertums die Oberhand. Die Bolschewiki konnten die neue Ordnung in einem besonders opferreichen Bürgerkrieg (1918–1921) gegen innere und äußere Feinde verteidigen. Dabei kam es in der Ukraine gegen die anarchistischen Machno-Partisanen und die Nationalisten zu Bürgerkriegen im Bürgerkrieg. Ein Export der Oktoberrevolution nach Westen scheiterte, wie auch die revolutionären Arbeiteraufstände in Deutschland und Italien. Aus den konterrevolutionären Bewegungen gegen die Revolten der ersten Nachkriegsjahre ging der Faschismus hervor, der in Europa der Arbeiterbewegung sowie der liberalen Demokratie den Krieg erklärte.

Der zweite Zyklus: Im Abwehrkampf gegen den Faschismus (1936–1945)

Weder den Machtantritt des Faschismus in Italien (1922) noch des Nationalsozialismus in Deutschland (1933) konnte die Arbeiterbewegung verhindern. Man sollte nicht vergessen, daß die Kommunisten zu den ersten Opfern des nationalsozialistischen Terrors gehörten. In Österreich kam es im Februar 1934 zum bewaffneten Arbeiteraufstand gegen den Faschismus. Doch einen neuen Aufschwung der Linken löste erst der Widerstand gegen den rechten Putschversuch unter General Franco aus, der 1936 die Volksfrontregierung in Spanien stürzen wollte. Der Putsch konnte vorerst von Arbeitermilizen und der republikanischen Regierung abgewehrt werden. Besonders in der Provinz Katalonien setzte die anarchistische Bewegung weitgehende Sozialisierungen von Industriebetrieben durch und gründete landwirtschaftliche Kollektivbetriebe im republikanischen Spanien. Mit Hilfe Deutschlands und Italiens konnten jedoch die Putschisten einen langwierigen Bürgerkrieg mit dem republikanischen Lager aufnehmen. Tausende Kommunisten, Anarchisten und Sozialdemokraten kamen aus der ganzen Welt nach Spanien, um die Republik zu verteidigen.

Ungefähr zur gleichen Zeit bildete sich in China die zweite Einheitsfront zwischen den Nationalisten (Guomindang, GMD) und der Kommunistischen Partei heraus, die sich der schrittweisen Okkupation Chinas durch Japan entgegenstellte und den „Antijapanischen Widerstandskrieg" eröffnete.

Mit dem Angriff Deutschlands auf die Sowjetunion 1941 wurde der „europäische Bürgerkrieg" der Nachkriegsjahre nun in Form eines Krieges zwischen zwei Staaten auf eine neue Stufe gehoben. Das deutsche Kriegsziel war die vollständige Vernichtung des sogenannten „jüdischen Bolschewismus". Die nationalsozialistische Führung plante, die Bewohner der sowjetischen Städte verhungern zu lassen. In seiner ersten öffentlichen

Ansprache nach dem deutschen Angriff rief Josef Stalin am 3. Juli 1941 die Bevölkerung zum Partisanenkrieg auf. Im Zug des Kampfs gegen den Faschismus entstanden auch in Italien, Frankreich, Jugoslawien, Albanien und Griechenland starke Partisanenbewegungen, in denen die Kommunisten eine zentrale Rolle spielten.

Der zweite globale Zyklus besaß dennoch einen ganz anderen Charakter als die Welle der Revolutionen nach dem Ersten Weltkrieg, da es sich in erster Linie um einen Abwehrkampf gegen die Vernichtung durch den Faschismus handelte. Die Dialektik von drohender Kriegsniederlage und Revolution wie 1917/18 kam nicht zum Tragen. In keinem Land stürzten revolutionäre Arbeiter und Soldaten die eigene Regierung. Die Nationalsozialisten hatten aus der deutschen Revolution von 1918 die Lehre gezogen, die Versorgung der Bevölkerung im Reich um jeden Preis aufrechtzuerhalten, um Revolten zu vermeiden. Als der „Blitzkrieg" im Osten scheiterte, wurden Millionen Menschen in den besetzten Gebieten im Osten dem Hungertod ausgeliefert, damit die deutsche Bevölkerung und Armee weiter auf relativ hohem Niveau ernährt werden konnten.[2] Da der Nationalsozialismus sowohl gegen die kapitalistischen Staaten im Westen als auch gegen die Sowjetunion Krieg führte, wurde ab 1941 ein breites Bündnis auf internationaler Ebene möglich; außenpolitisch die Anti-Hitler-Koalition mit den USA und Großbritannien und innenpolitisch in vielen Ländern eine klassenübergreifende „Volksfront". Durch die Beteiligung der Sowjetunion an der Anti-Hitler-Koalition war es undenkbar für die Parteien der Kommunistischen Internationale (Komintern), in den Ländern der Bündnispartner für die Niederlage der eigenen Regierung einzutreten, sondern sie unterstützten als „Patrioten" den Krieg.

Sozialrevolutionäre Impulse gab es im Spanischen Bürgerkrieg (1936–1939) und auch in den Partisanenbewegungen Südeuropas durchaus. Die sowjetische Führung versuchte jedoch, die Parteien der Komintern darauf zu verpflichten, die Einheit aller antifaschistischen Kräfte nicht zu gefährden. In der republikanischen Zone Spaniens unterdrückte die Kommunistische Partei, mit Hilfe des sowjetischen Geheimdienstes NKWD, die sozialrevolutionären Ansätze. Ein Konfliktpunkt war dabei die Forderung der Kommunisten, die dezentralen Arbeitermilizen der diversen Parteien in einer straff geführten regulären Armee zusammenzufassen.[3] Die Konflikte innerhalb der Linken trugen sicher zum Sieg Francos über die Republik 1939 bei – mindestens 500.000 Menschen ließen im Spanischen Bürgerkrieg ihr Leben.

Die relativ selbständigen kommunistischen Partisanenbewegungen in China und Jugoslawien waren hingegen keinesfalls zur Unterordnung unter die bürgerlich-nationalistischen Kräfte bereit, und es entwickelte sich trotz Moskaus Ratschlägen ein Bürgerkrieg im Bürgerkrieg. Mit dem Sieg der Alliierten über Deutschland und Japan brachen die antifaschistischen Volksfronten auf internationaler und nationaler Ebene innerhalb einiger Jahre zusammen. In Osteuropa wurden die moskautreuen Kommunisten Dank des Sieges der Roten Armee zu Staatsparteien. In Westeuropa war die alte revolutionäre Arbeiterbewegung der Zwischenkriegszeit, sowohl die

---

[2] Siehe Christian Gerlach (2001): Krieg, Ernährung, Völkermord: Deutsche Vernichtungspolitik im Zweiten Weltkrieg, Zürich: Pendo.
[3] Siehe Antony Beevor (2008), Der spanische Bürgerkrieg, München: Goldmann, S. 263-265.

kommunistische als auch die anarchosyndikalistische, fast vollständig untergegangen. Die Regierungsbeteiligung der starken Kommunistischen Parteien in Frankreich und Italien endete zwar 1947, aber sie blieben weiter in das bürgerlich-parlamentarische System integriert und verabschiedeten sich in Folge von einem revolutionären Programm.

Der dritte Zyklus: Bauernrevolutionen in der Dritten Welt, Unruhe in den Metropolen

Das Sturmzentrum der revolutionären Bewegungen verschob sich in den 1940er und 1950er Jahren weiter nach Osten. Die sozialen Revolutionen in Asien waren aufs engste mit dem Krieg verbunden, der gegen die Kolonialmächte geführt wurde. In Vietnam und China diente die Bodenreform in ländlichen Stützpunktgebieten dem Aufbau einer Bauernarmee im Kampf gegen die Besatzer und schließlich im Bürgerkrieg. Städtische Intellektuelle fungierten als führende Kader, Bauern stellten die Fußtruppen für die Volksarmeen, die reguläre Kriegsführung mit Guerillastrategie verbanden. Den Beginn des revolutionären Zyklus in Asien könnte man mit der Unabhängigkeitserklärung Vietnams durch Ho Chi Minh 1945 datieren. Er endete spätestens 1979, als China in einer „Strafaktion" einen Krieg gegen Vietnam führte und sich damit der Traum der antiimperialistischen Einheit endgültig als Illusion entpuppte. Der von den USA gegen Nordvietnam (1964–75) geführte Vernichtungskrieg sowie das Massaker der indonesischen Militärjunta an mindestens 500.000 Zivilisten (1965/66) stellten während dieses Zyklus die radikalsten Versuche dar, die revolutionären Kräfte in Asien zu zerschlagen.

In Lateinamerika begann diese Epoche mit dem Sieg der kubanischen Revolution 1959, ihr Ende wurde mit dem Militärputsch in Chile gegen die sozialistische Regierung unter Salvador Allende 1973 eingeläutet.[4] Auf Kuba gelang es mit einer relativ kleinen Gruppe von Guerillakämpfern in nur zwei Jahren die Batista-Diktatur zu stürzen, ohne in die Stadien der Agrarrevolution und der regulären Kriegsführung einzutreten. Die kubanischen Revolutionäre versuchten später, ihr Modell des Guerillakrieges in den Süden des Kontinents und nach Afrika zu exportieren und fanden viele Nachahmer unter Intellektuellen.

In Ländern wie Venezuela, Brasilien, Argentinien und Uruguay entstanden auch Stadtguerillas. Im Unterschied zur klassischen ländlichen Guerillastrategie Maos war es nicht das Ziel der Stadtguerilla, „befreite Zonen" im Hinterland zu schaffen, sondern durch Anschläge und Aktionen im Herzen des Systems die Instabilität der Regierung zu demonstrieren, um so langfristig eine revolutionäre Perspektive zu eröffnen. Die Stadtguerilla hoffte, durch ein Netzwerk von Sympathisanten und Unterstützern im Untergrund abtauchen zu können und sich damit den Repressionen durch den Staat zu entziehen. Sie finanzierte sich durch Spenden, „Enteignungen", Banküberfälle und Geiselnahmen.

Die USA reagierten auf die revolutionären Bewegungen mit der Invasion in Kuba 1961 und mit umfangreichen politischen und militärischen Programmen der „Aufstandsbekämpfung" zur Unterstützung der verbündeten Regierungen. Der Süden Amerikas ver-

---

4 Siehe Mayer, 2010, S. 547.

wandelte sich bis Mitte der 1970er Jahre in einen Kontinent von Militärdiktaturen, terroristischen Paramilitärs, Todesschwadronen und Folterkammern. Der Erfolg von Kuba konnte in den 1970er Jahren nicht wiederholt werden. Die Stadtguerillagruppen wurden schon Anfang des Jahrzehnts weitgehend geschlagen und die ländlichen Guerilleros konnten nur noch in den Bergen überleben.

Parallel zu den revolutionären Zyklen in Asien und Südamerika brachen um die Jahre 1967/68 in den USA, Westeuropa und Japan Studentenunruhen aus. In den USA wurden sie von urbanen Aufständen der schwarzen Bevölkerung begleitet. In Frankreich und Italien entwickelte sich eine neue radikale Arbeiterbewegung und es kam zu militanten Streikwellen. Ohne die Befreiungsbewegungen der Dritten Welt ist die Entstehung der „Neuen Linken" nicht zu verstehen. Nicht mehr die traditionellen Gewerkschaften und Arbeiterparteien, die ihren Frieden mit dem System gemacht hatten, sondern die kämpfenden Völker Vietnams, Kubas und die Afroamerikaner in den USA wurden zum wichtigen Bezugspunkt. Die Rebellion ebbte in Westdeutschland schon 1970 deutlich ab. Als Produkte des Niedergangs der antiautoritären Studenten entstanden zahlreiche marxistisch-leninistische Parteiaufbau-Projekte (die sogenannten „K-Gruppen"), die wieder die Arbeiterklasse als revolutionäres Subjekt beschworen, und auch eine neue Frauenbewegung. Einige Aktivisten schlossen sich „Stadtguerilla"-Gruppen an und glaubten, den antiimperialistischen Kampf des Südens in die Metropolen zurücktragen und durch terroristische Aktionen langfristig eine revolutionäre Perspektive eröffnen zu können. Als Beispiele für diese sozialrevolutionären Gruppen seien für Westdeutschland die RAF, die Bewegung 2. Juni und die Revolutionären Zellen (RZ) genannt, für Italien die Roten Brigaden, für Japan die Rote Armee und für die USA die Weathermen, die spätere Weather Underground Organisation. Aber die große Mehrheit der westlichen Nachkriegsgesellschaft wollte den Zusammenhang zwischen den Kriegen und der Ausbeutung in der Dritten Welt und ihrem eigenen Wohlstand in den Metropolen nicht sehen. Die Spirale von Anschlägen und Gegenreaktionen des Staates führten bei den meisten Bürgern zur Solidarisierung mit der eigenen Regierung.

Linke Bewegungen spielten beim Ende der Diktaturen in Portugal und Griechenland 1974 und in Spanien 1976 noch eine wichtige Rolle. Der Rahmen von bürgerlicher Demokratie und Kapitalismus konnte im Süden Europas jedoch nicht überschritten werden. Einige „Stadtguerilla"-Gruppen kämpften trotz des Ablaufens der Revolten in Europa noch 20 Jahre weiter, was auch als ein Ausdruck ihrer Loslösung von den gesellschaftlichen Konflikten zu sehen ist.

Der dritte globale revolutionäre Zyklus war vorerst der letzte, in der die sozialrevolutionäre Linke eine zentrale Rolle spielte; ganz im Gegensatz zu den Umbrüchen in Osteuropa um 1989 und den politischen Revolutionen des Arabischen Frühlings (2010–2013).

Führt Krieg zur Revolution?

Das 1. Kapitel dieses Buches umfaßt Texte, die sich mit dem Verhältnis von Krieg und Revolution beschäftigen. Lenin begründete im „Militärprogramm der proletarischen Revolution" (1916) seine Ablehnung des Ersten Weltkrieges als imperialistischen Krieg. Er richtete sich gleichzeitig gegen linkssozialistische und pazifistische Strömungen in der Arbeiterbewegung, die jede Form von Krieg verwarfen. Lenins Meinung nach gab es auch im Zeitalter des Imperialismus noch die Möglichkeit von fortschrittlichen nationalen Kriegen, in denen sich unterdrückte Nationen von den Kolonialmächten befreien könnten. Da jede unterdrückende Klasse sich zum Schutz ihrer Herrschaft bewaffne, müsse das Proletariat für die Entwaffnung der Bourgeoisie kämpfen. Erst nach dem weltweiten Sieg des Sozialismus könnten die Waffen zum alten Eisen geworfen werden. Außerdem argumentierte Lenin, daß der Imperialismus gezwungen sei, das ganze Volk, darunter auch die Jugend und die Frauen, zu militarisieren. Als unbeabsichtigte Konsequenz würde ein bewaffneter Aufstand beschleunigt werden. Die Frauen könnten selbst die Waffe in die Hand nehmen, falls die Bourgeoisie es wagen sollte, das Proletariat niederzuschießen. Die Mütter sollten ihren Söhnen sagen, daß sie in der Armee das Waffenhandwerk lernen, um es dann im Sinne der sozialistischen Revolution zu nutzen.

Pierre Ramus steht im Gegensatz dazu stellvertretend für eine Strömung des Anarchismus, die diese Dialektik zwischen Militarismus und Revolution in Frage stellte (siehe seinen Text aus dem Jahr 1921). Laut Ramus würden die modernen Kriege zeigen, daß das Proletariat in seiner überwiegenden Mehrheit ein „gefügiges Instrument der Kriegsmordbestialität" sei. Das Proletariat sei keine einheitliche Masse und eine allgemeine Bewaffnung durch den Staat würde der rückständigen Mehrheit erlauben, gegen revolutionäre Minderheiten vorzugehen. Statt einen „roten Militarismus" zu propagieren, sollten die Revolutionäre zur Zerstörung der Munition und Rüstungsindustrie schreiten, sowie alle bewaffneten Verbände auflösen. Leninisten hätten sicher eingewandt: Aber wie soll sich die Revolution dann gegen eine ausländische Invasion verteidigen? Da Ramus Wehrpflicht und Disziplinierung als Verneinung von Anarchie und Kommunismus sah, entwickelte er eine Strategie der Nicht-Kooperation gegenüber Invasoren, um der Freund-Feind-Logik zu entkommen. Während der Invasion dürfe man keinerlei militärischen Widerstand organisieren. Danach sollten die Arbeiter Ungehorsam, Sabotage, Boykott und die Verweigerung der Lieferung von Nahrungsmitteln praktizieren sowie jegliche Hilfe gegenüber den Besatzern verweigern. Ramus hoffte, daß die Opfer dieser Strategie geringer sein würden als die der Zerstörungsgewalt des Militarismus.

Der Begriff „roter Militarismus" beschreibt treffend die Entwicklung der leninistischen Haltung zur Armee. Von der Kritik am Militarismus und den revolutionären Errungenschaften wie den Soldatenkomitees, der Wahl der Offiziere durch die Mannschaften und der Abschaffung der Militärjustiz blieb während des russischen Bürgerkriegs nicht mehr viel übrig. Ramus' Strategie der Nicht-Kooperation weist aber das Problem auf, daß in den meisten Fällen einer Invasion Teile der Bevölkerung mit der Besatzungsmacht kooperieren. Streiks der Arbeiter in den Rüstungsbetrieben des Landes der Invasoren bleiben vielleicht aus. Nahrungsmittel werden von Bauern produziert. Industriearbeiter können im Fall von Versorgungskrisen direkt von den Rationen der Besatzer abhängig werden. Bei einem Ablieferungsboykott der Bauern würde eine Besatzungsmacht sicher zuerst die Stadtbevölkerung hungern lassen und nicht die eigenen Soldaten. Wenn Besatzer wie z. B. die deutsche Wehrmacht in der Ukraine während des Zweiten Weltkriegs Teile der Bevölkerung vernichten wollen, hilft Nicht-Zusammenarbeit wenig. Ramus konnte auch noch nicht ahnen, daß ab dem Zweiten Weltkrieg das strategische Flächenbombardement durch die Luftwaffe zum Einsatz kommen würde. Soll auch dem Einsatz von Brandbomben und Napalm kein militärischer Widerstand am Boden entgegengesetzt werden?

Während Lenins und Ramus' Schriften eng mit der europäischen Gesellschaft im Zuge des Ersten Weltkrieges verbunden waren, entwickelte Mao Zedong seine Theorie des Krieges während des Kampfes gegen Japan Ende der 1930er Jahre. In dieser Phase stand nicht die soziale Revolution im Vordergrund, sondern ein klassenübergreifendes Bündnis, um die Vernichtung der chinesischen Nation zu verhindern. In diesem Text formulierte Mao seinen berühmten Ausspruch: „Die politische Macht kommt aus den Gewehrläufen."[5] Er begründete ihn damit, daß in China kein Parlament oder die Möglichkeit einer legalen Arbeiterbewegung vorhanden seien. Schon vor der japanischen Invasion stand der bewaffneten Revolution die bewaffnete Konterrevolution gegenüber. Warlords dominierten mit ihren Armeen Teile des Landes und eine Partei ohne eigene Armee war von der Vernichtung bedroht. Das mußten die Kommunisten 1927 schmerzlich erfahren, als die GMD Tausende Arbeiter nach der Einnahme von Shanghai massakrieren ließ.

Mao bezeichnete sich als „Anhänger der Theorie von der Allmacht des revolutionären Krieges" und forderte, daß jedes Parteimitglied bereit sein müsse, mit einem Gewehr in der Hand an die Front zu gehen. Die Armee würde allerdings unter Führung der Partei stehen. Mao, der um 1968 oft als Theoretiker des Guerillakrieges gelesen wurde, argumentierte, die Invasoren könnten letztendlich ohne eine reguläre Volksarmee nicht vertrieben werden. Allerdings käme den Partisanen die wichtige Aufgabe zu, die Besatzer im Hinterland in einen langwierigen Krieg zu verwickeln und in der Phase der späteren Gegenoffensive die regulären Truppen zu unterstützen.

Die Führung eines langwierigen Guerillakrieges ist stark an die geographischen Begebenheiten eines Landes gebunden und setzt die Existenz von Zonen voraus, in denen der Staat bzw. die Besatzungsmacht keine oder nur geringe Kontrolle ausüben können, wie in schwerzugänglichen Bergregionen, zerstreuten Dörfern, Dschungeln oder Sümpfen. Außerdem sollte es in diesen Gebieten auch weitgehend autarke Bauern geben, damit die Guerilla versorgt werden kann.[6] Die chinesische Rote Armee konnte Ende der 1920er Jahre sich erst in den Bergen von Jinggangshan, deren höchster Punkt 2120 Meter über dem Meeresspiegel liegt, in Banditenland festsetzen. Dort baute sie größere Stützpunktgebiete auf und etablierte sogar einen „Gegen-Staat" in Form der chinesischen Sowjetrepublik.

Nach dem Sieg der Revolution in Kuba 1959 hofften Fidel Castro und Che Guevara,

---

5   Mao Tse-Tung (1968): „Probleme des Krieges und der Strategie", in: Ausgewählte Werke, Band II, Peking: Verlag für Fremdsprachige Literatur, S. 261.
6   Siehe James C. Scott (2009): The Art of Not Being Governed: An Anarchist History of Upland Southeast Asia, New Haven: Yale University Press, S. 167-172.

daß die Anden der geeignete Ort sein würden, um in Südamerika einen Guerillakrieg zu entfachen. Auf Kuba hatte die Bergregion Sierra Maestra als Unterschlupf gedient, deren höchster Punkt auf 1974 Höhenmetern liegt. Régis Debray versuchte in seinem einflußreichen Buch „Revolution in der Revolution?" 1967 zu begründen, daß eine neue revolutionäre Avantgardepartei nur aus dem Guerillakrieg entstehen könne. Das war ein direkter Angriff auf bestehende kommunistische Parteien in Lateinamerika, die sich zur Avantgarde der Arbeiterklasse erklärten, ohne den bewaffneten Aufstand zu organisieren und die Guerillastrategie als „ultralinkes Abenteurertum" verurteilten. Im Gegensatz zu den chinesischen Kommunisten, die große Stützpunktgebiete eroberten, sollte die Guerilla nach Debray in schwach besiedelten Gegenden zwischen den Dörfern agieren und äußerst mobil sein. Es solle verhindert werden, daß die Regierungsarmee an der Bevölkerung Rache nimmt. Die Guerillaeinheiten bestimmen einen Fokus, um dem Feind überraschende „Nadelstiche" zu versetzen. Um die Bevölkerung wachzurütteln, spielte laut Debray „bewaffnete Propaganda" eine zentrale Rolle. Er schrieb: „Weit mehr als 200 Reden hat die Zerstörung eines Truppentransporters oder die öffentliche Exekution eines als Folterknecht verurteilten Polizisten eine zutiefst politische und bedeutend effektivere Propagandawirkung auf die benachbarte Bevölkerung erzielt."[7] Die Guerilla hätte daher vor allem zu beweisen, daß die Regierungsarmee verletzbar und somit eine Revolution möglich sei. In einer weiteren Phase sollten die dezentral operierenden Kräfte in einer regulären Volksarmee zusammengesetzt werden, die den Kern der Partei darstelle.

Im orthodoxen Marxismus-Leninismus wird die Avantgardestellung der Partei aus dem wissenschaftlichen Sozialismus und der Stellung des Proletariats im Produktionsprozeß abgeleitet. Viele „Neue Linke" glaubten in den 1960ern und 1970ern hingegen, daß sich die Avantgarde nur im bewaffneten Kampf selbst erschaffen könne. Der Guerillero wurde zu einem Prototyp linksradikaler Politik. Der Liedermacher Wolf Biermann besang Che Guevara sogar als „Jesus Christus mit der Knarre".[8] Verschmelzung mit der ländlichen Bevölkerung, hoher Frauenanteil, Leben in Zelten und Höhlen, Kampfgeist gegen moderne Technologie usw. erschienen als Gegenmodell zum verhaßten „Militarismus" – und der Guerillero wurde romantisiert.

Irreguläre Kriegsführung ist als solche aber noch keinesfalls links oder emanzipatorisch.[9] Auch konterrevolutionäre Bewegungen lernten Guerillakrieg einzusetzen, wie zum Beispiel die Anführer der „grünen" Bauernaufstände gegen die Bolschewiki 1920/21, die nationalistischen Partisanen in der Ukraine und die „Waldbrüder" im Baltikum (1940–1946) sowie die von den USA unterstützten „Contras" im Bürgerkrieg gegen die sozialistische Regierung in Nicaragua in den 1980er Jahren. Heute wenden die Taliban und die „Rebellenarmeen" in Afrikas Bürgerkriegen die Kunst des „kleinen Krieges" an. Selbst der vormals sozialistische Guerillero kann sich nach dem Scheitern seiner politischen Ziele und dem damit einhergehenden moralischen Zerfall in einen

---

7 Régis Debray (1967): Revolution in der Revolution? Bewaffneter Kampf und politischer Kampf in Lateinamerika, München: Trikont Verlag, S. 55.
8 Das Lied „Comandante Che Guevara" findet sich auf dem Album „Es gibt ein Leben vor dem Tod" (1976).
9 Herfried Münkler (2002): Über den Krieg: Stationen der Kriegsgeschichte im Spiegel ihrer theoretischen Reflexion, Weilerswist: Velbrück Wissenschaft, S. 179.

Warlord oder Drogenexporteur verwandeln. Einige Techniken, die dafür notwendig sind, hat er schon während des „Volkskriegs" gelernt.

Zum anderen wirkt sich der Guerillakrieg sehr opferreich aus, wenn Regierungsarmeen gegen die Zivilbevölkerung vorgehen oder ganze Landstriche zwangsumsiedeln, um dem „Fisch", der Guerilla, sein „Wasser", das Volk, zu entziehen. Im Rahmen der Bekämpfung von Guerillabewegungen sollen zwischen 1932 und 1993 weltweit mindestens 30 Millionen Zivilisten aus ihren Heimatorten vertrieben und vier Millionen getötet worden sein.[10]

„Tyrannenmord" und individueller Terror

Die Texte des zweiten Kapitels in diesem Buch werfen die Frage auf, ob es sinnvoll und gerechtfertigt ist, durch einen Anschlag einen „Tyrannen" zu töten und ob ein solcher Akt einen Aufstand des Volks hervorrufen kann. Auslöser der Debatten in der anarchistischen und sozialdemokratischen Bewegung war der erfolgreiche Anschlag auf den russischen Zaren Alexander II. am 1. März im Jahre 1881 durch die Gruppe der Volkstümler (Narodniki). In der anarchistischen Bewegung wurde vor allem zwischen den 1890er Jahren und der Wende zum 20. Jahrhundert die sogenannte „Propaganda der Tat" durch individuelle Attentate auf Politiker und Monarchen praktiziert. Diese Attentate fanden zwar nicht während eines globalen revolutionären Zyklus statt. Das Thema des „individuellen Terrors" wurde aber im Zusammenhang mit der „Stadtguerilla" der 1970er Jahre wieder heftig debattiert. Die Frage der politischen und moralischen Rechtfertigung von „Tyrannenmord" müssen sich bis heute auch bürgerliche Regierungen stellen, wenn sie Anschläge auf „Diktatoren" oder „Terroristen" anordnen oder gutheißen.

Die Volkstümlerin Wera Figner erläuterte in ihren Erinnerungen (1928) die Gründe für das Attentat auf den Zaren, an dessen Planung sie beteiligt war. Sie beschrieb, wie die jungen Idealisten zunächst aufs Land gingen, um unter den Bauern zu leben und sie von der Notwendigkeit eines Umsturzes zu überzeugen. Die Volkstümler sahen die russische Dorfgemeinde, die auf gemeinschaftlichem Bodenbesitz beruhte, als Keimzelle einer sozialistischen Gesellschaft an. Das Hauptproblem war, daß viele Bauern, trotz Unterdrückung und Ausbeutung vor Ort, den Zaren als ihren Beschützer wahrnahmen. Figner erklärte, daß die Entscheidung, ein Attentat auf den Zaren zu verüben, ein Resultat der Scheiterns der Agitationsbemühungen im Volk gewesen sei. Um auf politische Gewalt und ökomische Not reagieren zu können, hätte es eines Schlags gegen das Zentrum bedurft. Nur so konnte eine neue revolutionäre Kraft entfacht werden, die auf dem Land und bei den meisten Intellektuellen schon versiegt war. Die Bauern seien zumindest gezwungen worden, darüber nachzudenken, warum Sozialisten, die das Gemeineigentum an Grund und Boden verteidigten, den Zaren umbrachten. Figner bestritt, daß die Volkstümler sich der Illusion hingaben, durch das Attentat einen allgemeinen Aufstand aufzulösen. In ihren Erinnerungen erscheint der „Tyrannenmord" als Versuch, die komplette Niederlage der revolutionären Kräfte abzuwenden und ei-

---

10 Christian Gerlach (2011): Extrem gewalttätige Gesellschaften: Massengewalt im 20. Jahrhundert, München: Deutsche Verlags-Anstalt, S. 239. Die japanische Armee ließ in China mindestens 3,5 Millionen Menschen in Modelldörfer zwangsumsiedeln, die Franzosen in Vietnam 3 Millionen und in Algerien 2,35 Millionen.

nen Neuanfang möglich zu machen. Dieses Argumentationsmuster findet sich auch in den Erklärungen der RAF der frühen 1970er Jahre wieder.

Der unorthodoxe Sozialdemokrat und spätere Anarchist Johann Most war in seinem unmittelbaren Kommentar „Es lebe der Tyrannenmord" (1881) wesentlich euphorischer gestimmt. Er feierte das gelungene Attentat auf den Zaren als erfolgreichen Schlag gegen die Autorität als solche. Außerdem hoffte er, daß die Volkstümler Nachahmer von Konstantinopel bis Washington finden und so Despoten und Könige in Angst und Schrecken versetzen würden. Der Verweis auf die USA zeigt, daß es Most nicht nur um Monarchen ging, sondern auch um Präsidenten. Kritiker des „Königsmords" wandten ein, daß man nicht Personen, sondern eine Einrichtung bekämpfen sollte und durch den Tod des Einzelnen nur ein Stellvertreter den Platz einnehmen würde. Dem entgegnete Most, daß nur die Seltenheit der Attentate das Problem sei, denn wenn alle paar Monate ein „Kronenschuft" zugrunde ginge, wohl keiner mehr bereit wäre, den Monarchen zu spielen.

Die Sozialistin Rosa Luxemburg sah terroristische Aktionen hingegen nur im Zusammenhang mit einer Massenbewegung als effektiv an. In ihrem Text aus dem Jahr 1905 ging es wieder um die Bewertung eines Attentats in Rußland. Dort hatten sich die Auseinandersetzungen zwischen Regierung und Arbeitern radikalisiert, nachdem Soldaten am berühmten „Blutsonntag" des 9. Januar 1905 in St. Petersburg auf friedliche Demonstranten geschossen und ein Massaker angerichtet hatten. Am 17. Februar 1905 tötete ein Mitglied der Partei der Sozialrevolutionäre, der Nachfolgeorganisation der Volkstümler, den Moskauer Generalgouverneur Großfürst Sergej Alexandrowitsch Romanow durch eine Bombe. Der Großfürst galt als Hardliner bei der Unterdrückung der Opposition und war einer der reichsten Männer Rußlands. Luxemburg argumentierte, daß die terroristische Bewegung in Russland ursprünglich aus Pessimismus und Unglauben an die Möglichkeit einer Revolution durch die Massen entstanden sei. Doch Anfang 1905 erschütterten Massenstreiks das ganze Land als Reaktion auf den „Blutsonntag". Vor diesem Hintergrund könne die terroristische Taktik zum Aufschwung der Volksbewegung beitragen und dem Absolutismus weitere Zugeständnisse abtrotzen, so Luxemburg. Als Antwort auf die Versuche der Regierung, die Revolution niederzuschlagen, hätten die Anschläge auf die Gemüter „befreiend" gewirkt. Letztendlich könne der Absolutismus aber nur durch die kollektive Aktion der Arbeiterklasse gestürzt werden. Terroristische Attentate würden laut Luxemburg unter bestimmten historischen Bedingungen eine Art Brandbeschleuniger für den Aufstand darstellen. Die russische Revolution von 1905–1907 endete jedoch in einer Niederlage. In diesen drei Jahren ließ die Regierung ca. 6000 Revolutionäre hinrichten. Im Zuge der Auseinandersetzung brach auch eine neue Welle von Terror durch Sozialrevolutionäre und andere linke Gruppen aus, bei der allein im Jahr 1906 1126 Beamte getötet und weitere 1506 verletzt wurden.[11] Der revolutionäre Terrorismus war in Rußland in diesen Jahren durchaus eine Massenbewegung und die Auseinandersetzungen nahmen die Form eines Bürgerkriegs an.

Nach der Niederlage der russischen Revolution von 1905 wurde der „Tyrannenmord" von orthodoxen Marxisten in der Regel abgelehnt. Stellvertretend dafür steht in

---

11 Jonathan W. Daly (2006): „Police and Revolutionaries", in: Dominic Lieven (Hg.): The Cambridge History of Russia, Vol. 2: 1689–1917, New York: Cambridge University Press, S. 648.

diesem Band ein Artikel von Leo Trotzki aus dem Jahr 1911. Trotzki erklärt darin, der Terrorismus würde als Taktik die Rolle der Arbeitermassen und ihrer Partei schmälern, die allein die revolutionäre Umwälzung vollziehen könnten. Da Staatsdiener und Kapitalisten austauschbar seien, wären Attentate harmlos, was den Bestand der sozialen Ordnung anginge. Dem Attentat stellte er positiv den Streik gegenüber, bei dem Arbeiter ihr Selbstvertrauen und Klassenbewußtsein stärken könnten. Eine wirkliche Revolution könne nur aus der Verschärfung der Klassengegensätze entstehen und nicht künstlich herbeigebombt werden. Allerdings räumte Trotzki ein, daß er das Gefühl der individuellen Rache an Verantwortlichen für Greueltaten gegen die Arbeiter verstehen könne. Diese Form der Rache stelle allerdings nicht zufrieden, da das Sündenregister des Kapitalismus zu umfangreich sei, um einzelnen Ministern die Rechnung dafür zu präsentieren. Trotzki verurteilte den „individuellen Terror" allerdings nicht aus moralischen Gründen, sondern argumentierte taktisch und pädagogisch.

In der anarchistischen Bewegung bildeten sich auch Strömungen heraus, die einer pazifistischen Gesinnung anhingen. Sie wägten nicht Vor- und Nachteile von Gewaltanwendung ab, sondern verurteilten sie generell aus prinzipiellen Gründen. Die „Propaganda der Tat" als Mittel zum Zweck lehnten sie grundsätzlich ab. Beispielhaft ist in diesem Buch ein Text von Gustav Landauer (1901) dokumentiert. Er kritisierte die Attentate durch Anarchisten als im Grunde unanarchistische Methoden, da Gewalt nur Quelle von Despotie und Autorität sein könne. Im Unterschied zu vielen Anarchisten stellte er sich gesellschaftliche Veränderungen nicht als Aufstand in der Zukunft vor, nach dem die Produktionsmittel auf einen Schlag sozialisiert werden, sondern als langwierigen Prozeß, in dem sich freie Individuen zu „neuen Gebilden" vereinigen. Die Mittel müßten immer schon auf das Ziel ausgerichtet sein.

Der Anarchokommunist Erich Mühsam lehnte hingegen nicht jede Form von Gewaltanwendung zur Verwirklichung der neuen Gesellschaft ab. 1932 argumentierte er, daß die anarchistische Lehre keine Kampfmethode ablehne, die mit Selbstbestimmung und Freiwilligkeit im Einklang stehe. So sei es der Entscheidung jedes Einzelnen überlassen, sich bei Aufständen Kampfverbänden anzuschließen oder auch nicht. Die Entschlußkraft des Arbeiters sei erforderlich bei Maßnahmen wie Sabotage bei der Arbeit, Boykott von Waren, Streik, absichtlicher Pfuscharbeit oder Arbeitsverweigerung beim Bau von Kriegsschiffen, Kasernen und Zuchthäusern. Am Marxismus kritisierte Mühsam, daß dieser Gewalttaten Einzelner gegen die Unterdrückung ablehne, wenn sie nicht auf Anordnung der Partei erfolgten. Damit hatte er sicher recht, da das Wort „Terror" bei Marxisten wie Trotzki erst durch das vorgeschobene Adjektiv „individueller" negativ belegt wurde. Gerade diese Haltung mache Menschen zum bloßen Werkzeug, so Mühsam. Sittlich sei ein Attentat hingegen nur, wenn es aus dem freien Willen des Täters entstanden sei, der auch die bewußte Entscheidung getroffen habe, sein eigenes Leben aufs Spiel zu setzen.

In dieser Argumentation kommt eine Strömung des Anarchismus zum Ausdruck, die staatlich geleiteten revolutionären Terror bekämpfte, aber spontane Racheaktionen der Massen auf dem Höhepunkt von Revolutionen befürwortete oder zumindest nicht verurteilen wollte. Richtig an dieser Argumentation ist, daß durch gezielte Massentötungen durch den Staat in der Regel viel mehr Menschen sterben mußten als durch die Explosion des „Mobs". Der einzelne, auf Grund seines freien Willens handelnde Arbeiter kann aber auch Unschuldige umbringen. Warum darf ein Einzelner darüber entscheiden, wer den Tod verdient hat und wer nicht? Der „Tyrann" in der Fabrik ist gesamtgesellschaftlich betrachtet vielleicht nur ein „kleiner Fisch".

Der Anarchist und Publizist Horst Stowasser schreibt in seiner Geschichte des Anarchismus über Situationen, in denen sich Opfer an Tätern rächen und nennt die Exekution ohne Gerichtsurteil des faschistischen Diktators Benito Mussolini durch Partisanen im April 1945 als Beispiel. „Solche Gewalt entzieht sich jeder Rechtfertigung wie auch jeder Verdammung. Sie wird immer wieder produziert von vorausgehender Gewalt. Sie ist für Täter und Opfer kein ethisches Problem und kennt keine Abwägung von Gut und Böse. Über diese Art von Gegengewalt den Stab zu brechen, wäre pervers. Dann müsste man auch einer jüdischen Mutter, die, nackt, mit ihrem Kind auf dem Arm, in Auschwitz in die Gaskammer getrieben wird, den Vorwurf der Körperverletzung machen, wenn sie in ihrer Verzweiflung auf die Idee käme, über den SS-Offizier herzufallen."[12] Bemerkenswert ist, daß Stowasser spontane Exekutionen nicht grundsätzlich verurteilen will. Es handelte sich im Fall Mussolinis um die Exekution von Gefangenen, daher hinkt der Vergleich mit dem Widerstand in der Gaskammer. Nachdem Mussolini, seine Geliebte Clara Petacci und weitere faschistische Funktionäre erschossen worden waren, schändeten die Massen stundenlang die Leichen und richteten sie übel zu. Der tote „Duce" wurde mit dem Kopf nach unten an einer Tankstelle aufgehängt und zur Schau gestellt. Diese Inszenierung basierte auch auf Rache, da die Faschisten zuvor auf dem gleichen Platz Partisanen hingerichtet hatten. Es wäre wohl besser gewesen, wenn die Führung der Partisanen diese öffentliche Schau der Leichenschändung verhindert, oder den Diktator, wie verlangt, lebend an die Alliierten ausgeliefert hätte – zwecks Abhaltung eines Kriegsverbrechertribunals. Auch der Zorn der Unterdrückten kann die häßlichsten Seiten des menschlichen Wesens hervortreten lassen.

„Roter Terror" und die Verteidigung der Revolution

Im dritten Kapitel geht es um die Frage, welche Formen von Gewalt gerechtfertigt sind, um eine Revolution zu verteidigen. Weder die Jakobiner noch die Bolschewiki konnten sich am Tag der Machtübernahme die Eskalation der Gewalt ausmalen, die später im Bürgerkrieg folgen sollte. Der deutsche Sozialdemokrat Karl Kautsky griff 1919 in seiner Schrift „Terrorismus und Kommunismus" die bolschewistische Regierung in Rußland an. Er gestand den Bolschewiki zwar edle Motive zu, attackierte aber Revolutionstribunale, außerordentliche Kommissionen und militärische Strafaktionen als Werkzeuge eines „Staatsterrorismus". Obwohl nach der Oktoberrevolution die Todesstrafe zunächst aufgehoben wurde, konnte die Tscheka („Außerordentliche allrussische Kommission zur Bekämpfung von Konterrevolution, Spekulation und Sabotage") ohne Gerichtsprozeß Tausende Menschen heimlich erschießen. Zwar verfügten auch

---
12 Horst Stowasser (2007): Anarchie! Idee, Geschichte, Perspektiven, Hamburg: Edition Nautilus, S. 322.

die Revolutionstribunale in Frankreich 1793–74 über große willkürliche Macht, aber sie hätten wenigstens öffentlich verhandelt, so Kautsky. Er argumentierte, daß sich die Bolschewiki nicht mehr von ihren Feinden unterschieden, da sie die „Heiligkeit von Menschenleben" so leichtfertig opfern würden. Auch sah er in der Wiederherstellung der Pressefreiheit ein geeigneteres Mittel zur Bekämpfung von Korruption in Regierungsinstitutionen als Erschießungen. Der Terror habe sich ausgeweitet und die Bolschewiki würden nun andere Sozialisten in Haft nehmen, um das Aufkommen einer proletarischen Opposition zu verhindern.

Trotzki, während des Bürgerkriegs Volkskommissar für Kriegswesen, antwortete auf Kautskys Kritik 1920 mit einer langen Schrift. Dieser Text erlangte zweifelhaften Ruhm, da Trotzki darin die Militarisierung der Arbeit forderte. Er wetterte gegen Kautskys „Traumbilder" von Revolutionen und zeigte anhand der Forschung von bürgerlichen Historikern, wie blutig und opferreich die Französische Revolution (1789–94) und der amerikanische Bürgerkrieg (1861–65) ausgefallen waren. Auch die Jakobiner und die Nordstaaten hatten zu scharfen Maßnahmen gegriffen, um den Feind zu besiegen, wie Hinrichtungen durch außerordentliche Tribunale, Pressezensur und Einschränkungen der zivilen Freiheiten. Trotzki wies darauf hin, daß Kautsky zwar die Geiselnahmen durch die Pariser Kommune von 1871 verteidigte, diese Maßnahme den Bolschewiki aber nicht zugestand.

Nachdem der Kommune bekannt wurde, daß die Regierungstruppen in Versailles gefangene Arbeiter erschossen hatten, verabschiedete sie am 5. April 1871 das sogenannte „Geiselgesetz". Als Antwort auf jede weitere Hinrichtung von revolutionären Gefangenen sollten drei Personen erschossen werden, die bereits der Zusammenarbeit mit dem Feind überführt worden waren. Die Hoffnungen, durch die Androhung von Geiselerschießungen die Hinrichtungen in Versailles zu stoppen oder die Gefangenen austauschen zu können, erfüllten sich nicht. In den letzten Tagen der Kommune wurden 100 Geiseln aus den Kerkern geholt und getötet.[13] Die Rache an den Revolutionären für ihren Aufstand war unerbittlich. So sollen der Niederschlagung der Kommune in Paris mindestens 17.000 Menschen zum Opfer gefallen sein.

Trotzki verteidigte die Erschießungen von Feinden in seiner Antwort an Kautsky als pädagogische Maßnahme. Eine Klasse, die dem Untergang geweiht sei, könne sehr wohl durch „roten Terror" eingeschüchtert werden. Die Revolution „töte Einzelne und schrecke Tausende ab". Gefängnisstrafen seien dagegen weniger wirkungsvoll, weil die Feinde auf die Niederlage der Revolution spekulierten und daher nicht an die Dauerhaftigkeit ihrer Inhaftierung glaubten. Entscheidend sei, daß sich der Terror nicht wie unter dem Zaren gegen Arbeiter richte, sondern Gutsherren, Kapitalisten und Generäle von den außerordentlichen Kommissionen erschossen würden, so Trotzki. Der „rote Terror" Trotzkis und seiner Genossen richtete sich nicht nur gegen die alten Eliten. Im Rahmen der „Ernährungsdiktatur" zur Versorgung der hungernden Städte im Bürgerkrieg war Trotzki für ein Dekret verantwortlich, das festlegte, im Falle von Widerstand sogenannte „Sackleute" an Ort und Stelle zu erschießen. Das waren Menschen, die mit der Bahn einen Sack Waren für den Verkauf auf dem Schwarzmarkt transportieren.[14]

13 Stowasser, 2007, S. 313.
14 Mauricio Borrero (2003): Hungry Moscow: Scarcity and Urban Society in the Russian Civil War, 1917–1921,

Ein weiterer Kritiker des „roten Terrors" war der linke Sozialrevolutionär Isaac Steinberg, der bis März 1918 als Volkskommissar für Justiz in der Koalitionsregierung mit den Bolschewiki amtierte. Steinberg versuchte später im deutschen Exil ethische Grenzen der Gewalt zu definieren, auch wenn er eine bewaffnete Revolution und ihre Verteidigung für unvermeidbar hielt (sein hier abgedruckter Text stammt aus dem Jahr 1931). Das Töten im Bürgerkrieg sei ein Zweikampf, die Verhängung der Todesstrafe über Besiegte jedoch eine Verachtung des Menschen und untergrabe die Prinzipien des Sozialismus. Durch Geiselhaft, Lockspitzeltum und Folter würde der Mensch zu einem bloßen Objekt degradiert werden. Diese Maßnahmen führten außerdem zur Verrohung der Täter selbst. Bei einer Gefängnisstrafe bleibe im Gegensatz zur Hinrichtung die Möglichkeit der späteren Versöhnung noch erhalten. Besonders zuwider war Steinberg die Entstehung einer Berufsgruppe von professionellen Peinigern. Aber auch in spontanen Repressionen durch das Volk kämen oft die niedrigsten Züge des Menschen zum Vorschein. Zur Vermeidung dieser Erscheinungen schlug er die Einsetzung von revolutionären Gerichten vor, deren Richter direkt gewählt werden und die über ein imperatives Mandat verfügen. Er hoffte, durch die Einhegung der revolutionären Gewalt ihr Umschlagen in Terror verhindern zu können. Welche Stellung soll man aber beziehen, wenn die gesetzten Grenzen überschritten werden und die Gewalt nicht aufzuhalten ist? Der italienische Anarchist Errico Malatesta meinte in seiner Kritik 1924 an den Bolschewiki, daß die Revolutionäre lieber untergehen sollen, als auf öffentlichen Plätzen Galgen aufzustellen, um zu siegen. Terror sei immer ein Mittel der Gewaltherrschaft. Er hätte in der Französischen Revolution den Weg für die Diktatur Napoleons geebnet und richtete sich in Rußland letztendlich gegen die revolutionären Arbeiter und Bauern.

Durch den „roten Terror" der Bolschewiki wurden in den ersten fünf Jahren der Sowjetmacht pro Jahr im Durchschnitt ca. 28.000 Menschen hingerichtet, die Opfer der Kämpfe des Bürgerkrieges nicht miteingerechnet.[15] Zum Vergleich: Während der Hochphase des Terrors der Jakobiner wurden zwischen 18.000 und 23.000 Menschen ohne Gerichtsprozeß hingerichtet oder starben im Gefängnis. Der Bürgerkrieg in der Vendée soll 200.000 Menschenleben gekostet haben.[16] Diese Zahlen erscheinen verhältnismäßig gering, wenn man sie mit den ca. 680.000 Exekutierten bei Stalins „Großer Säuberung" (1937–38) oder den 712.000 Hinrichtungen während Maos „Kampagne zur Vernichtung der Konterrevolutionäre" (1951–53) vergleicht.[17] Vergessen sollte man aber nicht, daß der russische Bürgerkrieg (1919–1920) und die folgende Hungersnot (1921–22) mit Millionen Toten eine völlig verrohte und ausgelaugte Gesellschaft hinterließen.[18] Die Rote Armee hatte nicht nur die „Weißen" bekämpft,

---

New York: Peter Lang, S. 92.
15 Paul R. Gregory (2009): Terror by Quota: State Security from Lenin to Stalin (an Archival Study), New Haven: Yale University Press, S. 29.
16 Hugh Gough (2010): The Terror in the French Revolution. New York: Palgrave Macmillan, S. 109.
17 Wendy Z. Goldman (2007): Terror and Democracy in the Age of Stalin: The Social Dynamics of Repression, Cambridge: Cambridge University Press, S. 5; Yang Kuisong (2009), Zhonghua renmin gongheguo jianguoshi yanjiu, Vol.1, Nanchang: Jiangxi renmin chubanshe, S. 217.
18 In der offiziellen „Großen Sowjetenzyklopädie" von 1927 wurde von fünf Millionen Hungertoten gesprochen. Bertrand M. Patenaude (2002): The Big Show in Bololand: The American Relief Expedition to Soviet Russia in the Famine of 1921, Stanford, CA: Stanford University Press, S. 197.

sondern auch die „grünen" Bauernaufstände brutal niedergeschlagen. Mit Terror sollten die dörflichen Produzenten gezwungen werden, weiter, ohne praktische Gegenleistung, Getreide an die hungernden Städte abzuliefern. Erst mit der Einführung der „Neuen Ökonomischen Wirtschaftspolitik" (NÖP) 1921 erkannten die Bolschewiki an, daß sie den Austausch mit dem Dorf (vorerst) nicht mit Gewalt regeln konnten. An die Tradition des „Kriegskommunismus" und „roten Terrors" konnte Stalin bei seiner neuen Offensive gegen die Bauern 1929 anknüpfen und große Teile der Partei und städtischen Arbeiter folgten begeistert seinem Aufruf. Die Kontinuität der Gewalterfahrungen ist allerdings noch keine hinreichende Erklärung für das Ausmaß der Massentötungen während der „Großen Säuberungen" Stalins und Maos. Für das staatliche Töten nach Quotenvorgaben kann im Rahmen dieses Buches keine zufriedenstellende Erklärung geleistet werden.

Gewalt als Mittel zur Befreiung der Dritten Welt und der Afroamerikaner

Die letzten beiden Kapitel in diesem Band befassen sich mit der Frage der Gewalt im Zusammenhang mit dem globalen revolutionären Zyklus um das Jahr 1968. Frantz Fanons Buch „Die Verdammten dieser Erde" (1961) gehörte damals zu den wichtigsten Schriften des antikolonialen Kampfes und zur Begründung der Notwendigkeit von revolutionärer Gewalt. Fanon analysierte die Erfahrungen aus dem algerischen Unabhängigkeitskrieg (1954-62) zwischen der französischen Armee und der nationalistischen FLN (Front de Libération Nationale). Er verallgemeinerte sie für den Kampf in den anderen Kolonien. Zunächst begründete Fanon, daß in der Kolonialgesellschaft die Herrschaft ohne jede Vermittlung auf Gewalt beruhen würde. Die ständige Gewaltausübung durch den Staat schaffe die zwei getrennten Welten der Kolonialherren und Kolonialisierten. Der Kolonialisierte könne sich auf keine positive eigene Identität berufen, da auch er Produkt dieses Systems sei. Nur im bewaffneten Kampf zur Überwindung des Kolonialismus könne sich der einzelne Mensch und die Nation neu erschaffen. Als revolutionäre Kräfte sah Fanon nur die Bauern und die deklassierten Armen der Vorstädte, da die Arbeiterklasse und auch die schwächliche nationale Bourgeoise vom Kolonialsystem korrumpiert sei. Dem bewaffneten Kampf schrieb er allerlei Wirkungen zu: Er könne das Stammeswesen überwinden, Intellektuelle mit Bauern vereinigen, die Frauen befreien und das politische Niveau der Massen heben. Die FLN führte gegen die französischen Besatzer einen ländlichen Guerillakrieg, der auch von urbanem Terrorismus, friedlichen Protesten und Generalstreiks sowie geschickten PR-Kampagnen der Exilregierung in der Weltöffentlichkeit begleitet wurde. Die FLN kämpfte nicht nur gegen die französische Armee und Terrorgruppen der französischen Siedler, sondern führte auch Bombenanschläge auf Zivilisten sowie Massaker an rivalisierenden Gruppen und in den eigenen Reihen durch. 1962 mußte Frankreich schließlich die Unabhängigkeit Algeriens anerkennen. Danach erfüllten sich die sozialrevolutionären Hoffnungen des schon zuvor verstorbenen Fanon jedoch nicht. Dreißig Jahre später, zwischen 1991 und 2002 versank das Land sogar in einem brutalen Bürgerkrieg zwischen Regierung und Islamisten. Kritiker der Regierung machten dafür auch das blutige Erbe des Unabhängigkeitskrieges verantwortlich, bei dem zwischen 250.000 bis 500.000 Algerier starben und nach dessen Ende die Algerienfranzosen und Juden das Land verließen. Fanons Legitimierung der revolutionären Gewalt wurde nun kritisch gesehen.[19]

Der amerikanische Bürgerrechtler Martin Luther King (jr.) war im Gegensatz zu Fanon ein Praktiker des zivilen Ungehorsams und der friedlichen Proteste gegen die bis Ende der 1960er Jahre bestehende „Rassentrennung" im Süden der USA. Der Kontext war ein anderer als in den Kolonien, da es King zunächst darum ging, die in der amerikanischen Verfassung verbrieften Bürgerrechte auch für die schwarze Bevölkerung durchzusetzen. Ziviler Ungehorsam sei nichts für Feiglinge und erfordere Planung, große Selbstdisziplin und Opferbereitschaft, so King. Er nannte als Beispiel, daß selbst Bandenmitglieder, nach Angriffen des rassistischen Mobs auf einen friedlichen Protestmarsch, blutend und mit gebrochener Nase weiter marschierten, ohne zurückzuschlagen. Wenn die Polizei mit Massenverhaftungen auf das Übertreten lokaler Gesetze zur „Rassentrennung" reagiere, sollten sich die Aktivisten ohne Widerstand verhaften lassen, bis die Gefängnisse überfüllt sind. Die Weigerung, Gewalt mit Gegengewalt zu beantworten und die Fortsetzung der friedlichen Proteste sollten Druck auf die Bundesregierung in Washington ausüben, die Ungerechtigkeit zu beenden.

Für die Zerstörung von Eigentum während der „Rassenunruhen" des Sommers 1967 äußerte King Verständnis, da auch die Eigentumsverhältnisse die weißen Machtstrukturen verkörpern würden. Er selbst propagierte im Kampf gegen die Armut Büros von Beamten zu besetzen, bis diese ernsthafte Zusagen der Regierung zur Schaffung von Arbeitsplätzen erhielten. Die Armen sollten auch ihre Kinder in Krankenhäuser nach Washington bringen und erst wieder gehen, wenn ein Arzt sie behandelt hätte. Wenn Massen von Armen in Washington kampieren, würde dies den Kongreß unter Druck setzen, ein gerechteres Wirtschaftssystem zu schaffen. Die Strategie der friedlichen Besetzung von Plätzen oder Behörden erscheint heute als Vorläufer der „Occupy"-Bewegung der Jahre 2011 und 2012.

Am 4. April 1968 jedoch wurde King, der sich immer stärker sozialen Fragen zugewandt hatte, in Memphis erschossen. Als Reaktion brachen Unruhen in über 110 Städten der USA aus. Zu dieser Zeit hatten sich viele Schwarze von Kings Ideen abgewandt. Die schwarze Bevölkerung außerhalb des Südens besaß formal die gleichen Rechte wie die Weißen, litt aber unter faktischer Segregation in Ghettos, Armut, rassistischer Polizeigewalt und Kriminalität. Im Bundesstaat Kalifornien war 1966 die Bewegung der Black Panther entstanden, die bewaffnete Selbstverteidigung gegen Polizei und Rassisten propagierte. Sie sahen die „Ghettos" zunehmend als „Kolonien des US-Imperialismus" und bezogen sich in ihrem Kampf auf die Befreiungsbewegungen der Dritten Welt. Eldridge Cleaver, der Informationsminister der Black Panther Partei, verfaßte ein Requiem zum Tode Martin Luther Kings. Er argumentierte, daß Kings Ermordung endgültig die Unmöglichkeit einer gewaltlosen Befreiung der Schwarzen belegen würde. Nach der Absage des weißen Amerikas an eine Versöhnung sei jetzt der bewaffnete Kampf mit Bomben, Gewehren und Messern die einzige Option. Cleaver malte sich aus,

---

19 Bezüglich der Zahl der Opfer siehe Martin Evans (2013): Algeria: France's Undeclared War, Oxford: Oxford University Press, S. 335, 338. Von anarchistischer Seite werden heute die Ansichten von Albert Camus positiv bewertet, der sich damals gegen die Unabhängigkeit Algeriens und die FLN ausgesprochen hatte und für die rechtliche und soziale Gleichstellung der Algerier im Rahmen einer Föderation mit Frankreich eingetreten war. Siehe Lou Marin (1998): Der Ursprung der Revolte: Albert Camus und der Anarchismus, Heidelberg: Verlag Graswurzelrevolution.

daß sich die grauhaften Szenen des algerischen Unabhängigkeitskriegs, als die Straßen mit Leichen übersät waren, nun in den USA wiederholen würden.

Allerdings waren sich die Panther nicht darüber einig, was unter bewaffnetem Kampf zu verstehen war. Cleaver propagierte aus dem kubanischen und algerischen Exil einen Guerillakrieg in den USA. Die anderen Parteiführer Bobby Seale und Huey P. Newton wollten sich vorerst auf bewaffnete Selbstverteidigung beschränken. Der Schwerpunkt der politischen Arbeit der Partei sollte auf den Ausbau ihrer Sozial- und Bildungsprogramme in den „Ghettos" sowie die Teilnahme an lokalen Wahlen liegen, da die Zeit für eine Revolution noch nicht reif sei. Aber auch die Strategie der bewaffneten Selbstverteidigung verschärfte die Konflikte der Panther mit der Polizei. Diesen Aktionen wurde die gesetzliche Grundlage entzogen, als Ronald Reagan, damals Gouverneur Kaliforniens, 1967 das Waffenrecht als Reaktion auf die Panther mit dem sogenannten „Mulford Act" verschärfen ließ. Es war nun nicht mehr erlaubt, in der Öffentlichkeit geladene Waffen zu tragen.

Nach 1970 ging es mit Einfluß und Popularität der Panther bergab, nachdem das landesweite Programm des FBI namens „COINTELPRO" zur Zerschlagung der Partei und anderer Gruppen der militanten Linken Wirkung zeigte. Zudem verstrickten sich die Panther immer weiter in innere Fraktionskämpfe. Die akademischen Chronisten der Black Panther sind heute allerdings der Meinung, daß es der Partei in den Jahren 1966 bis 1970 zum ersten und einzigen Mal in der US-amerikanischen Geschichte gelang, eine linke klassen- und rassenübergreifende Massenbewegung auf die Beine zu stellen, die einen revolutionären Aufstand zumindest denkbar machte.[20]

„Stadtguerilla" in der BRD: Strategie und Kritik

Auch auf die „Neue Linke" in (West-)Deutschland machten die Panther großen Eindruck. Die erste ausführliche programmatische Erklärung der RAF vom April 1971 „Das Konzept Stadtguerilla" endete sogar mit einem Zitat von Cleaver. Ihr Strategiepapier bezog sich auch auf die Stadtguerilla in Lateinamerika, die italienischen Linkskommunisten von „Il Manifesto" und auf Mao Zedong. Mao-Zitate in RAF-Erklärungen dienten allerdings mehr als Durchhalteparolen – es fand keine ernsthafte Auseinandersetzung mit seinen Theorien im historischen Kontext statt.[21]

Im erwähnten und in diesem Buch abgedruckten Papier versuchte die RAF, mit Bezug auf Mao ein „Primat der Praxis" zu begründen, nach dem es sich nur durch konkrete Aktionen in der Illegalität zeigen ließe, ob der bewaffnete Kampf in der BRD möglich sei oder nicht. Die Gruppe zeichnete ein pessimistisches Bild der Lage der Linken in Westdeutschland: Die Studentenbewegung von 1968 sei zerfallen, die Salon-Marxisten hinter ihre Schreibtische zurückgekehrt, eine revolutionäre Organisierung der Arbeiter derzeit unwahrscheinlich und eine sozialistische Gegenöffentlichkeit gäbe es nicht. Die Herrschenden hätten schon längst eine „Negation der parlamentarischen Demokratie"

---

20 Joshua Bloom/Waldo E. Jr Martin (2013): Black against Empire: The History and Politics of the Black Panther Party, Berkeley: University of California Press, S. 392-401.
21 Siehe auch Sebastian Gehrig (2008): „‚Zwischen uns und dem Feind einen klaren Trennungsstrich ziehen': Linksterroristische Gruppen und maoistische Ideologie in der Bundesrepublik der 1960er und 1970er Jahre", in: Gehrig/Mittler/Wemheuer (Hg.): Kulturrevolution als Vorbild? Maoismen im deutschsprachigen Raum , Wien: Peter Lang.

vollzogen und sich mit den Notstandsgesetzen auf die Vernichtung der Gegner vorbereitet. Immerhin würde an allen Ecken der Welt gegen den Imperialismus gekämpft, was zur Zersplitterung seiner Macht führe und ihn schlagbar mache. Bemerkenswert ist, daß die Notwendigkeit des bewaffneten Kampfs aus der Schwäche der Linken begründet wurde. Wenn man warte, bis die Situation reif sei, wäre es zu spät.

Die Studentenbewegung wurde in dem Strategiepapier gelobt, die richtigen Gegner ausfindig gemacht zu haben. Nun sollten tatsächliche Angriffe auf Militärflugzeuge, die in den Vietnamkrieg involviert waren, NATO-Flughäfen und Gefängnisse stattfinden, sowie die Produktion von Napalm sabotiert werden. 1972 folgten in der sogenannten „Mai-Offensive" den Worten Taten, als die RAF in einer Anschlagsserie US-Militäreinrichtungen in Frankfurt und Heidelberg sowie die Zentrale des Axel-Springer-Konzerns in Hamburg mit Bomben angriff. Dabei kamen vier Menschen ums Leben, weitere 74 wurden verletzt. Der Staat bot seinen ganzen Apparat zur Verfolgung der RAF auf und im Juni des Jahres konnten führende Mitglieder der Organisation verhaftet werden.

Selbst in der radikalen Linken wandten sich die meisten Gruppen gegen die Strategie der RAF. Eine prominente Kritik wurde damals von dem Sozialisten Oskar Negt formuliert und zwar im Juni 1972, als die Polizei noch unter Hochdruck nach den RAF-Mitgliedern Ulrike Meinhof und Gudrun Ensslin fahndete. Obwohl Negt in seinem Artikel die Militärstrategie der USA in Vietnam mit Massakern der deutschen Wehrmacht im Zweiten Weltkrieg verglich, bezeichnete er die RAF als „Desperados", die versuchen würden, die linke Jugend in ein selbstmörderisches Abenteuer zu ziehen.[22] Die Strategie würde auf der falschen Einschätzung beruhen, daß die BRD auf einen offenen Faschismus zusteuere. Da selbst die Linken bei der losgetretenen Radikalisierung nicht mehr mitkommen würden, raube man der Jugend die Chance, eigene Erfahrungen im Klassenkampf zu machen. Die Anschläge der RAF führten praktisch zur Stärkung des Staates und die Angst der Bevölkerung richte sich auf die Gruppe selbst. Negt bezog sich auch auf die Tradition der Arbeiterbewegung, „individuellen Terror" abzulehnen. Ein durchgestandener Streik trage mehr zur Erhöhung des sozialistischen Bewußtseins bei als tausend Bomben. Dieses Argument erinnert stark an Trotzkis Artikel von 1911.

Auch der französische Philosoph Jean-Paul Sartre kritisierte 1974 nach einem Besuch bei dem RAF-Gefangenen Andreas Baader im Hochsicherheitsgefängnis in Stammheim in einem Interview die Strategie der Gruppe. Die Häftlinge der RAF befanden sich damals gerade im Hungerstreik. Sartre argumentierte allerdings weniger moralisch als Negt. Der Versuch einen „Volkskrieg" auszulösen, sei aufgrund des Fehlens einer revolutionären Situation von vornherein zum Untergang verurteilt. Er selbst glaube allerdings nicht an eine Befreiung durch Wahlen, sondern nur durch Waffengewalt. Zumindest wirkte Sartre im Interview mit dem „Spiegel" so, als ob seine Hauptkritik an der RAF in der Wahl des falschen Zeitpunktes bestanden hätte.[23] Aus den 2013 veröffentlichten Protokollen

---
22 Die RAF revanchierte sich bei Negt mit einer beißenden Kritik im November 1972 mit ihrer Erklärung „Die Aktionen des Schwarzen September in München: Zur Strategie des antiimperialistischen Kampfes".
23 Zu Sartres Verhältnis zur Gewalt siehe auch: Ronald E. Santoni (2005): „Die Unaufrichtigkeit der Gewalt – und ist Sartre hinsichtlich der Gewalt unaufrichtig?" in: Flynn/Kampits/Vogt (Hg.): Über Sartre: Perspektiven und Kritiken, Wien: Verlag Turia + Kant.

des persönlichen Gesprächs zwischen Baader und Sartre geht allerdings hervor, daß der Philosoph eine wesentlich deutlichere Kritik an der RAF vortrug.

Die Entscheidung in den Untergrund zu gehen, hatte viel weitreichendere Konsequenzen als der Beitritt zu einer linksradikalen Partei. Stand man einmal auf den Fahndungslisten der Polizei und war von lebenslanger Haftstrafe bedroht, gab es keine Rückkehr in die bürgerliche Existenz. Da sich das Leben im Untergrund extrem teuer gestaltete, mußten die RAF-Angehörigen Geld über Banküberfälle auftreiben. Im Rahmen dieser „Beschaffungskriminalität" oder im Zuge von Schußwechseln bei Personenkontrollen kamen sowohl Polizisten wie auch Mitglieder der Gruppe ums Leben. Nachdem die führenden Köpfe der ersten RAF-Generation im Gefängnis saßen, wurde die Organisation draußen zu einer „Befreit die Guerilla-Guerilla"[24], die in den nächsten Jahren vor allem versuchte, durch Geiselnahme ihre Genossen aus den Gefängnissen freizupressen. Im Herbst 1977 entführte sie den Arbeitgeberpräsidenten Hanns Martin Schleyer und ein Kommando einer Splittergruppe der PFLP (Volksfront zur Befreiung Palästinas) die Lufthansamaschine „Landshut" mit deutschen Urlaubern, um sie als Geiseln gegen die RAF-Gefangenen auszutauschen. Die Bundesregierung gab jedoch nicht nach. Durch die Entführung Schleyers, bei der auch sein Fahrer und drei Polizisten erschossen wurden, seine spätere „Hinrichtung" und die Entführung der „Landshut" hatten die RAF und ihre palästinensischen Kampfgefährten eine Grenze überschritten. Selbst viele radikale Linke zeigten sich schockiert. Zum Beispiel hatte die KPD/ML (Kommunistische Partei Deutschlands/Marxisten-Leninisten) zuvor mit den Anschlägen auf US-Militärstützpunkte sympathisiert. Die Flugzeugentführung und die Erschießung von Geiseln verurteilte sie nun als „konterrevolutionäre Aktion": „Niemals kann es gerechtfertigt sein, mit Gewalt gegen Werktätige, denn um solche handelt es sich bei den Passagieren der entführten Lufthansamaschine, vorzugehen. Niemals kann es im Namen der Revolution und des Kampfs gegen den Imperialismus gerechtfertigt werden, zu drohen, diese Menschen zu töten und das auch zu tun. Das ist Mord."[25]

Die Steigerung von Gewalt und Brutalität der RAF ist sicher auch damit zu erklären, daß sie versuchte, die mangelnde Unterstützung der Bevölkerung und der Linken in Westdeutschland durch ein Bündnis mit palästinensischen Attentätern auszugleichen. Für eine nationalrevolutionäre Bewegung kann es, wie zum Beispiel im algerischen Unabhängigkeitskrieg, eine erfolgreiche Strategie sein, durch grausame Anschläge auf Soldaten und Zivilisten die „Besatzungskosten" für die Besatzungsmacht so in die Höhe zu treiben, daß der Konsens über die Fortsetzung des Kriegs in der Metropole zerbricht. Eine sozialrevolutionäre „Guerilla" entzieht sich jedoch die eigene Legitimation, wenn sie Gewalt gegen die Menschen ausübt, die sie vorgibt zu befreien.

Die RAF eröffnete den bewaffneten Kampf in einem Land, in dem das staatliche Gewaltmonopol etabliert und intakt war. In Deutschland 1918, China in den 1930er- oder Algerien in den 1960er Jahren agierten hingegen diverse bewaffnete Gruppen oder sogar Armeen gegeneinander. Die Guerillastrategie bezog in den Ländern der Dritten Welt

---

[24] „... mitten im Nebel: Karl-Heiz Dellwo zur Geschichte der RAF", in: Arranca (1993), Nr.3 http://arranca.org/ausgabe/3/mitten-im-nebel
[25] Zitiert nach Jens Benicke (2008): „Von Heidelberg nach Mogadischu, ein Weg von der revolutionären bis zur konterrevolutionären Aktion': Der Verhältnis der bundesdeutschen K-Gruppen zur RAF, am Beispiel der KPD/ML", in: Gehrig/Mittler/Wemheuer, S.147.

ihre Legitimation auch aus der Tatsache, daß friedliche linke Aktivisten von Schlägerbanden, Paramilitärs oder der Polizei ermordet wurden. In der westdeutschen Nachkriegszeit war die Studenten- und Arbeiterbewegung, trotz einiger Toter auf Demonstrationen, an diese Grenze nicht gestoßen. In China oder Lateinamerika hofften viele Menschen, daß mit dem Sieg der Revolution ein staatliches Gewaltmonopol errichtet werden würde, das sie im Alltag von Übergriffen von Kriminellen und Paramilitärs befreie. Hingegen nahmen in Westdeutschland viele Bürger die Infragestellung des schon etablierten Gewaltmonopols durch die RAF als Bedrohung ihrer eigenen Sicherheit war.

Exkurs: Geschlechterrollen und bewaffneter Kampf

Die militante Frauengruppe „Rote Zora", die sich Anfang der 1980er Jahre von den Revolutionären Zellen (RZ) ablöste, wollte die Fehler der RAF und ihrer eigenen Organisation nicht wiederholen. Die Mitglieder des autonomen Netzwerkes wollten weiterhin eine bürgerliche Identität aufrechterhalten, Berufen nachgehen, Liebesbeziehungen pflegen und sich in legalen feministischen und linken Gruppen organisieren. Die Tötung von Menschen sollte nach Möglichkeit vermieden werden und die Anschläge in erster Linie Sachschaden anrichten. Dieses Konzept, das die Presse als „Feierabend-Terrorismus" bezeichnete, hatten schon die RZ formuliert, bevor ein Teil der Gruppe im Sumpf des internationalen Terrorismus versank. In der feministischen Zeitschrift „Emma" begründeten Mitglieder der „Roten Zora" 1984 ihre Anschläge auf das Bundesverfassungsgericht, die Bundesärztekammer, Siemens sowie auf Pornogeschäfte damit, daß die Mittel des legalen Kampfes nicht ausreichen würden, Frauen von Unterdrückung und Ausbeutung zu befreien. Die Vergewaltigung von Frauen durch ihre Ehemänner sei legal, genauso wie der „Kauf" von Ehefrauen aus ärmeren Ländern oder die gesundheitszerstörende Ausbeutung in Fabriken der Dritten Welt durch deutsche Konzerne. Obwohl die Frauen in der Ersten Welt auch von der globalen Arbeitsteilung profitieren würden, wollte die Gruppe im Kampf gegen die Ausbeutung der Frau als Ware ihre Gemeinsamkeiten mit den Schwestern der Dritten Welt herausfinden. Überall sollten sich „Frauenbanden" bilden, die Frauenfeinde (sexistische Journalisten, Pornohändler, „schweinische" Frauenärzte, Gewalttäter usw.) angriffen und öffentlich lächerlich machten.

In der Bundesrepublik ist Vergewaltigung in der Ehe seit 1997 ein Straftatbestand, ein Erfolg der legalen feministischen Bewegung. Die südkoreanischen Arbeiter und Arbeiterinnen, für die die „Rote Zora" 1987 zehn Brandanschläge auf die deutsche Bekleidungsfirma „Adler" verübte, gehören nun zu den bestbezahltesten der Welt, wohl eher dank ihrer eigenen militanten Arbeiterbewegung. „Frauenbanden", die Pornoläden verwüsten, erinnern heute mehr an islamische Sittenwächter, in einer Zeit, wo auch Feministinnen Pornos auf Filmfestivals zeigen. Grundsätzlich hat sich an der globalen Arbeitsteilung und Gewalt gegen Frauen jedoch wenig geändert.

Die Frage der Auswirkungen des bewaffneten Kampfs auf Geschlechterverhältnisse wurde bisher viel zu wenig innerhalb der Linken theoretisch reflektiert.[26] Die Gegner machten Frauen als „Hyänen", „spartakistische Flintenweiber" und terroristische „Ra-

---

26 Eine wenig kritische Reflektion befindet sich in: IG Rote Fabrik (Hg.) (1998): Zwischenberichte: Zur Diskussion über die Politik der bewaffneten und militanten Linken in der BRD, Italien und der Schweiz, Berlin: ID Verlag, S. 91-114.

benmütter", die angeblich aus rein emotionalen Motiven handelten, zum Bestandteil der Kulturindustrie.[27] Während Frauen von den Kampfeinheiten fast aller regulären Armeen ausgeschlossen sind, spielten sie in der nichtregulären Kriegsführung der Linken eine wichtige Rolle: In den terroristischen Gruppen im zaristischen Rußland des 19. Jahrhunderts lag ihr Anteil bei einem Viertel, bei vielen lateinamerikanischen und westeuropäischen „Guerillas" in den 1960ern und 1970ern sogar bei einem Drittel oder höher. Im Zweiten Weltkrieg kämpften 800.000 bis eine Millionen Frauen in der sowjetischen Roten Armee und 100.000 bei den jugoslawischen Partisanen.[28] Die chinesische Revolution ist ein Beispiel dafür, wie Frauen im Zuge einer stärkeren Institutionalisierung der Streitkräfte wieder von den Waffen verdrängt wurden.[29]

Während manche linke Frauen und Männer die weibliche Teilnahme am bewaffneten Kampf als Mittel zur Befreiung der Frau priesen, kritisierten einige Feministinnen, daß sich Frauen in diesem Zusammenhang dem patriarchalen Ideal einer kriegerischen Hypermaskulinität anpassen müßten. In der Tat schrieben besonders Theoretiker wie Cleaver und Fanon mehrfach über das von ihnen als gestört empfundene Verhältnis des schwarzen Mannes zu Frauen und sahen im bewaffneten Kampf ein Mittel zur Wiederherstellung von Männlichkeit, die als Folge der Unterdrückung durch Sklavenhalter oder Kolonialherren abhanden gekommen sei.[30] Die schwarzen Bürgerrechtler in den USA mußten sich gegen den Vorwurf verteidigen, daß gewaltloser Widerstand unmännlich sei. Der Widerspruch zwischen subalterner Hypermaskulinität und Frauenemanzipation im bewaffneten Kampf ist nicht einfach aufzulösen. Zum Beispiel zelebrierten die Panther das Klischee des gefährlichen schwarzen Mannes mit Gewehr, um das weiße Amerika zu schocken. Andererseits waren ein großer Teil der Parteimitglieder und sogar zeitweise die Vorsitzende weiblich. Huey P. Newton sprach sich 1970 außerdem für eine Koalition mit der Frauen- und Schwulenbewegung aus.[31]

Schluß: Der Abschied vom 20. Jahrhundert

Die globalen revolutionären Zyklen des 20. Jahrhunderts und die Frage der revolutionären Gewalt waren aufs engste mit Kriegen verbunden. Die Welle von proletarischen Revolutionen in Europa (1917–1923) wäre ohne die Massenmobilisierung für den Weltkrieg nicht denkbar gewesen, als angesichts der drohenden Kriegsniederlage Soldaten „das Gewehr umdrehten". Diese Dialektik zwischen Krieg und Revolution kam

---

27 Friedrich Schiller dichtete in dem „Das Lied von der Glocke" (1799) über die Französische Revolution: „Da werden Weiber zu Hyänen und treiben mit Entsetzen Scherz; noch zuckend, mit des Panthers Zähnen zerreißen sie des Feindes Herz." Zu rechten Darstellungen in der Zwischenkriegszeit siehe: Klaus Theweleit (2002): Männerphantasien, München: Piper. Siehe auch Dominique Grisard (2011): Gendering Terror: Eine Geschlechtergeschichte des Linksterrorismus in der Schweiz, Frankfurt (M): Campus.
28 Siehe Charles Townshend (2005): Terrorismus: Eine kurze Einführung, Stuttgart: Reclam, S. 29-30.; Maria Hörtner (2009): Die unsichtbaren Kämpferinnen: Frauen im bewaffneten Konflikt in Kolumbien zwischen Gleichberechtigung und Diskriminierung, Köln: PapyRossa, S. 24-26.
29 Nicola Spakowski (2009): „Mit Mut an die Front": Die militärische Beteiligung von Frauen in der kommunistischen Revolution Chinas (1925-1949), Wien: Böhlau, S. 369-371.
30 Siehe Eldridge Cleaver (1970): Seele auf Eis, München: dtv, S. 169-228; Frantz Fanon (1981) analysierte z. B. den Fall von Impotenz eines Algeriers in Folge der Vergewaltigung seiner Frau durch französische Soldaten: Die Verdammten dieser Erde, Frankfurt (M): Suhrkamp, S. 213-218.
31 Bloom/Martin, 2013, S. 95-98; S. 306-308.

schon im Zweiten Weltkrieg nicht mehr zum Tragen, als die Nationalsozialisten aus dem „Dolchstoß" von 1918 ihre Lehre zogen und die Einbindung und Versorgung der Soldaten und Arbeiter um den Preis des Massenmordes in den besetzten Gebieten sicherstellten. In den bürgerlichen Staaten der Anti-Hitler-Koalition stärkte das gemeinsame „patriotische" Erlebnis den Klassenkompromiß der Nachkriegszeit. Spätestens seit dem Zweiten Weltkrieg erscheinen Lenins Hoffnungen, daß der proletarische Aufstand schneller käme, wenn der bürgerliche Staat die ganze Gesellschaft militarisiert, als nicht mehr zeitgemäß.

Heute haben Kriege einen ganz anderen Charakter angenommen.[32] Die breite Bevölkerung in den kriegsführenden Metropolen war von den Kriegen der USA und NATO in Somalia, Jugoslawien, Irak oder Afghanistan kaum direkt betroffen. Statt Millionen von Wehrpflichtigen werden Berufssoldaten ins Feld geführt. Schon die US-Regierung unter Richard Nixon konnte die Anti-Vietnamkriegsproteste schwächen, als sie die Zahl der Einberufungen von Wehrpflichtigen deutlich reduzierte.[33] 1973 schaffte das Land die allgemeine Wehrpflicht ab. Die Kinder der Senatoren und die College-Studenten müssen heute nicht mehr fürchten, eingezogen zu werden und im Dschungel eines fernen Landes zu sterben. Stattdessen baut die US-Armee vor allem auf Freiwillige aus den Unterschichten, die sich durch ihre Teilnahme am Militär den Zugang zu Bildung und Berufschancen erhoffen oder setzt Söldner privater Sicherheitskonzerne wie im Irakkrieg (2003–2011) ein.

Die „neuen Kriege" sind einerseits hochtechnisiert. Im Fall von Drohneneinsätzen reicht zum Töten der Knopfdruck im Heimatland. Anderseits können nichtstaatliche Akteure wie terroristische Netzwerke, Stammeskrieger und Warlords mit einfachen Waffen wie Kalaschnikows und selbstgebauten Bomben Tausende Menschen, meistens Zivilisten, umbringen. In den Ländern, wo der Krieg geführt wird, ist die Bevölkerung zwar noch immer das erste Opfer, statt einer modernen Massenarmee leisten aber nur Terrorgruppen oder zerstreute Aufständische Widerstand. Eine Dialektik zwischen Krieg und sozialrevolutionärer Umwälzung erscheint unter den heutigen Bedingungen nicht wahrscheinlich.

Auch die Dialektik zwischen Guerilla und Revolution wirkt nur noch schwach. Der „Guerillero" der Gegenwart ist eher der Taliban-Kämpfer oder der afrikanische Kindersoldat. Der bekannte Publizist Sebastian Haffner schrieb 1966 in seinem Vorwort zu den militärischen Schriften Maos, daß eine militärische Unterjochung technologisch unterlegener Völker durch Großmächte nicht mehr möglich sei, da die Dritte Welt über die Waffe des maoistischen Volkskrieges verfügen würde, um sich zu wehren.[34] Wir wissen heute, wie wichtig die sowjetische Unterstützung für das Durchhalten der KPCh gegen Japan (1937–1945) und den Sieg über die Guomindang 1949 war. Auch Nordvietnam bekam im Krieg gegen die Supermacht USA ganz massive militärische, politische und ökonomische Unterstützung zuerst von China und später von der Sowjetunion.[35] Heute steht hinter den letzten verbliebenen sozialrevolutionären Guerillagruppen keine

---
32 Ausführliche Analyse siehe: Herfried Münkler (2002): Die neuen Kriege, Reinbek bei Hamburg.
33 Bloom/Martin, 2003, S. 393.
34 Sebastian Haffner (1966): „Der neue Krieg", in: Mao Tse-tung: Theorie des Guerillakrieges oder Strategie der Dritten Welt, Reinbek bei Hamburg: Rowohlt, S. 33.
35 Chen Jian (2001): Mao's China and the Cold War, Chapel Hill: University of North Carolina Press, S. 205-237.

Großmacht mehr. Linke Guerillabewegungen von größerer Bedeutung sind noch die Zapatisten in Mexiko, die Naxaliten in Indien, die Maoisten in Nepal sowie die Kurdische Arbeiterpartei (PKK). Noch können sich einige linke Guerillas in den Bergen oder im Urwald halten. Allgemein bleibt aber festzustellen, daß die „Nicht-Staatszonen" in abgelegenen Gebieten auf dem Globus zusammenschrumpfen. Mit dem Ausbau moderner Infrastruktur, dem Einsatz von Hubschraubern, Drohnen und besserer Satellitentechnik, dringt der Staat auf neue Höhen vor. Die PKK oder die FARC (Revolutionäre Streitkräfte Kolumbiens) sind aktuelle Beispiele für Gruppen, die sich einen Friedenschluß wünschen, da ein „Sieg im Volkskrieg" nach Jahrzehnten des bewaffneten Kampfes aussichtslos erscheint.

Eine erfolgreiche friedliche soziale Revolution hat es in der modernen Geschichte bisher nicht gegeben, da sich die Reichen und Mächtigen mit allen Mitteln (von Militärputschen bis zum Krieg) gewehrt haben, um ihr Eigentum, ihre Privilegien und ihr soziales Kapital zu verteidigen. Selbst die Abschaffung der Sklaverei in den USA konnte nur durch die äußerst blutige Revolution in Haiti (1791–1804), unzählige gescheiterte lokale Sklavenrebellionen und den Sieg der Nordstaaten im amerikanischen Bürgerkrieg mit über 500.000 Toten durchgesetzt werden. Politische Revolutionen, die nur eine Regierung oder eine Staatsform stürzen, ohne die gesellschaftlichen Verhältnisse grundlegend anzutasten, können, müssen aber nicht friedlich über die Bühne gehen. Mahatma Gandhi und Nelson Mandela werden heute in den Medien wie Heilige verehrt, für ihre friedliche Politik der Versöhnung. Der Preis der friedlichen Entlassung Indiens in die Unabhängigkeit 1947 und des Ende des südafrikanischen Apartheidregimes 1994 war allerdings, daß die Eigentumsverhältnisse und damit auch die Machtverhältnisse zwischen den Geschlechtern nicht grundlegend angetastet wurden. Gandhis und Mandelas Wege führten zur nationalen Befreiung, nicht zur sozialen.

Anarchisten wie Ramus oder Malatesta kritisierten den „roten Militarismus" und den „roten Terror" der Bolschewiki, weil sie glaubten, die Revolutionäre könnten dadurch vielleicht siegen, würden aber die Revolution selbst zu Grabe tragen, weil sie statt einer emanzipierten Gesellschaft eine Despotie schufen. Ganz Unrecht hatten sie damit nicht. Die Zahl der Opfer des „roten Terrors" und der späteren stalinistischen und maoistischen „Großen Säuberungen" stellten die Hinrichtungen der gestürzten alten Regime bei weitem in den Schatten. Doch wären ohne den „roten Militarismus" nicht alle drei revolutionären Zyklen des 20. Jahrhunderts schon nach wenigen Jahren von den Gegnern niedergeschlagen worden? Was die Kritiker des „roten Militarismus" damals nicht ahnen konnten, war, daß gerade auf dem Gebiet der Mobilisierung aller menschlichen und ökonomischen Kräfte für den „Volkskrieg" die eigentliche Stärke des Sozialismus in Agrarländern liegen würde; natürlich mit unglaublich hohen Opfern unter Soldaten und der Bevölkerung. Der Zarismus und die GMD zerbrachen an den politischen, militärischen und ökonomischen Anforderungen des „totalen" Kriegs. Im Kräftemessen mit Nazi-Deutschland konnte die Rote Armee trotz anfänglicher Unterlegenheit und strategischer Fehler große Siege erringen und marschierte bis nach Berlin. Die Armee der KPCh hielt sich acht Jahre im Krieg mit Japan, besiegte dann die GMD in nur drei Jahren und half 1953 die modernste Armee der Welt, die der USA, am 38. Breitengrad in Korea zu stoppen. Die vietnamesischen Kommunisten besiegten erst die Kolonialmacht Frankreich zwischen 1946 und 1954, hielten ab 1965 dem Vernichtungskrieg der USA stand und vertrieben sie 1975 schließlich aus Saigon. Wenn die Kommunisten eines konnten, dann war es Krieg zu führen und diesen mit sozialer Umwälzung und nationaler Mobilisierung zu verbinden. Auch wenn im 20. Jahrhundert alle sozialrevolutionären Projekte des Sozialismus, Kommunismus und Anarchismus scheiterten, so bleiben als großen Errungenschaft der linken Bewegungen, entscheidende Beiträge zum Untergang des Nationalsozialismus, des japanischen Imperialismus, des Kolonialismus und der „Rassentrennung" geleistet zu haben.

Felix Wemheuer
Wien, im Jänner 2014

Danksagung

Ich bedanke mich für Anregungen bei der Textauswahl und Kritik bei Philippe Kellermann, Stefan Junker, David Mayer, Hannah Untersweg sowie Stefan Kraft.

Editorische Anmerkungen

In allen Texten wurde durchgehend die alte Rechtschreibung verwendet, offensichtliche Druckfehler wurden korrigiert. Auslassungen sind mit „(…)" angegeben. Hervorhebungen im Original werden einheitlich im Kursivdruck wiedergegeben. Fußnoten wurden zum Teil aus den Originaltexten übernommen, andere neu erstellt.

Die Überschriften der einzelnen Texte stammen vom Herausgeber.

Kapitel I:
Krieg und bewaffnete Revolution

Wladimir Iljitsch Lenin
Militärprogramm der proletarischen Revolution (1916)

I

Das grundlegende Argument besteht darin, die Forderung der Entwaffnung sei der klarste, entschiedenste, konsequenteste Ausdruck des Kampfes gegen jeden Militarismus und gegen jeden Krieg.

In diesem grundlegenden Argument besteht eben der Grundirrtum der Entwaffnungsanhänger. Die Sozialisten können nicht gegen jeden Krieg sein, ohne aufzuhören, Sozialisten zu sein.

Erstens waren die Sozialisten niemals und können niemals Gegner revolutionärer Kriege sein. Die Bourgeoisie der „großen" imperialistischen Mächte ist durch und durch reaktionär geworden, und wir erkennen den Krieg, den *diese* Bourgeoisie jetzt führt, für einen reaktionären, sklavenhalterischen, verbrecherischen Krieg an. Nun, wie steht es aber mit einem Kriege *gegen* diese Bourgeoisie? Zum Beispiel mit einem Kriege der von dieser Bourgeoisie unterdrückten, von ihr abhängigen oder kolonialen Völker für ihre Befreiung? In den *Leitsätzen* der Gruppe Internationale lesen wir in Paragraph 5: „In der Ära dieses entfesselten Imperialismus kann es keine nationalen Kriege mehr geben." Das ist offenbar unrichtig.

Die Geschichte des 20. Jahrhunderts, dieses Jahrhunderts des „entfesselten Imperialismus", ist voll von Kolonialkriegen. Aber das, was wir Europäer, imperialistische Unterdrücker der Mehrzahl der Völker der Welt, mit dem uns eigentümlichen niederträchtigen europäischen Chauvinismus „Kolonialkriege" nennen, das sind oft nationale Kriege oder nationale Aufstände von seiten dieser unterdrückten Völker. Eine der grundlegendsten Eigenschaften des Imperialismus besteht eben darin, daß er die Entwicklung des Kapitalismus in den rückständigsten Ländern beschleunigt und dadurch den Kampf gegen die nationale Unterdrückung ausbreitet und verschärft. Das ist Tatsache. Und daraus folgt unvermeidlich, daß der Imperialismus nationale Kriege öfters erzeugen muß. *Junius*[1], der in seiner Broschüre die genannten *Leitsätze* verteidigt, sagt, in der imperialistischen Epoche führe jeder nationale Krieg gegen eine von den imperialistischen Großmächten zum Eingreifen einer andern, mit der ersten konkurrierenden, ebenfalls imperialistischen Großmacht, und dadurch werde jeder nationale Krieg in einen imperialistischen verwandelt. Dieses Argument ist aber auch unrichtig. Es *kann* so sein, es ist aber nicht immer so. Mehrere Kolonialkriege in den Jahren 1900 bis 1914 gingen nicht diesen Weg. Und es wäre einfach lächerlich, wenn wir erklärten, daß z. B. nach dem

---
1 Pseudonym Rosa Luxemburgs.

jetzigen Krieg, wenn er mit der äußersten Erschöpfung der kriegführenden Länder endigt, es „keinen" nationalen, fortschrittlichen, revolutionären Krieg meinetwegen seitens Chinas im Bunde mit Indien, Persien, Siam usw. gegen die Großmächte geben „kann".

Die Verneinung jeder Möglichkeit nationaler Kriege unter dem Imperialismus ist theoretisch unrichtig, historisch offenkundig falsch, praktisch gleicht sie dem europäischen Chauvinismus: Wir, die wir zu den Nationen gehören, die Hunderte Millionen Menschen in Europa, Afrika, Asien usw. unterdrücken, wir sollen den unterdrückten Völkern erklären, ihr Krieg gegen „unsere" Nationen sei „unmöglich"!

Zweitens. Bürgerkriege sind auch Kriege. Wer den Klassenkampf anerkennt, der kann nicht umhin, auch Bürgerkriege anzuerkennen, die in jeder Klassengesellschaft eine natürliche, unter gewissen Umständen unvermeidliche Weiterführung, Entwicklung und Verschärfung des Klassenkampfes darstellen. Alle großen Revolutionen bestätigen das. Bürgerkriege zu verneinen oder zu vergessen, hieße in den äußersten Opportunismus verfallen und auf die sozialistische Revolution verzichten.

Drittens schließt der in einem Lande siegreiche Sozialismus keineswegs mit einem Male alle Kriege überhaupt aus. Im Gegenteil, er setzt solche voraus. Die Entwicklung des Kapitalismus geht höchst ungleichmäßig in den verschiedenen Ländern vor sich. Das kann nicht anders sein bei der Warenproduktion. Daraus die unvermeidliche Schlußfolgerung: Der Sozialismus kann nicht gleichzeitig in *allen* Ländern Siegen. Er wird zuerst in einem oder einigen Ländern siegen, andere werden für eine gewisse Zeit bürgerlich oder vorbürgerlich bleiben. Das muß nicht nur Reibungen, sondern auch direktes Streben der Bourgeoisie anderer Länder erzeugen, das siegreiche Proletariat des sozialistischen Staates zu zerschmettern. In solchen Fällen wäre ein Krieg unsererseits legitim und gerecht, es wäre ein Krieg für den Sozialismus, für die Befreiung anderer Völker von der Bourgeoisie. Engels hatte vollständig recht, als er in seinem Briefe an Kautsky vom 11. September 1883 ausdrücklich die *Möglichkeit* von „Verteidigungskriegen" des Sozialismus, *der schon gesiegt hat,* anerkannte. Er meinte nämlich die Verteidigung des siegreichen Proletariats gegen die Bourgeoisie anderer Länder.

Erst nachdem wir die Bourgeoisie in der ganzen Welt, und nicht nur in einem Lande, niedergeworfen, vollständig besiegt und expropriiert haben, werden Kriege unmöglich werden. Und es ist wissenschaftlich gar nicht richtig – und gar nicht revolutionär – wenn wir eben das Wichtigste, die Niederwerfung des Widerstandes der Bourgeoisie, das Schwierigste, das am meisten Kampf Erfordernde im *Übergange* zum Sozialismus umgehen oder vertuschen. Die „sozialen" Pfaffen und die Opportunisten sind gerne bereit, von dem zukünftigen friedlichen Sozialismus zu träumen, sie unterscheiden sich aber von den revolutionären Sozialdemokraten eben dadurch, daß sie an erbitterte Klassenkämpfe und Klassen*kriege*, um diese schöne Zukunft zur Wirklichkeit zu machen, nicht denken und nicht dafür sorgen wollen.

Wir dürfen uns nicht durch Worte täuschen lassen. Zum Beispiel ist der Begriff „Landesverteidigung" manchem verhaßt, weil dadurch die offenen Opportunisten und die Kautskyaner die Lüge der Bourgeoisie im *gegebenen* Räuberkriege verdecken und vertuschen. Das ist Tatsache. Aber daraus folgt nicht, daß wir verlernen sollen, über die Bedeutung der politischen Schlagworte nachzudenken. „Landesverteidigung" im gegebenen Kriege anerkennen, heißt diesen Krieg für einen „gerechten", dem Interesse des Proletariats dienlichen halten, weiter nichts und abermals nichts. Denn Invasion ist in keinem Kriege ausgeschlossen. Es wäre einfach dumm, „Landesverteidigung" seitens unterdrückter Völker in ihrem Kriege *gegen* die imperialistischen Großmächte oder seitens des siegreichen Proletariats in *seinem* Kriege gegen irgendeinen Galliffet[2] eines bürgerlichen Landes nicht anerkennen zu wollen.

Es wäre theoretisch grundfalsch, zu vergessen, daß jeder Krieg nur die Fortsetzung der Politik mit andern Mitteln ist. Der jetzige imperialistische Krieg ist die Fortsetzung der imperialistischen Politik zweier Gruppen von Großmächten, und diese Politik wurde durch die Gesamtheit der Verhältnisse der imperialistischen Epoche erzeugt und genährt. Aber dieselbe Epoche muß notwendig die Politik des Kampfes gegen nationale Unterdrückung und des Kampfes des Proletariats gegen die Bourgeoisie erzeugen und daher die Möglichkeit und die Unvermeidlichkeit erstens der revolutionären nationalen Aufstände und Kriege, zweitens der Kriege und Aufstände des Proletariats *gegen* die Bourgeoisie, drittens der Vereinigung beider Arten von revolutionären Kriegen usw.

II

Dazu kommt noch eine weitere allgemeine Erwägung. Eine unterdrückte Klasse, die nicht danach strebt, Waffenkenntnis zu gewinnen, in Waffen geübt zu werden, Waffen zu besitzen, eine solche unterdrückte Klasse ist nur wert, unterdrückt, mißhandelt und als Sklave behandelt zu werden. Wir dürfen, ohne uns zu bürgerlichen Pazifisten und Opportunisten zu degradieren, nicht vergessen, daß wir in einer Klassengesellschaft leben und daß außer dem Klassenkampfe keine Rettung daraus möglich und denkbar ist. In jeder Klassengesellschaft, sie möge auf der Sklaverei, Leibeigenschaft oder, wie heute, auf der Lohnsklaverei beruhen, ist die *unterdrückende* Klasse *bewaffnet*. Nicht nur das heutige stehende Heer, sondern auch die *heutige* Miliz, die schweizerische auch nicht ausgenommen, ist Bewaffnung der Bourgeoisie *gegen* das Proletariat. Ich glaube, diese elementare Wahrheit nicht beweisen zu brauchen; es genügt, Militäraufgebote während der Streiks in *allen* kapitalistischen Ländern zu erwähnen.

Die Bewaffnung der Bourgeoisie gegen das Proletariat ist eine der größten, kardinalsten, wichtigsten Tatsachen der heutigen kapitalistischen Gesellschaft. Und angesichts dieser Tatsache will man den revolutionären Sozialdemokraten zumuten, sie sollen die „Forderung" der „Entwaffnung" aufstellen! Das wäre eine vollständige Preisgabe des Klassenkampfstandpunktes und jedes Gedankens an die Revolution. Wir sagen: Bewaffnung des Proletariats zum Zwecke, die Bourgeoisie zu besiegen, zu expropriieren und zu *entwaffnen* – das ist die einzig mögliche Taktik der revolutionären Klasse, eine Taktik, die durch die *ganze objektive Entwicklung des* kapitalistischen Militarismus vorbereitet, fundiert und gelehrt wird. Nur nachdem das Proletariat die Bourgeoisie entwaffnet hat, kann es, ohne an seiner weltgeschichtlichen Aufgabe Verrat zu üben, die Waffen zum alten Eisen werfen, was es auch ganz sicher *dann* – aber nicht früher – tun wird.

Und wenn der heutige Krieg bei reaktionären Sozialpfaffen, bei weinerlichen Kleinbürgern nur Schrecken, nur Erschrockenheit, nur Abscheu vor Waffengebrauch, Tod, Blut

---
2 Gaston Alexandre Auguste, Marquis de Galliffet (1830–1909) war ein französischer General, berüchtigt wegen der brutalen Abrechnung mit den Teilnehmern der Pariser Kommune im Jahre 1871.

usw. erzeugt, so sagen wir dagegen: Die kapitalistische Gesellschaft war und ist *immer ein Schrecken ohne Ende*. Und wenn jetzt dieser Gesellschaft durch diesen reaktionärsten aller Kriege ein *Ende mit Schrecken* bereitet wird, so haben wir keinen Grund, zu verzweifeln. Nichts anderes als Ausfluß der Verzweiflung ist objektiv die Predigt, die „Forderung" – besser zu sagen: der Traum – von der „Entwaffnung" in jetziger Zeit, wenn offen, vor aller Augen der einzig legitime und revolutionäre Krieg, der Bürgerkrieg gegen die imperialistische Bourgeoisie, durch diese Bourgeoisie selber vorbereitet wird.

Wer das für eine „graue Theorie", „bloße Theorie" hält, den erinnern wir an zwei weltgeschichtliche *Tatsachen*: an die Rolle der Trusts und der Fabrikarbeit der Frauen einerseits, an die Kommune 1871 und die Dezembertage 1905 in Rußland anderseits.

Es ist die Sache der Bourgeoisie, die Trusts zu fördern, Kinder und Frauen in die Fabriken zu jagen, sie dort zu martern, zu korrumpieren, unsäglichem Elend preiszugeben. Wir „unterstützen" diese Entwicklung nicht, wir „fordern" so etwas nicht, wir kämpfen dagegen. Aber *wie* kämpfen wir? Wir erklären, die Trusts und die Fabrikarbeit der Frauen sind *progressiv*. Wir wollen nicht zurück, zum Handwerk, zum vormonopolistischen Kapitalismus, zur Hausarbeit der Frauen. Vorwärts über die Trusts usw. hinaus und durch sie zum Sozialismus.

Das gleiche gilt, mutatis mutandis[3] von der heutigen Militarisierung des Volkes. Heute militarisiert die imperialistische – und andere – Bourgeoisie nicht nur das ganze Volk, sondern auch die Jugend. Morgen wird sie meinetwegen die Frauen militarisieren. Wir antworten darauf: Desto besser! Nur immer schneller voran – je schneller, desto näher ist der bewaffnete Aufstand gegen den Kapitalismus. Wie können sich die Sozialdemokraten durch die Militarisierung der Jugend usw. einschüchtern oder entmutigen lassen, wenn sie das Beispiel der Kommune nicht vergessen? Es ist doch keine „Theorie", kein Traum, sondern Tatsache. Und es wäre wirklich zum Verzweifeln, wenn die Sozialdemokraten allen ökonomischen und politischen Tatsachen zum Trotz daran zu zweifeln begännen, daß die imperialistische Epoche und *die* imperialistischen *Kriege* naturnotwendig, unvermeidlich zur Wiederholung *dieser* Tatsachen führen *müssen*.

Es war ein bürgerlicher Beobachter der Kommune, der im Mai 1871 in einer englischen Zeitung schrieb: „Wenn die französische Nation nur aus Frauen bestände, was wäre das für eine schreckliche Nation." Die Frauen und die Jugend vom 13. Jahr an kämpften während der Kommune neben den Männern, und es wird nicht anders sein in kommenden Kämpfen um die Niederwerfung der Bourgeoisie. Die proletarischen Frauen werden nicht passiv zusehen, wie die gut bewaffnete Bourgeoisie die schlecht bewaffneten oder gar nicht bewaffneten Proletarier niederschießt, sie werden wieder, wie 1871, zu den Waffen greifen, und aus der heutigen „erschrockenen" oder entmutigten Nation – richtiger: aus der heutigen, durch die Opportunisten mehr als durch die Regierungen desorganisierten Arbeiterbewegung – wird ganz sicher, früher oder später, aber ganz sicher ein internationaler Bund „schrecklicher Nationen" des revolutionären Proletariats erstehen.

Jetzt durchdringt die Militarisierung das ganze öffentliche Leben. Die Militarisierung wird alles. Der Imperialismus ist erbitterter Kampf der Großmächte um Teilung und

---

3   Mit den nötigen Änderungen.

Neuteilung der Welt – er *muß* daher zur weiteren Militarisierung in allen, auch in kleinen, auch in neutralen Ländern führen. Was sollen die proletarischen Frauen dagegen tun? Nur jeden Krieg und alles Militärische verwünschen, nur die Entwaffnung fordern? Niemals werden sich die Frauen einer unterdrückten Klasse, die revolutionär ist, mit solcher schändlichen Rolle bescheiden. Sie werden vielmehr ihren Söhnen sagen: Du wirst bald groß sein, man wird dir das Gewehr geben. Nimm es und erlerne gut alles Militärische – das ist nötig für die Proletarier, nicht um gegen deine Brüder zu schießen, wie es jetzt in diesem Räuberkriege geschieht und wie dir die Verräter des Sozialismus raten, sondern um gegen die Bourgeoisie deines eigenen Landes zu kämpfen, um der Ausbeutung, dem Elend und den Kriegen nicht durch fromme Wünsche, sondern durch das Besiegen der Bourgeoisie und *deren* Entwaffnung ein Ende zu bereiten.

Wenn man nicht eine solche Propaganda und eben eine solche im Zusammenhange mit dem jetzigen Kriege treiben will, dann höre man gefälligst auf, große Worte von der internationalen revolutionären Sozialdemokratie, von der sozialen Revolution, von dem Kriege gegen den Krieg im Munde zu führen.

III

Die Anhänger der Entwaffnung sind gegen die Volksbewaffnung unter anderem auch deshalb, weil die letztere Forderung leichter zu Konzessionen an den Opportunismus führen soll. Wir haben das Wichtigste untersucht: das Verhältnis der Entwaffnung zum Klassenkampfe und zu der sozialen Revolution. Jetzt wollen wir die Frage des Verhältnisses zum Opportunismus untersuchen. Einer der wichtigsten Gründe für die Unannehmbarkeit der Forderung der Entwaffnung besteht eben darin, daß durch diese Forderung und die dadurch unvermeidlich entstehenden Illusionen unser Kampf gegen den Opportunismus geschwächt und entkräftet wird.

Kein Zweifel, dieser Kampf steht auf der Tagesordnung in der Internationale. Der Kampf gegen den Imperialismus, wenn dieser Kampf nicht unzertrennlich mit dem Kampfe gegen den Opportunismus verbunden ist, ist hohle Phrase oder ein Betrug. Einer der Hauptfehler von Zimmerwald und Kienthal[4] und eine der Hauptursachen des möglichen Fiaskos dieser Keime der dritten Internationale bestehen eben darin, daß die Frage vom Kampfe gegen den Opportunismus nicht offen gestellt worden ist, geschweige denn entschieden im Sinne des unvermeidlichen Bruches mit den Opportunisten. Der Opportunismus hat – für eine gewisse Zeit – gesiegt in der europäischen Arbeiterbewegung (...).

Der offene Opportunismus arbeitet offen und direkt gegen die Revolution und gegen die beginnenden revolutionären Bewegungen und Ausbrüche, im direkten Bunde mit den Regierungen, mögen die Formen dieses Bündnisses verschieden sein: von einer Teilnahme an der Regierung an bis zur Teilnahme an Kriegsindustriekomitees (in Rußland). Die verdeckten Opportunisten, die Kautskyaner, sind für die Arbeiterbewegung viel

---

4 Die erste Internationale Sozialistische Konferenz fand in Zimmerwald vom 5.-8. September 1915 statt. In der Konferenz kam es zu einer Auseinandersetzung zwischen den revolutionären Internationalisten mit Lenin an der Spitze und der kautskyanischen Mehrheit. Die zweite internationale sozialistische Konferenz tagte vom 24.-30. April 1916 in Kienthal. In dieser Konferenz war der linke Flügel geschlossener und stärker als auf der Konferenz in Zimmerwald.

schädlicher und gefährlicher, weil sie ihre Verteidigung des Bundes und der „Einigkeit" mit den ersteren durch wohlklingende „marxistische" Worte und „Friedens"losungen verdecken und plausibel machen. Der Kampf gegen beide Formen des herrschenden Opportunismus kann nur auf *allen* Gebieten der proletarischen Politik geführt werden: parlamentarische Tätigkeit, Gewerkschaften, Streiks, Wehrfragen usw. Die *Haupteigentümlichkeit* aber, die *beide* Formen des herrschenden Opportunismus auszeichnet, besteht darin, daß man *die konkreten Fragen der Revolution* und die allgemeine Frage *vom Zusammenhange des jetzigen Krieges mit der Revolution* verschweigt, vertuscht oder im Polizeisinne „beantwortet". Und das – nachdem man unmittelbar *vor* diesem Kriege unzählige Male inoffiziell und im Basler Manifest[5] offiziell ganz zweideutig auf den Zusammenhang eben *dieses* kommenden Krieges mit der proletarischen Revolution hingewiesen hatte! Und der Hauptfehler der Forderung der Entwaffnung ist auch der, daß alle konkreten Fragen der Revolution dadurch umgangen werden. Oder sind etwa die Entwaffnungsanhänger für eine ganz neue Art entwaffneter Revolution?

Weiter. Wir sind absolut nicht gegen den Kampf um Reformen. Wir wollen nicht die unangenehme Möglichkeit ignorieren, daß die Menschheit im schlimmsten Falle noch einen zweiten imperialistischen Krieg durchmachen wird, wenn die Revolution trotz den mehrfachen Ausbrüchen der Massengärung und Massenempörung und trotz unseren Bemühungen aus *diesem* Kriege noch nicht geboren wird. Wir sind Anhänger eines Reformprogrammes, das *auch* gegen die Opportunisten gerichtet werden muß. Die Opportunisten wären nur froh, wenn wir ihnen allein den Kampf um Reformen überließen, uns selbst aber in ein Wolkenkuckucksheim einer „Entwaffnung" vor der schlechten Wirklichkeit drücken. Entwaffnung ist nämlich Flucht aus der schlechten Wirklichkeit, kein Kampf gegen sie.

In so einem Programm würden wir etwa sagen: „Die Parole und die Anerkennung der Vaterlandsverteidigung in dem imperialistischen Kriege 1914-1916 ist nur Korrumpierung der Arbeiterbewegung durch eine bürgerliche Lüge." So eine konkrete Antwort auf eine konkrete Frage würde theoretisch richtiger, für das Proletariat viel nützlicher, für die Opportunisten viel unerträglicher sein als die Forderung der Entwaffnung und die Absage an „jede" Landesverteidigung! Und wir könnten hinzufügen: „Die Bourgeoisie aller imperialistischen Großmächte, Englands, Frankreichs, Deutschlands, Österreichs, Rußlands, Italiens, Japans, der Vereinigten Staaten, ist so reaktionär geworden und vom Streben zur Weltbeherrschung durchdrungen, daß *jeder* Krieg seitens der *Bourgeoisie dieser* Länder nur reaktionär sein kann. Das Proletariat soll nicht nur gegen jeden solchen Krieg sein, sondern auch die Niederlage ‚seiner' Regierung in solchen Kriegen wünschen und zur revolutionären Erhebung benutzen, wenn eine solche Erhebung zur Verhinderung des Krieges mißlingt."

Was die Miliz betrifft, so würden wir sagen: Wir sind nicht für eine bürgerliche, sondern nur für eine proletarische Miliz. Deshalb keinen Mann und keinen Groschen nicht nur für das stehende Heer, sondern auch für die bürgerliche Miliz auch in solchen Ländern wie den Vereinigten Staaten, der Schweiz, Norwegen usw., um so mehr, als wir selbst in den freiesten republikanischen Staaten (z. B. in der Schweiz) die fortschrei-

---

5   Basler Manifest: Manifest über den Krieg, das auf dem außerordentlichen Kongreß der II. Internationale, der am 24. und 25. November 1912 in Basel (Schweiz) stattfand, einstimmig angenommen wurde.

tende Verpreußung der Miliz, besonders seit 1907 und 1911, und deren Prostituierung zu Militäraufgeboten gegen die Streiks sehen. Wir können fordern: Wahl der Offiziere durch die Mannschaften, Abschaffung jeder Militärjustiz, Gleichstellung der ausländischen Arbeiter mit den einheimischen (besonders wichtig für imperialistische Länder, die fremde Arbeiter in steigender Zahl, wie z. B. die Schweiz, schamlos ausbeuten und rechtlos machen), weiter das Recht jeder, sagen wir, hundert Einwohner des Staates, freie Vereinigungen zur Erlernung des Kriegshandwerks zu bilden, freie Wahl der Instruktoren, Entschädigung derselben auf Staatskosten usw. Nur so könnte das Proletariat alles Militärische wirklich *für sich* und nicht für seine Sklavenhalter erlernen, was absolut in seinem Interesse liegt. Und jeder Erfolg, sei es auch nur ein Teilerfolg der revolutionären Bewegung – z. B. Eroberung einer Stadt, eines Industrieortes, eines Teiles der Armee – wird naturnotwendig, das hat auch die russische Revolution bewiesen, dazu führen, daß das siegreiche Proletariat *eben* dieses Programm zu verwirklichen gezwungen sein wird (...).

Pierre Ramus
Ziviler Ungehorsam gegen Konterrevolution und Militarismus
(1921)

(...) Ein Beispiel dafür bietet die vom zweiten Kongreß der kommunistischen Internationale angenommene Begrüßung an die Rote Armee und Rote Flotte der russischen Sowjetdiktatur, in welcher Begrüßung es heißt:

„Die werktätigen Massen können das Joch der Reichen und das Lohnsklaventum nicht anders vernichten, *als mit der Waffe in der Hand*. Ihr habt als erste die Waffe gegen die *Unterdrücker* gekehrt. Ihr habt als erste eine geordnete und mächtige Rote Arbeiter- und Bauernarmee geschaffen. Ihr habt als erste allen Unterdrückten und Ausgebeuteten der ganzen Welt den Weg gewiesen. Dafür segnen euch die Proletarier aller Länder ... Wisset, Genossen: Die Rote Armee ist gegenwärtig eine der Hauptkräfte der Weltgeschichte!! Wisset: ... Die Zeit ist nahe, da die internationale Rote Armee geschaffen werden wird. Es lebe die große, *unbesiegbare* Rote Armee! Es lebe die Armee der Kommunistischen Internationale!"

Diese Resolution ist erfüllt vom gesamten Trug der militaristischen Ideologie. Sie läßt völlig außer Acht, daß die durch die Rote Armee niedergemähten Menschen *ebenfalls* Bauern und Proletarier waren, die genau so unfreiwillig durch ihren Staat und Militärzwang zum Kriegsdienst gezwungen wurden, wie größtenteils die Bauern und Proletarier auf Seite der Sowjetdiktatur.

Indem die Rote Armee in dieser Weise verherrlicht wird, wird das internationale Proletariat zu dem Trugglauben verführt, daß Militarismus und Krieg auch in den Dienst des Klassenkampfes als Befreiungsmittel gestellt werden können. In Wahrheit bedeutet jeder Krieg, wie auch der durch die Rote Armee geführte Krieg, eine Travestie des Klassenkampfes, da in jenem zumeist nur unfreiwillig kämpfende, aber beiderseitig zwangsweise genötigte, arme Proletarier und Bauern fallen, während die verantwortlichen Staatsmatadoren, Kriegsorganisatoren und Feldherren völlig immun bleiben, frei ausgehen und sich durch die Kriegsführung beiderseitig noch bereichern. Schließlich wird den Proletariern durch derlei Sentenzen, wie sie die obige Begrüßungsadresse enthält, der durch nichts bestätigte, dagegen weltgeschichtlich *längst widerlegte* Glaube an die Siegkraft von Waffengewalt, Militarismus und Krieg beigebracht, wie im Proletariat künstlich lebendig erhalten. Dadurch werden die sozialen und humanitären Klasseninteressen des Proletariats, die sich in ihrer emanzipatorischen Ethik mit denen der übergroßen Mehrheit der Bevölkerung decken, auf das Niveau einer militaristischen, das Menschenleben mißachtenden Gewaltbasis herabgedrückt, die als solche das fruchtbarste Erdreich bietet für die Aufrechterhaltung des militaristischen Prinzips, seiner menschenschändenden, eisernen Disziplin, wie auch für die scheinbare Unerläßlichkeit des Krieges als Ultima ratio in den Konfliktsproblemen des Völkerlebens, was falsch, für das Proletariat als Klasse selbstmörderisch und in seiner Gänze nur der Reaktion förderlich ist.

Zugleich mit dieser Frage stellt sich dem Antimilitarismus unserer Zeit und seinen Aufgaben für die nächste Zukunft ein neues Problem entgegen. Es ist das der „*Bewaffnung des Proletariats"* wie es der Machteroberungsstandpunkt des Marxismus in die Massen des Volkes geschleudert hat, und wie es die sogenannte dritte Internationale verkörpert.

Keine Idee hat verwirrender und der Reaktion mehr Vorschub leistender gewirkt, als diese. Sie ist höchst unklar, vieldeutig und in ihrer Gänze nur dazu angetan, das Prinzip des Militarismus zu stärken, bewirkt, anstatt ihm seine Waffen zu entreißen, daß ihm neue dargeboten werden.

Vom revolutionären Standpunkt aus betrachtet, erblickt diese Formel im Proletariat ideologisch und voraussetzungslos eine einheitliche Masse, die bloß deshalb, weil sie Proletariat, schon an und für sich revolutionär sei und die Waffen nur in den Dienst der Revolution stellen könne. Eine solche Auffassung übersieht gänzlich, daß in allen modernen Kriegen, besonders im Weltkrieg, das Proletariat das von allen Staaten meist bewaffnete Soldatenkontingent war und sich in seiner überwiegenden Mehrheit als gefügiges Instrument der Kriegsmordbestialität erwiesen hat.

Das Proletariat bildet weder eine einheitliche Masse, noch sind seine Klasseninteressen so durchaus gleichartiger Natur; und schließlich ist zu bedenken, daß die klarstblickenden und revolutionärsten Schichten des Proletariats auch als größte Organisationskraft – man denke z. B. an die zahlenmäßig ungeheuer große zentralistische Gewerkschaftsbewegung – immer nur die Minorität innerhalb des Proletariats oder der Gesellschaft bilden. Eine allgemeine Bewaffnung des Proletariats bedeutet somit stets, daß auch die überwiegend rückständigen Schichten des Proletariats Waffen in die Hände bekommen, die sie gegen die revolutionären proletarischen Minderheiten als solche kehren können.

Selbst für den Fall jedoch, daß unter der Losung „Bewaffnung des Proletariats" nur die Bewaffnung einer bestimmte Gruppe oder revolutionären Parteirichtung gemeint ist, ist diese Devise keine wahrhaft emanzipatorische. Dadurch würde nicht nur die Bourgeoisie, die als Klasse überhaupt keinen Militärdienst leistet, sondern die die rückständigen Schichten des Proletariats einen solchen zugunsten der bürgerlichen Gesellschaft und ihres Staates leisten läßt – in Wirklichkeit würde durch die Bewaffnung einer Elitetruppe des Proletariats *dieses selbst* in weiten und vielen Schichten seiner eigenen Klasse unter die Willkürdiktatur einer Söldnergarde fallen, die ihrerseits wieder ein gefügiges Instrument in den Händen einiger weniger, absolutistisch-diktatorisch schaltender Parteiklüngel wäre. Zudem ist *keinerlei Garantie* für die revolutionäre Beständigkeit und Verläßlichkeit einer solchen mit Waffengewalt ausgestatteten Minoritätsgruppe des Proletariats vorhanden, ebensowenig wie für die Lauterkeit und Ergebenheit der sie befehligenden Führer und Machthaber zugunsten der revolutionären Sache und nicht Ihrer Sonderlnteressen.

*

Das ausschlaggebende Argument gegen diese Formel der revolutionären Kämpfe bietet sich jedoch durch die Tatsache dar, daß die Bewaffnung des Proletariats *dasjenige* innerhalb der Gesellschaft intakt, unangetastet beläßt, was für die ausbeuterischen und machtgierigen Elemente der Bourgeoisie und Gegenrevolution das Allerwichtigste ist: Die *Waffen*, die *Munition* und die *Fortführung* wie *Steigerung ihrer Produktion*. Damit haben sämtliche reaktionären Elemente alles, wessen sie bedürfen.

Durch den Fortbestand der Waffenproduktion ist es den bürgerlichen, staatlichen, militaristischen und kapitalistischen Vertretern der Herrschaft und Lohnausbeutung immer wieder ein Leichtes, angesichts der überwiegend reaktionären Mehrheit innerhalb der Gesellschaft alle für die Waffenführung in Betracht kommenden antirevolutionären bürgerlichen wie proletarischen Elemente zu kaufen, sie anzuwerben und durch Geld, wie auf Schleichwegen immer wieder in den Besitz von Waffen zu kommen. Die Erfahrung während der Revolution in allen Mittelländern Europas hat dies gelehrt; auch ist es nicht zu leugnen, daß die nötige Brutalität, strategische Kenntnis und militärische Erfahrung sich überwiegend auf Seite der Reaktion befindet und das Proletariat sich auf das für seine Aktionskraft *ungünstigste* Kampfgebiet begibt, wenn es mittels der Methode der „Bewaffnung des Proletariats" die Reaktion bekämpfen will. Diese ist, militärisch-waffentechnisch das Problem erwogen, dem Proletariat überlegen.

*

Die Richtigkeit des antimilitaristischen Standpunktes in der Verwerfung des Schlagwortes der „Bewaffnung des Proletariats" findet ihre Rechtfertigung und Bestätigung in den während der Revolution in Deutschland und Österreich gemachten Erfahrungen. Es ist jenem, sich darin als reaktionär erweisenden Schlagwort allein zu verdanken, daß das Proletariat, anstatt nach Ausbruch der Revolution die Bourgeoisie *wirklich* zu entwaffnen, also die vorhandenen Munitionsvorräte zu zerstören, die Produktion solcher völlig einzustellen, sämtliche bewaffnete Körperschaften aufzulösen und ihnen sowie allen Privaten die Waffen wegzunehmen, diese in Werkzeuge umzuwandeln – anstatt dies zu tun, ließ das Proletariat durch Sozialdemokraten, als auch „Kommunisten" einen neuen Militarismus schaffen.

Jenes zu tun, wäre damals leicht möglich gewesen; es ist dem reaktionären Schlagwort von der „Bewaffnung des Proletariats" zu verdanken, daß das Proletariat, irregeführt durch seine pseudorevolutionären Führer, sich ausschließlich um die Aufstellung eines „revolutionären", „volkstümlichen" Militarismus, statt um dessen Abschaffung bekümmert hat.

Das Resultat ist, daß heute das Proletariat fast gänzlich unbewaffnet oder höchst unverhältnismäßig gering bewaffnet ist, während die Reaktion große Teile, ja die Majorität der reaktionären Bevölkerung, wie insbesondere des Proletariats, vorzüglich bewaffnet und dadurch die Revolution aufs Haupt geschlagen hat. Man denke an die massenhafte Vermehrung der Polizei, wie an die Aufstellung einer Söldnerarmee und die Bewaffnung der Bauern in Österreich, in Sipo, Orgesch[6], Einwohner- und Reichswehr u. dgl. m. in Deutschland, an die Rote Armee in Rußland, die dort ein Instrument zur Knebelung des wahrhaft revolutionären Willens des bewußt oder unbewußt anarchistisch und syndikalistisch wollenden Proletariats geworden ist.

Welche Mittel und *Methoden* des Kampfes und der *Selbstverteidigung eines Volkes bietet der Antimilitarismus dem Kommunismus, insbesondere aber dem herrschaftslosen, also anarchistischen Kommunismus dar?* Ist es wirklich so, daß auch die höhere Kultur sich derselben Mittel, der militärisch-kriegerischen Barbarei bedienen muß, wie wir sie in der

---

6   Sipo; SIcherheitspolizei/Orgesch: paramilitärischer Verband gegen die Revolution in der Weimarer Republik

Unkultur jedweder Bestialität erblicken? Und gibt es im Kampfe der sozialen Revolution, selbst in der äußersten Verteidigung, keine anderen Mittel, als die der staatlich-militärisch-kriegerischen Menschenschlächterei, des gegenseitigen proletarischen Massenmordes?

Der Antimilitarismus als praktisches Aktionsmittel bietet auf alle diese Fragen eine zufriedenstellende und revolutionäre Antwort. Diese allein bildet den Aufstieg der Menschheit zu einer höheren Stufe der Ethik, des Rechtes und der Befreiung.

Gestützt auf den Antimilitarismus, erklärt der anarchistische Kommunismus, daß die Frage der Verwirklichung seiner revolutionären Prinzipien eben ein Problem der *Beseitigung* des Militarismus und seiner Waffengewalt, nicht aber ein Problem der Überlegenheit und Siegesmacht derselben ist.

Es kann sich im Kampfe um die Verwirklichung des Kommunismus somit nur darum handeln, den Militarismus, als gewaltigsten Tragbalken des Staates, der hinwiederum die einzige Schutzwehr des Monopoleigentums ist, zu beseitigen. Diese Aufgabe ist zu erfüllen durch prinzipielle, aktive und passive Militärdienstverweigerung unter allen Umständen und mit allen Mitteln der persönlichen, wie sozialwirtschaftlichen Aktion des Individuums und der revolutionären Gewerkschaftsbewegung.

*

Zur selben Zeit hat die intensivste antimilitaristische Propaganda in Wort und Schrift vor sich zu gehen; Hand in Hand mit dieser die Erziehung der Jugend vom Kindesalter an in antimilitaristischem Sinn, so daß bereits die reifere Jugend in ihren ethischen und religiösen Empfindungen von tiefstem Abscheu und geistigem Unvermögen gegenüber allen und jeden Disziplinaranforderungen des Militarismus erfüllt ist und dadurch eine *Gesinnung, Weltanschauung* und *Religion des Friedens* und der *Achtung vor menschlichem Leben und menschlicher Persönlichkeit* entsteht, die eine Gebrauchsfähigkeit der Jugend für die schuftigen Zwecke des Militarismus völlig ausschließt.

Während einer Revolution haben die kommunistisch-anarchistischen Antimilitaristen die vollständige *Auflösung* aller und jeder Waffen- und Militärformationen zu fordern und nach Tunlichkeit – besonders als revolutionäre Minoritäten – zu bewerkstelligen. Sie erfüllen dadurch am besten die *Aufgaben der Revolution*: Zusammenbruch der Autorität und des Kapitalismus, wie die Bloßlegung eines Erdreiches zum Neuaufbau in Freiheit und nach den Entwicklungstrieben aller, innerhalb welcher Aktivität der befreiten Kräfte, die ohne Militarismus und Staat *gewaltlos* sind, sich in Kürze der Übergang zu einer kommunistisch-anarchistischen Gesellschaftsordnung vollzieht, die allen das Recht auf wirtschaftliche Unabhängigkeit gewährt und so einem Jeden das Recht auf individuelle Verschiedenheit, somit wahre *soziale*, weil *individuelle* Freiheit verbürgt.

*

Es ist nicht nur leicht möglich, es ist sogar sehr wahrscheinlich, daß eine solche anarchistisch-kommunistische Gesellschaft den Angriffen, den militärischen Invasionen und kriegerischen Anfällen der sie umgebenden Staatsmächte ausgesetzt sein wird. Wollte sie nun, im Namen der Wehrpflicht ihres Bestandes, im Namen ihrer territorialen oder nationalen Unversehrbarkeit, im Namen ihrer Selbstverteidigung, zu den üblichen, militärisch-kriegerischen Maximen und Methoden übergehen, so würde eine solche anarchistisch-kommunistische Gesellschaft zu einer Lüge gegenüber sich selbst und der Gemeinschaft werden. Denn jedweder Militarismus, Krieg und Disziplinzwang sind die Verneinung von Anarchie und Kommunismus, bilden das Fundament von Staatsknechtung und Monopol.

Aus diesem Grunde muß der wahre, also herrschaftslose Kommunismus andere Mittel zu seiner Selbstbehauptung anwenden; er hat die Mission zu erfüllen, der Menschheit zu zeigen, daß es andere und wirksamere Mittel, als die des militärischen Krieges sind, die allein zur Durchsetzung und Aufrechterhaltung eines Rechts- und Freiheitsprinzips geleiten.

Welcher Art sind diese Mittel? Der Antimilitarismus lehrt sie.

Vor allen Dingen muß ein sozial sich befreiendes Volk, insbesondere eine anarchistisch-kommunistische Gemeinschaft den dummen Glauben an das Schreckgespenst „Feinde" überwunden haben. Sie weiß, daß in *allen* sie umgebenden und rückständigen Ländern die Zusammensetzung der Bevölkerung so geartet ist, daß der größte Teil der Menschen arm, bedrückt, aus Proletariern und lohnarbeitenden Elementen besteht. – Diese sind es, die in ihrer geistigen Unreife von ihren besonderen Staaten und deren finanziellen Machtkreisen zu reaktionärem kriegerischem Vorgehen gegen die staats- und monopollose Gesellschaft mißbraucht werden können. Gegen diese proletarischen Elemente nun gleichfalls mit Militärgewalt vorgehen, das bedeutete, den zwischen Raubstaaten und freiem Menschentum bestehenden Unterschied aufzuheben, zwischen Volk und Volk einen Gegensatz zu errichten, der zur gegenseitigen Selbstzerfleischung, keineswegs aber zur Bekämpfung des angreifenden Staates und seiner kapitalistischen Repräsentanten führte. Auch ist es diesen dadurch ermöglicht, dem eigenen Volk durch Presse und sonstige willfährige Betörungsmittel den Krieg als Notwendigkeit, im Interesse des eigenen Volkes befindlich, als gerechtfertigt darzustellen.

Ganz anders wird das Verhältnis, wenn ein sozial sich befreiendes Volk, ein revolutionäres Proletariat, eine anarchistisch-kommunistische Gemeinschaft mit der *Logik des Antimilitarismus sich weigert*, in irgendeinem, von seinem Staat mißbrauchten *Volk* und *Proletariat* einen „Feind" zu erblicken, als solchen Friedensfeind dagegen den jene bedrückenden *Staat* und die ihn konstituierenden *Personen, diese als vogelfrei* erklärt!

Eine anarchistisch-kommunistische Gemeinschaft setzt somit dem Einzug, der sogenannten Invasion fremder Truppen *keinerlei militärischen* Widerstand entgegen, kann es nicht tun, da eine solche Gemeinschaft keinen Militarismus, keine Waffenindustrie besitzt. Sie weiß aber auch, daß die Invasion selbst der stärksten Armee eine Nichtigkeit darstellt gegenüber der eigenen Bevölkerungsdichte und daß diese Armee, wenn innerhalb eines Landes, um es okkupieren zu können, vorerst dezentralisiert, aufgeteilt und zerstreut werden muß. Diese Notwendigkeit tritt aber nur dann ein, wenn sich der einfallenden Armee kein gleicherweise kompakter Massenkörper mit Waffen in den Händen entgegenstellt, sondern ein wohl föderativ miteinander verbundenes, sonst aber über das ganze Land verstreutes *Widerstandselement* des passiven Ungehorsams darbietet, welches die *sozialwirtschaftlichen Mittel der Obstruktion, der Sabotage und des passiven Widerstandes* vereint zur Anwendung bringt.

Ist einmal die Dezentralisierung der eingefallenen Armee erfolgt, so sind jene vorgenannten Mittel nicht gegen die Soldaten, die doch Volk und Proletariat sind, zu kehren, sondern vornehmlich gegen die Befehlshaber derselben. Auf die Soldaten ist dagegen, geistig und gefühlsmäßig, im eminent zersetzenden Sinn des Antimilitarismus einzuwirken, auf daß sie den ungeheuerlichen Mißbrauch, der mit ihnen getrieben wird, erkennen und durchschauen. Es ist den Soldaten auch die Möglichkeit des Beitrittes zur neuen Lebensgemeinschaft klar zu machen, wodurch sie aus Söldnern und Sklaven mitbesitzende und freie Menschen werden.

*

Im Gegensatz zu den Soldaten sind die Anführer, Befehlshaber und überhaupt die befehligenden Elemente mit der größten Strenge und Unerbittlichkeit zu behandeln, soweit sie nicht selbst sehr bald die Schändlichkeit ihres Tuns und Schergentums einsehen. Aber auch gegen diese Elemente ist nicht etwa mit den barbarischen Mitteln des Totschlags, Mordes, also der militärisch-kriegerischen Gewalt, vorzugehen.

Antimilitaristen können und dürfen sich ihrer nicht bedienen, wollen sie der Menschheit das von Gewalt erlösende und befreiende Vorbild geben, zu welchem sie berufen sind. In der Tat hat der Kulturkampf des Geistes, von dem unsere Bestrebungen und Ziele stets getragen sein müssen, dem sie nie untreu werden dürfen, solche unwürdige, zweischneidige und schließlich niemals wirksame Mittel in keiner Weise nötig. Statt militaristische Mordmethoden anzuwenden, hat gegen die anführenden Elemente der Staatlichkeit und des Militarismus die sozialwirtschaftliche Methode der *Ächtung, des Boykotts und jedweder Unterbindung persönlicher und dinglicher Hilfe* wie *Dienstleistung*, angewendet zu werden, welch erstere sich bis auf die Verweigerung der Ernährungsmittel zu erstrecken hat. Zugleich müssen die Völker, deren Staaten solche Invasionskriege führen, dazu aufgefordert werden, auch gegen ihre Staatenlenker persönlich und individuell mit denselben Mitteln des sozialwirtschaftlichen Generalstreiks und Boykotts vorzugehen, wozu aber als wichtigste Beihilfe die Nichterzeugung von Munition, die Vernichtung der vorhandenen zu kommen hat – die schon von ganz kleinen Gruppen, selbst gegen den Willen der Mehrheit der Arbeiter leicht und ohne Gefährdung von Menschenleben zu bewerkstelligen ist wie ferner die Unterbindung sämtlicher Transport- und Verkehrsinteressen der einheimischen Kapitalisten- und Staatscliquen.

Eine solche, wahrhaft internationale, von unausgesetzt höheren und überall sichtbaren Kulturidealen der Humanität, Freiheit und des Wohlstandes für Alle erfüllte Aktion der antimilitaristisch-sozialwirtschaftlichen Selbstverteidigung eines freien Volkes in kommunistischer Anarchie, die, zusammen mit den Völkern der invadierenden Staaten vor sich geht, wird und kann nicht verfehlen, über die letzteren zu siegen. Die Unterschiede zwischen Kultur und Unkultur, Freiheit und Herrschaft, Militarismus und Antimilitarismus, Barbarei und Menschlichkeit, wie nicht zuletzt zwischen den bald wohlverstandenen Volksinteressen und durchschauten Staatsinteressen, der überall sichtbare Unterschied zwischen den Gegensätzen – all dies muß sehr rasch dazu führen, daß der Kampf gegen die herrschenden Mächte international wird. Seine Gesamtführung nimmt ganz andere Entfaltungsformen an, wenn getragen und belebt von Freiheit und Kultur, als wenn inspiriert von den abscheulichen Prinzipien irgendeiner Diktatur und irgendeines Militarismus.

*

Man wird sagen, daß dieser, hier nur flüchtig skizzierte Kampf, den aber methodisch zu gliedern die Aufgabe der sozialen Revolution bildet, viele Opfer erheischen wird. Das mag sein, ist für den Anfang vielleicht sogar ziemlich gewiß.

Aber dieser Einwurf vergißt, daß, wie zahlreich die Opfer des antimilitaristischen Kampfes auch sein mögen, sie dennoch unendlich geringer an Zahl sein werden, als die von der ungeheuren Zerstörungsgewalt und des ihn lenkenden Jesuitismus des Militarismus ums Leben Gebrachten. Darüber sind sich alle Freiheitskämpfer einig; ohne Kampf, ohne zähen, unablässigen Kampf, wird die Menschheit nie zur Befreiung gelangen. Das Problem ist nur, durch welche Mittel dieser Kampf geführt werden soll, durch welche er am wirksamsten geführt werden kann?

Da muß denn rundweg erklärt werden: Der auf militaristisch-kriegerischem Gebiet geführte Kampf versetzt das Proletariat auf das ihm ungünstigste Gebiet, auf dem Staat und Kapitalismus ihm entweder überlegen sind oder dem Proletariat zumindest mit denselben Mitteln entgegentreten können, mit welchen es selbst kämpft; dies aber ist schon eine für das Proletariat ungünstige, immer verhängnisvolle Situation.

Das Verhältnis ist ganz anders auf dem Gebiet der antimilitaristisch-sozialwirtschaftlich geführten Kampfesaktionen und -mittel. Auf diesem Gebiete der *wahrhaft sozialen Revolution* ist das Proletariat von vornherein seinen Unterdrückern überlegen. Diese sind in der Funktion aller ihrer Unterdrückungsmittel, selbst mit Bezug auf Militarismus und Krieg, *abhängig* von der sozialwirtschaftlichen Funktion der Gesellschaft. Wird jene Funktion der Unterdrückungsmittel obstruiert, wird die Funktion der sozialwirtschaftlichen Aktion des Proletariats, einer freien Volksgemeinschaft gegen die Unterdrückungsmethoden gekehrt, so müssen dieselben bald in sich zusammenbrechen. Selbst dann, wenn sie Widerstand auf sozialwirtschaftlicher Grundlage versuchten, wie er in Militarisierung der Arbeit, Arbeitszwang und Nothilfe zum Ausdruck gelangt, so ist es den revolutionären Minoritäten des Antimilitarismus, wenn nur einig und zielbewußt vorgehend, ein Leichtes, jene Widerstandsregung der militärischen und staatlichen Befehlshaber Schritt auf Schritt zu vereiteln.

*

Wir erblicken in der antimilitaristisch-sozialwirtschaftlichen Aktion des Proletariats unendlich mehr Gewähr gegeben, daß das Proletariat über kurz oder lang sein Ziel erreicht und verwirklicht, die Machthaber ihrer Macht entblößt, indem es ihnen das Volk entzieht, als wir sie in jedwedem militärisch-kriegerischen Bestialitätskampf erblicken können, der immer nur dieses erreicht: Die Völker in gegenseitig vernichtende Gemetzel zu führen und neue Herrscher, neue Unterdrücker auf den Thron der Macht zu erheben.

Vom Standpunkt all dieser Vemunftgründe und Erkenntnismomente ausgehend, erklärt das revolutionäre Prinzip des sozialemanzipatorischen Antimilitarismus, daß die Völker sich nur *durch ihn* befreien können. Zumal gilt dies für das internationale Proletariat, für welches nur der Antimilitarismus die Erlösung vom Militarismus, Staat und Kapitalismus bringen kann und wird.

Der Antimilitarismus beinhaltet in sich die wesentlichen Methoden der sozialen Revolution, und er geleitet zu jener Beseitigung jedweden Monopols, jedweder Staatskratie, die das Terrain der Neuschöpfung der Gesellschaft auf kommunistischer Grundlage frei legt und der Initiative eines Jeden und einer Jeden die freie Entfaltungsmöglichkeit sichert.

Der Bestand, das zunehmende Erblühen und die stetig sich steigernde Beglückung einer solchen neuen Volksgemeinschaft des herrschaftslosen Kommunismus kann nie gewährleistet werden durch irgendeine Form des Militarismus, sondern ausschließlich durch den klarbewußten, anarchistischen Antimilitarismus, der sowohl Sicherung des Individuums, der Gemeinschaft, wie soziale Revolution in Permanenz, bei gleichzeitiger Aufrechterhaltung und Wahrung des neuen Zustandes der Freiheit und des Kommunismus zu gewähren vermag.

Mao Zedong
Politische Macht kommt aus den Gewehrläufen (1938)

Die zentrale Aufgabe der Revolution und ihre höchste Form ist die bewaffnete Machtergreifung, ist die Lösung der Frage durch den Krieg. Dieses revolutionäre Prinzip des Marxismus-Leninismus hat allgemeine Gültigkeit, es gilt überall, in China wie im Ausland. Wenn jedoch das Prinzip auch ein und dasselbe bleibt, so kommt doch seine Verwirklichung durch die Partei des Proletariats gemäß den verschiedenen Bedingungen auf verschiedene Weise zum Ausdruck. In den kapitalistischen Ländern besteht – abgesehen von Perioden, da dort der Faschismus herrscht und Kriege im Gange sind – folgende Situation: Innenpolitisch gibt es keine Feudalordnung mehr, sondern die bürgerliche Demokratie, außenpolitisch werden diese Länder nicht national unterdrückt, sondern unterdrücken selbst andere Nationen. Entsprechend diesen Besonderheiten besteht die Aufgabe der proletarischen Parteien in den kapitalistischen Staaten darin, durch einen legalen Kampf während eines langen Zeitabschnitts die Arbeiter zu erziehen, Kräfte zu sammeln und so zum endgültigen Sturz des Kapitalismus zu rüsten. Dort geht es um einen langwierigen legalen Kampf, um die Ausnutzung des Parlaments als Tribüne, um wirtschaftliche und politische Streiks, die Organisierung der Gewerkschaften und die Schulung der Arbeiter. Die Formen der Organisation sind dort legal, die Formen des Kampfes unblutig (nicht militärisch). Was die Frage des Krieges betrifft, so kämpft die kommunistische Partei eines solchen Landes dagegen, daß ihr Land imperialistische Kriege führt; falls jedoch ein solcher Krieg ausbricht, besteht die Politik der Partei darin, für die Niederlage der reaktionären Regierung des eigenen Landes zu kämpfen. Der einzige Krieg, den die Partei braucht, ist der Bürgerkrieg, auf den sie sich vorbereitet. Aber solange die Bourgeoisie nicht wirklich versagt hat, solange die Mehrheit des Proletariats nicht von der Entschlossenheit durchdrungen ist, den bewaffneten Aufstand zu beginnen und den Bürgerkrieg zu führen, solange die Bauernmassen dem Proletariat nicht freiwillig zu helfen beginnen, soll man den bewaffneten Aufstand und den Bürgerkrieg nicht beginnen. Und wenn die Zeit für Aufstand und Krieg gekommen ist, bemächtigt man sich in erster Linie der Städte und führt dann erst den Angriff gegen die Dörfer und nicht umgekehrt. All das haben die kommunistischen Parteien der kapitalistischen Länder getan, und all das wurde durch die Oktoberrevolution in Rußland bestätigt.

Anders ist es aber in China. Die Besonderheiten Chinas bestehen darin, daß es kein unabhängiger, demokratischer Staat ist, sondern ein halbkoloniales, halbfeudales Land, daß innerhalb des Landes keine Demokratie herrscht, sondern feudale Unterdrückung, während das Land außenpolitisch keine nationale Unabhängigkeit besitzt, sondern unter dem Joch des Imperialismus leidet. Deshalb gibt es in China kein Parlament, das wir ausnutzen könnten, kein legales Recht, die Arbeiter zur Durchführung von Streiks zu organisieren. Die Aufgabe der Kommunistischen Partei besteht hier im wesentlichen nicht darin, über einen langwierigen legalen Kampf zu Aufstand und Krieg zu kommen, und auch nicht darin, zunächst die Städte zu erobern und dann die Dörfer zu gewinnen. Sie muß völlig anders vorgehen. Für die Kommunistische Partei Chinas steht die Frage so: Wenn der Imperialismus keinen bewaffneten Überfall auf China unternimmt, führt sie entweder zusammen mit der Bourgeoisie einen Bürgerkrieg gegen die Militärmachthaber (die Lakaien des Imperialismus), wie das in den Jahren 1924 bis 1927 zur Zeit des Krieges in der Provinz Kuangtung und des Nordfeldzugs der Fall war, oder einen Bürgerkrieg im Bündnis mit der Bauernschaft und dem städtischen Kleinbürgertum gegen die Grundherrenklasse und die Kompradorenbourgeoisie (ebenfalls Lakaien des Imperialismus), wie das zur Zeit des Agrarrevolutionären Krieges in den Jahren 1927 bis 1936 der Fall war. Wenn aber der Imperialismus einen bewaffneten Überfall auf unser Land unternimmt, führt die Partei im Bündnis mit allen Klassen und Schichten des Landes, die den ausländischen Aggressoren entgegentreten, einen nationalen Krieg gegen den äußeren Feind, wofür der gegenwärtige Widerstandskrieg gegen die japanischen Eindringlinge ein Beispiel ist. All das zeigt den Unterschied zwischen China und den kapitalistischen Ländern. In China ist die Hauptform des Kampfes der Krieg und die Hauptform der Organisation die Armee. Alle übrigen Formen, wie beispielsweise die Organisation der Volksmassen, der Kampf der Volksmassen usw., sind von außerordentlich großer Bedeutung, sind alle unbedingt notwendig, und man darf sie keineswegs übersehen, aber sie sind alle den Interessen des Krieges untergeordnet. „In China kämpft die bewaffnete Revolution gegen die bewaffnete Konterrevolution. Das ist eine der Besonderheiten und einer der Vorzüge der chinesischen Revolution." Diese These des Genossen Stalin ist völlig richtig. Sie ist richtig sowohl für den Nordfeldzug als auch für den Agrarrevolutionären Krieg und für den gegenwärtigen Widerstandskrieg gegen die japanischen Eindringlinge. Alle diese Kriege sind revolutionäre Kriege, sie sind gegen die Konterrevolution gerichtet, und die Hauptkraft in ihnen ist das revolutionäre Volk.

(...) Die Hauptaufgabe der Partei des chinesischen Proletariats – eine Aufgabe, der sich die Partei fast seit Beginn ihres Bestehens gegenübersah – besteht darin, eine möglichst große Anzahl von Verbündeten zu vereinen und den Umständen entsprechend den bewaffneten Kampf gegen die innere oder die äußere bewaffnete Konterrevolution für die nationale und soziale Befreiung zu organisieren. In China hätten das Proletariat und die Kommunistische Partei ohne den bewaffneten Kampf keine Geltung gehabt, hätte keine einzige der revolutionären Aufgaben gelöst werden können. Unsere Partei hatte das in den fünf bis sechs Jahren, die zwischen der Gründung unserer Partei im Jahre 1921 und ihrer Teilnahme am Nordfeldzug im Jahre 1926 lagen, nicht genügend erkannt. Damals begriff sie noch nicht die außerordentliche Wichtigkeit des bewaffneten Kampfes in China, befaßte sich nicht ernstlich mit der Vorbereitung zum Krieg und mit der Organisierung der Armee, legte kein Gewicht auf das Studium der militärischen Strategie und Taktik. Während des Nordfeldzugs hielt sie es nicht für wichtig, die Armee für sich zu gewinnen, und legte das Schwergewicht einseitig auf die Massenbewegung, was dazu führte, daß die ganze Massenbewegung zusammenbrach, sobald die Guomindang reaktionär geworden war. Nach 1927 sahen viele Genossen lange Zeit hindurch die zentrale Aufgabe der Partei noch immer darin, Aufstände in den Städten vorzubereiten und in den weißen Gebieten zu arbeiten. Erst nach der siegreichen Zerschlagung des dritten „Einkreisungs- und Ausrottungsfeldzugs" des Feindes im Jahre 1931 änderten manche Genossen von Grund auf ihre Haltung in dieser Frage. Das bedeutete aber noch keine Wandlung der gesamten

Partei, und es gab Genossen, die noch immer nicht so dachten, wie wir jetzt denken. Die Erfahrung zeigt uns, daß Chinas Probleme ohne bewaffneten Kampf nicht gelöst werden können. Das zu begreifen ist nützlich, wenn man von jetzt an den Widerstandskrieg gegen die japanischen Eindringlinge erfolgreich führen will. Die konkrete Tatsache, daß im Krieg gegen die japanischen Eindringlinge das ganze Volk bewaffneten Widerstand leistet, wird die Partei lehren, die Wichtigkeit dieser Frage noch besser zu begreifen. Jedes Parteimitglied muß jederzeit bereit sein, zum Gewehr zu greifen und an die Front zu gehen. Mehr noch, das gegenwärtige Plenum hat durch seinen Beschluß, daß der Hauptabschnitt der Parteiarbeit die Arbeit in den Frontgebieten und hinter den feindlichen Linien ist, eine klare Richtlinie zu diesem Punkt gegeben. Das ist übrigens eine ausgezeichnete Arznei dagegen, daß einige Parteimitglieder nur organisatorische Parteiarbeit leisten oder in den Massenbewegungen arbeiten möchten, aber für das Studium des Krieges und für die Teilnahme am Krieg nichts übrig haben, sowie dagegen, daß einige Lehranstalten keinen Wert darauf legten, die Schüler zu ermuntern, an die Front zu gehen, und gegen andere Erscheinungen. Im größten Teil des chinesischen Territoriums sind die organisatorische Arbeit der Partei und ihre Arbeit in den Massenbewegungen unmittelbar mit dem bewaffneten Kampf verbunden; hier gibt es keine Parteiarbeit und keine Massenbewegung, die vom bewaffneten Kampf isoliert und losgelöst wären, und kann es auch keine geben. Aber auch im Hinterland, das von den Frontgebieten relativ weit entfernt ist (wie die Provinzen Yünnan, Kueitschou, Szetschuan), und in den Gebieten, die unter der Kontrolle des Feindes stehen (wie Peiping, Tientsin, Nanking und Schanghai), sind die organisatorische Arbeit der Partei und ihre Arbeit in den Massenbewegungen ebenfalls mit dem Krieg koordiniert, sie können und müssen allein den Erfordernissen der Front untergeordnet sein. Mit einem Wort, die ganze Partei muß ihre Aufmerksamkeit auf den Krieg konzentrieren, das Militärwesen studieren und zum Kampf rüsten.

Die Kommunisten erstreben nicht die militärische Macht für ihre Person (…), aber sie müssen eine Militärmacht für die Partei, für das Volk erkämpfen. Da nun ein nationaler Widerstandskrieg vor sich geht, müssen sie auch für die Nation die militärische Macht erstreben. Wer von der Kinderkrankheit in der Frage der Militärmacht befallen ist, wird sicherlich zu nichts kommen. Dem arbeitenden Volk, das jahrtausendelang ein Opfer des Betrugs und der Einschüchterung seitens der reaktionären herrschenden Klassen war, fällt es nicht leicht, sich zu der Erkenntnis aufzuschwingen, daß es wichtig ist, Gewehre in den eigenen Händen zu haben. Das Joch des japanischen Imperialismus und der Widerstandskrieg der ganzen Nation gegen die japanische Aggression haben das werktätige Volk auf den Schauplatz des Krieges treten lassen, und die Kommunisten müssen sich als politisch höchst bewußte Führer dieses Krieges erweisen. Jeder Kommunist muß diese Wahrheit begreifen: „Die politische Macht kommt aus den Gewehrläufen." Unser Prinzip lautet: Die Partei kommandiert die Gewehre, und niemals darf zugelassen werden, daß die Gewehre die Partei kommandieren. Hat man aber Gewehre, dann kann man wirklich Parteiorganisationen schaffen, und die Achte-Route-Armee[7] hat in Nordchina eine mächtige Parteiorganisation geschaffen. Dann kann man auch noch Kader

---

7 So wurde 1937 ein Teil der Roten Armee umbenannt, nachdem die KPCh eine Einheitsfront mit den Nationalisten im Kampf gegen Japan eingegangen war.

hervorbringen, Schulen errichten, eine Kultur schaffen, Massenbewegungen ins Leben rufen. Alles, was es in Yenan[8] gibt, ist mit Hilfe der Gewehre geschaffen worden. Alles kommt aus den Gewehrläufen. Vom Standpunkt der marxistischen Lehre vom Staat ist die Armee die Hauptkomponente der Staatsmacht. Wer die Staatsmacht ergreifen und behaupten will, der muß eine starke Armee haben. Manche Leute bezeichnen uns höhnisch als Anhänger der „Theorie von der Allmacht des Krieges"; jawohl, wir sind Anhänger der Theorie von der Allmacht des revolutionären Krieges, und das ist nicht schlecht, sondern gut, das ist marxistisch. Die Gewehre der Kommunistischen Partei Rußlands haben den Sozialismus geschaffen. Wir wollen eine demokratische Republik schaffen. Die Erfahrungen des Klassenkampfes im Zeitalter des Imperialismus lehren uns: Die Arbeiterklasse und die übrigen werktätigen Massen können nur mit der Macht der Gewehre die bewaffneten Bourgeois und Grundherren besiegen; in diesem Sinne können wir sagen, daß die ganze Welt nur mit Hilfe der Gewehre umgestaltet werden kann. Wir treten dafür ein, daß der Krieg abgeschafft wird, wir wollen keinen Krieg; man kann aber den Krieg nur durch Krieg abschaffen, und wenn man will, daß es keine Gewehre mehr geben soll, muß man das Gewehr in die Hand nehmen (...).

Die Frage der Wendungen in der militärischen Strategie unserer Partei verdient sorgfältiges Studium. Wir wollen sie getrennt nach den zwei Prozessen, dem Bürgerkrieg und dem nationalen Krieg, betrachten.

Der Verlauf des Bürgerkriegs kann im allgemeinen in zwei strategische Perioden eingeteilt werden. In der ersten Periode nahm der Partisanenkrieg, in der zweiten die reguläre Kriegsführung den ersten Platz ein. Der hier gemeinte reguläre Krieg war jedoch eine Kriegsführung chinesischen Typs: Sein regulärer Charakter trat nur in der Durchführung von Operationen des Bewegungskriegs mit konzentrierten Kräften sowie in einer Zentralisierung und Planmäßigkeit gewissen Grades im Kommando und in der Organisation zutage; in anderer Hinsicht jedoch behielt er einen Partisanencharakter bei und stand auf einer niedrigen Stufe, war Operationen ausländischer Armeen nicht gleichzustellen und unterschied sich auch etwas von den Operationen der Guomindang-Armee. Deshalb stellte ein solcher regulärer Krieg in gewissem Sinne einen auf ein höheres Niveau gehobenen Partisanenkrieg dar.

Betrachtet man den Verlauf des Widerstandskriegs gegen die japanischen Eindringlinge vom Standpunkt der militärischen Aufgaben unserer Partei, dann kann man diesen Krieg im allgemeinen ebenfalls in zwei strategische Perioden einteilen: die erste (die zwei Etappen der strategischen Verteidigung und die des strategischen Gleichgewichts umfaßt), in der der Partisanenkrieg an erster Stelle steht, und die zweite (die Etappe der strategischen Gegenoffensive), in der die reguläre Kriegführung den ersten Platz einnehmen wird. Der Partisanenkrieg in der ersten Periode des Widerstandskriegs gegen die japanischen Eindringlinge unterscheidet sich jedoch seinem Inhalt nach beträchtlich von dem Partisanenkrieg in der ersten Periode des Bürgerkriegs, weil jetzt zur Durchführung der Partisanenaktionen die Achte-Route-Armee, die (bis zu einem gewissen Grad) den Charakter einer regulären Armee hat, aufgelockert eingesetzt wird. Die reguläre Kriegführung in der zweiten Periode des Widerstandskriegs wird sich ebenfalls

---

8 Wichtiges rotes Stützpunktgebiet der KPCh in Nordwestchina.

von der regulären Kriegführung in der zweiten Periode des Bürgerkriegs unterscheiden. Wir gehen hier von der Annahme aus, daß nach Ausrüstung der Truppen mit modernen Waffen eine große Umwälzung in der Armee und in ihren Operationen vollzogen werden wird. Dann werden die Truppen einen hohen Grad der Konzentriertheit und Organisiertheit erreichen, ihre Operationen werden in hohem Maße regulären Charakter annehmen, ihr Partisanencharakter wird stark abnehmen; was jetzt auf einer niedrigen Stufe steht, wird auf eine höhere Stufe gehoben werden, und der chinesische Typ der regulären Kriegführung wird in den Typ, der in der Welt üblich ist, verwandelt werden. Das wird unsere Aufgabe in der Etappe der strategischen Gegenoffensive sein. Somit sehen wir, daß die zwei Prozesse – der Bürgerkrieg und der Widerstandskrieg gegen die japanischen Eindringlinge – mit ihren vier strategischen Perioden insgesamt drei Wendungen in der Strategie enthalten. Die erste war der Übergang vom Partisanenkrieg zur regulären Kriegführung im Bürgerkrieg; die zweite – der Übergang von der regulären Kriegführung im Bürgerkrieg zum Partisanenkrieg im Widerstandskrieg gegen die japanischen Eindringlinge; die dritte wird der Übergang vom Partisanenkrieg zur regulären Kriegführung im Widerstandskrieg sein. Bei der ersten dieser drei Wendungen sind wir auf sehr große Schwierigkeiten gestoßen. Hier waren zweierlei Aufgaben zu erfüllen. Einerseits mußte gegen die rechte Abweichung – Lokalpatriotismus und Partisanentum – gekämpft werden, die darin zum Ausdruck kam, daß man sich an den Partisanencharakter der Operationen klammerte und sich nicht auf den regulären Charakter der Operationen umstellen wollte. Diese Abweichung resultierte daraus, daß unsere Kader die Veränderungen unterschätzten, die hinsichtlich der Situation beim Feind und unserer eigenen Aufgaben vor sich gegangen waren. Nehmen wir das Zentrale Rote Gebiet als Beispiel: Hier gelang es erst nach Durchführung einer sehr mühevollen Erziehungsarbeit, diese Abweichung nach und nach zu korrigieren. Andererseits mußte auch gegen eine „linke" Abweichung – übermäßige Konzentration und Abenteurertum – gekämpft werden, die darin zum Ausdruck kam, daß man allzu viel Gewicht auf die Regularität legte. Diese Abweichung resultierte daraus, daß ein Teil der leitenden Kader die Veränderungen der Situation beim Feind überschätzte, sich zu weitgehende Aufgaben stellte und, ohne die konkreten Bedingungen zu berücksichtigen, die Erfahrungen des Auslands mechanisch anwandte (...). Im Widerstandskrieg gegen die japanische Aggression in seiner Gesamtheit spielt die reguläre Kriegführung die Hauptrolle, der Partisanenkrieg eine Hilfsrolle, da der endgültige Ausgang dieses Krieges nur durch die reguläre Kriegführung entschieden werden kann. Im Maßstab des ganzen Landes spielt in der ersten und dritten der drei strategischen Etappen des Gesamtprozesses des Widerstandskriegs (Verteidigung, Kräftegleichgewicht und Gegenoffensive) die reguläre Kriegführung die Hauptrolle und der Partisanenkrieg nur eine Hilfsrolle. In der zweiten Etappe – der Feind hält das besetzte Territorium, während wir zur Gegenoffensive rüsten, ohne sie jedoch vorläufig unternehmen zu können – wird der Partisanenkrieg zur Hauptform und die reguläre Kriegführung zur Hilfsform werden. Aber das wird nur in einer der drei Etappen des ganzen Krieges geschehen, wenn auch diese Etappe möglicherweise die längste sein wird. Deshalb wird die reguläre Kriegführung in dem Krieg als Ganzes die Hauptrolle und der Partisanenkrieg eine Hilfsrolle spielen. Wenn wir das nicht erkennen, wenn wir nicht begreifen, daß die reguläre Kriegführung der Schlüssel zum endgültigen Ausgang des Krieges ist, wenn wir dem Aufbau der regulären Armee sowie dem Studium der regulären Kriegführung und deren Leitung keine Aufmerksamkeit schenken, dann werden wir Japan nicht besiegen können. Das ist die eine Seite der Sache. Der Partisanenkrieg nimmt jedoch im Verlauf des ganzen Krieges einen wichtigen strategischen Platz ein. Wenn es keinen Partisanenkrieg gibt, wenn wir der Aufstellung von Partisanenabteilungen, einer Partisanenarmee sowie dem Studium des Partisanenkriegs und dessen Leitung keine Aufmerksamkeit widmen, dann werden wir Japan ebenfalls nicht besiegen können. Das erklärt sich daraus, daß der größere Teil Chinas zum Hinterland des Feindes werden wird; wenn es keinen äußerst breit entfalteten und äußerst hartnäckigen Partisanenkrieg geben und der Feind so auf dem von ihm besetzten Territorium festen Fuß fassen wird, ohne daß er sich die geringsten Sorgen um sein Hinterland zu machen braucht, dann werden unsere regulären Truppen an der Front unweigerlich hohe Verluste erleiden, wird der Angriff des Feindes unvermeidlich noch erbitterter werden, wird es schwerfallen, das Gleichgewicht der Kräfte herbeizuführen, und der weitere Widerstand gegen die japanischen Eindringlinge kann gefährdet sein; aber selbst wenn das nicht der Fall sein sollte, werden dennoch verschiedene ungünstige Erscheinungen auftreten: Die Vorbereitung unserer Kräfte für die Gegenoffensive könnte sich als unzureichend erweisen, während der Gegenoffensive könnten unterstützende Aktionen ausbleiben, der Feind könnte seine Verluste ersetzen usw. Falls derartige Erscheinungen auftreten, wir sie aber nicht durch die rechtzeitige breite Entfaltung und hartnäckige Führung eines Partisanenkriegs überwinden werden, dann wird es auch unmöglich sein, Japan zu besiegen. Deshalb nimmt der Partisanenkrieg, obwohl er im Verlauf des Krieges als Ganzes eine Hilfsrolle spielt, faktisch aber einen äußerst wichtigen strategischen Platz ein, und es wäre zweifellos ein überaus schwerer Fehler, den Partisanenkrieg im Widerstandskrieg gegen die japanische Aggression zu vernachlässigen. Das ist die andere Seite der Sache. Ein Partisanenkrieg ist schon allein dann möglich, wenn das gegebene Land ein großes Land ist, und deshalb gab es auch in alter Zeit Partisanenkriege. Ein hartnäckiger Partisanenkrieg ist jedoch nur unter Führung einer kommunistischen Partei möglich. Das ist der Grund, weshalb die Partisanenkriege in alter Zeit meistens mit einer Niederlage endeten und weshalb ein Partisanenkrieg nur heutzutage in einem großen Land mit dem Sieg enden kann, wo es eine kommunistische Partei gibt, beispielsweise in solchen Ländern wie die Sowjetunion während ihres Bürgerkriegs oder wie China in der Gegenwart.

Régis Debray
Bewaffnete Agitation (1967)

Was lehren uns die bis heute gemachten Erfahrungen? Die revolutionäre Guerilla arbeitet im Verborgenen. Sie entsteht und entwickelt sich heimlich. Die Kombattanten haben Pseudonyme. Zu Anfang agiert sie unsichtbar, und sie tritt nur in einem Augenblick und einem Gebiet, die von ihrem Führer bestimmt werden, in Erscheinung. Die Guerilla ist von der Zivilbevölkerung in ihren Aktionen wie in der militärischen Organisation unabhängig und folglich muß sie nicht die unmittelbare Verteidigung der Landbevölkerung übernehmen. Der Schutz der Bevölkerung beruht auf der fortschreitenden Zerstörung des militärischen Potentials des Feindes. Er entspricht dem allgemeinen Kräfteverhältnis; völlige Sicherheit wäre für die Bevölkerung gegeben, wenn die feindlichen Kräfte völlig außer Kraft gesetzt wären. Wenn es das Hauptziel einer revolutionären Guerilla ist, das militärische Potential des Feindes zu zerstören, so kann sie nicht warten, bis der Feind kommt, will sie die Initiative ergreifen und zum Angriff übergehen. Dieses Ziel erfordert auf jeden Fall, daß sich der Fokus die Unabhängigkeit von den in der Operationszone lebenden Familien erhält.

Zuerst um die Bevölkerung vor der Armee der Unterdrücker zu schützen. Mit kaum zu ergreifenden Guerilleros konfrontiert, rächt sich die Armee an den Bauern, die sie verdächtigt, mit ihnen in Kontakt zu stehen; wenn sie jemand entdeckt, der der Truppe keine Auskunft erteilt, wird er getötet und im Bericht an den Generalstab als Guerillero bezeichnet, um das eigene Heldentum besser zur Geltung zu bringen. Die Beweglichkeit, Vorzug der revolutionären Guerilla, erlegt ihr eine ganz besondere Verantwortung gegenüber der Zivilbevölkerung, den Bauern auf, die Tag und Nacht der Repression ausgeliefert sind – diese ewigen Opfer der Willkür. Die Guerillabewegung arbeitet also aus zwei Gründen im Verborgenen. Sie ist ebenso bemüht um die Sicherheit der Bauern wie um die der Kombattanten, denn die Sicherheit des einen ist letztlich auch die des anderen.

Die Guerilleros vermeiden es, in die Dörfer zu gehen und sich offen in einem Haus oder auf dem Ackerland einer Familie aufzuhalten. Wenn sie in ein Dorf eindringen, begeben sie sich in alle Häuser, um alle Familien zu kompromittieren, ohne einen einzelnen als Kollaborateur zu gefährden, oder sie halten sich in keinem einzigen auf. Wenn sie ein Meeting abhalten müssen, geben sie vor, die Bevölkerung mit Gewalt zusammenzutreiben, die sich so gegenüber den Unterdrückern damit entschuldigen kann, sie sei genötigt worden. Kontakte kommen heimlich, außerhalb der Dörfer, zustande und natürlich außerhalb der Guerillastellungen, wobei, wenn nötig, Vermittler eingesetzt werden – Personen oder Gegenstände. Informationsträger und Kollaborateure kennen einander nicht. In der Guerillabewegung selbst kennen nur sehr wenige Verantwortliche das Kontaktnetz. Ein Kollaborateur aus der „Heißen Zone", der sich in die Guerillabewegung einordnen will, wird ohne Diskussion aufgenommen, selbst wenn er ohne Waffen kommt, etc. ...

Schließlich, um die eigene Sicherheit der Guerilla zu gewährleisten. „Ständige Wachsamkeit, ständiges Mißtrauen, ständige Beweglichkeit", diese drei goldenen Regeln sind allen vertraut. Alle drei dienen der Sicherheit. Mehrere einsichtige Gründe machen das Mißtrauen der Zivilbevölkerung gegenüber notwendig, und zwingen dazu, sich von ihr entfernt zu halten. Auf Grund ihrer objektiven Lage ist die Zivilbevölkerung der Repression und der dauernden Anwesenheit des Feindes ausgesetzt, der versucht, sie zu kaufen, zu bestechen, und ihr mit Gewalt zu entreißen, was er nicht erkaufen kann. Weiter noch, da sie keiner Auswahl und keiner technischen Ausbildung unterzogen wurde, die der der Kombattanten vergleichbar wäre, ist die Zivilbevölkerung in der Operationszone der feindlichen Infiltration und der moralischen Korruption stärker ausgesetzt. Deswegen dürfen sich im allgemeinen die Bauern, selbst die Kollaborateure, nicht in die Stellungen begeben, deren Standort sie nicht kennen; ebenso wissen sie nichts über die verschiedenen Depots, Bestimmungsorte und die wirkliche Zielrichtung der Guerillapatrouillen, die sie vorbeiziehen sehen. „Wir verheimlichten den Bauern unsere Absichten", erzählt Che, „und wenn einer dort vorbeizog, wo wir Vorbereitungen für einen Hinterhalt trafen, so hielten wir ihn fest, bis dieser durchgeführt war." Diese Vorsicht entspringt nicht unbedingt einem Mißtrauen: Ein Bauer kann leicht etwas ausplaudern und leichter noch gefoltert werden. Man weiß, warum diese Vorsicht vor allem den Wegführern gegenüber angewandt wird, die alle mit großer Sorgfalt von den Guerilleros falsch darüber informiert werden, woher sie kommen und wohin sie gehen.

Daraus ergibt sich Notwendigkeit, daß keiner das Lager verlassen kann, ohne daß dieses sofort verlegt wird. Wenn es sich um einen Guerillero handelt, der eine Botschaft zu überbringen hat und der das Terrain auswendig kennt, so wird er bei seiner Rückkehr immer imstande sein, sich der Kolonne auf dem Marsch wieder anzuschließen, oder das neue Lager aufzufinden. Es ist mehr als einmal festgestellt worden, daß ein Mensch – sei es ein Guerillero oder ein Bauer – der auf Grund seiner Funktionen gezwungen ist, den Weg zwischen Gebirge und Stadt zurückzulegen, eine Botschaft zu überbringen, eine Information einzuholen oder einen Kontakt herzustellen, in ganz außergewöhnlichem Maße den Aktionen des Feindes ausgesetzt ist. Über ihn versucht man, durch Überredung oder Zwang, in die Guerillabewegung einzuschleichen, und es ist ihm zu verdanken, wenn man die Kombattanten eines Fokus lokalisieren kann.

Laut Fidel ist die Gefahr, die diese Funktion, welche der Verbindungsmann zwischen der Guerilla und der Ebene zu erfüllen hat, ein psychologisches Problem; anfangs verläßt der junge Kämpfer der noch an den Siegeschancen der Guerilla zweifelt, das Lager, um seine Aufgabe durchzuführen. Am Fuß des Gebirges entdeckt er die Stärke und den Aufwand der Armee, die das Gebiet eingekreist hält, ihre Ausrüstung, ihre Mannschaftsstärke. Er denkt dann an die halbverhungerte Bande, die er gerade verlassen hat; der Unterschied ist zu groß, die Aufgabe erscheint unlösbar. Er verliert den Glauben an den Sieg, so lächerlich oder vermessen erscheint es ihm, diesen erringen zu wollen gegen so viele Soldaten, die über so viele Lastwagen, Hubschrauber, Nahrungsmittel und Maschinen aller Art verfügen. Zweifelnd, ist er jetzt dem Feind ausgeliefert. So geht es anfangs den Neuen. Die Ebene demoralisiert die Schwächsten und verwirrt sie.

Zusammengefaßt: Die Vorteile, die die Guerilla gegenüber der Armee der Unterdrücker hat, können nur ausgenutzt werden, wenn sie ihre Leichtigkeit und Geschmeidigkeit erhält und bewahrt. Um welche Operation es sich auch handeln mag, die Geheimhaltung der Vorbereitungen, die Schnelligkeit der Durchführung, und der Überraschungseffekt verlangen umfangreiche Vorsichtsmaßnahmen. Wenn sie nicht der Initiative und die Schnelligkeit im Standortwechsel einbüßen will, kann eine Guerillakolonne nicht Frauen, Kinder und den ganzen Hausrat von einem Dorf ins andere mitnehmen. Wenn man den Exodus einer Zivilbevölkerung mit den häufigen Gewaltmärschen einer Guerilla verbindet, so beraubt man letztere jeder Fähigkeit, anzugreifen. Sie kann nicht einmal mehr diese Zivilbevölkerung wirksam verteidigen, die sie in Schutz genommen hat. Wenn sich die Guerilla hinter Aufgaben der Zivil- oder Selbstverteidigung verschanzt, dann hört sie auf, die Avantgarde des ganzen Volkes zu sein und beraubt sich jeglicher nationaler Perspektive. Der Gegenangriff, im Gegensatz dazu, setzt die Energien des Volkes frei und entwickelt den Fokus zu einem Anziehungspunkt für das ganze Land.

Die Selbstverteidigung gesteht also der Guerilla nur eine taktische Rolle zu und beraubt sie jeder strategischen, revolutionären Bedeutung. Wenn sie auch nach ihrer Konzeption für eine begrenzte Zeit den Schutz der Zivilbevölkerung gewährleisten kann, so gefährdet sie doch auf lange Sicht deren Sicherheit.

„Wenn man sich angreifen läßt, oder sich auf die passive Verteidigung beschränkt, dann ist es unmöglich, die Bevölkerung zu schützen und man setzt seine eigenen Kräfte dem Verschleiß aus. Wenn man im Gegensatz dazu versucht, den Feind anzugreifen, so bedeutet dies, ihn dauernd in die Defensive zu drängen, ihn zu zermürben, ihn daran zu hindern, seine Aktivitäten auszudehnen, ihm die Initiative zu entreißen und ihm seine Erkundungen zu erschweren. Dies ist die beste Art und Weise, unsere glorreiche Aufgabe, den Schutz der Zivilbevölkerung, zu erfüllen."

Diese Direktiven richteten sich an die Kämpfer des Viet Minh in ihrem Befreiungskrieg gegen die französischen Kolonialisten. In viel stärkerem Maße gelten sie für viele Länder Lateinamerikas. (…)

Wie sieht nun die Lage in zahlreichen Ländern Südamerikas aus?

1) Zu Beginn ihrer Aktionen besetzen die Guerilleros relativ schwach bewohnte Gebiete, in denen die Bevölkerung weit verstreut lebt. Kein Fremder bleibt beispielsweise in einem Dorf in den Anden unbemerkt, wo er vor allem Mißtrauen erregt. Die Bauern aus dem Stamm der Quechuas oder Cakchiqueles (Mayas) haben allen Grund, „dem Fremden", „dem Weißen" gegenüber mißtrauisch zu sein; sie wissen genau, daß seine Worte ihnen nichts zum Essen bringen und sie nicht vor Bombardierungen schützen werden. Der arme Bauer glaubt zuerst an den, der Macht besitzt, vor allem die Macht, seine Worte in die Tat umzusetzen. Das Unterdrückungssystem ist subtil: es besteht seit Menschengedenken, erstarrt, verfestigt, verfilzt. Die Armee, die Landgarde, die Polizei des Latifundisten, oder heute die „Rangers", die Grün- oder Schwarzmützen besitzen ein Ansehen, das umso stärker ist, je weniger sich die Bauern darüber im Klaren sind. Dieses Ansehen ist die zuerst auftretende Form der Unterdrückung: Es paralysiert den Unzufriedenen, stopft die Münder, schon beim einfachen Auftauchen einer Uniform bleiben den Bauern die Schimpfworte im Halse stecken.

Mit anderen Worten, die physische Gewalt der Polizei, der Armee ist tabu; und man durchbricht ein Tabu nicht mit Wortgefechten, sondern indem man beweist, daß „auch ihr Körper von Kugeln durchlöchert werden kann". Im Gegensatz dazu muß der Guerillakämpfer seine Stärke zeigen, denn er hat nicht viel mehr vorzuweisen als seine Entschlossenheit und die Fähigkeit, sich des wenigen, was er hat, zu bedienen. Sich seiner kaum vorhandenen Stärke bedienen und gleichzeitig zeigen, daß die Stärke des Feindes zuerst und vor allem Schein ist. Um dieses Tabu, diesen uralten Rückstand von Angst und Unterwürfigkeit gegenüber dem Herren, der Polizei und der Landgarde zu brechen, hilft nur der Kampf. Das Tabu verschwindet so schnell, sagt Fidel, wie sich der alltägliche Respekt in Hohn verwandelt. Selbst die Bauern, die die Waffen ergreifen, um sich, ganz wie erfahrene Kämpfer, an der Guerilla zu beteiligen, neigen dann dazu, den Feind zu unterschätzen und nicht mehr ernst zu nehmen; die Guerillaführung muß in einer zweiten Phase eine entgegengesetzte Aktion starten: Sie muß dem Feind wieder etwas Prestige verschaffen, um Abenteuer zu vermeiden.

2) Die Aufteilung der ländlichen Gebiete nach militärischen Gesichtspunkten und ihre Kontrolle durch die Reaktion oder durch den Imperialismus, deren heute stärker gewordene Aufmerksamkeit, müssen einer Gruppe bewaffneter Propagandisten jede Hoffnung rauben, unerkannt und unbemerkt „wie der Fisch im Wasser" zu agieren. Das bewaffnete Kommando und die Avantgarde des Volkes sind nicht konfrontiert mit einem fremden Expeditionskorps von begrenzter Kampfkraft, sondern mit einem perfekten System lokaler Beherrschung. Sie selbst sind die Fremden. Die Verachteten und Zuspätgekommenen können der Bevölkerung anfangs nur Leid und Blut bringen. Auf der anderen Seite verdichtet sich heute das Kommunikationsnetz; Flughäfen und Pisten werden in den entferntesten, auf dem Landweg unerreichbaren Gegenden angelegt. Jenseits der Anden, beispielsweise zwischen dem Gebirge und dem Amazonasbekken soll jene berühmte Straße am Rande des Urwaldes das tropische Hinterland Venezuelas, Kolumbiens, Perus und Boliviens, sowie jedes Gebiet mit seiner Hauptstadt verbinden. Was den amerikanischen Imperialismus betrifft, so hat er seine Kräfte auf dem Lande bedeutend verstärkt; er bemüht sich, nicht in seiner repressiven Form aufzutreten, sondern im Gegenteil in Gestalt von technischer und sozialer Hilfe: Man kennt all die soziologischen Pläne, die zur Zeit erarbeitet werden und die mit internationalem Personal unter universitärem Deckmantel oder direkt im Auftrag der Organisation der Amerikanischen Staaten (OAS) dazu bestimmt sind, die soziale, ökonomische und individuelle Situation einer jeden Familie in den „gefährlichen Gebieten" abzuphotographieren (*Plan 208* der OEA in Bolivien; *Simpatico* in Kolumbien; *Plan J.O.B. 430* in Argentinien; *Camelot* in Chile; *Colony* in Peru; usw.); tausende von Mitgliedern des Friedenskorps, von denen es einigen gelungen ist, sich durch äußerst harte Arbeit, Geduld und manchmal durch wirkliche Selbstverleugnung in den ländlichen Gebieten zu „integrieren", profitieren von dem Mangel an politischer Arbeit linker Organisationen auf dem Lande; in den entlegensten Gebieten wimmelt es heute von Missionaren, Katholiken, Evangelisten, Methodisten und Adventisten. Kurz, dieser ganze feinmaschige Kontrollapparat verdoppelt den eigentlichen nationalen Herrschaftsapparat. Ohne die Bedeutung und Tragweite der imperialistischen Kontrolle zu übertreiben, schafft sie dennoch eine stark veränderte Situation.

3) Schließlich fehlen bereits aufgestellte, reguläre oder halbreguläre revolutionäre Truppen. Die bewaffnete Propaganda zielt deswegen, zumindest, wenn sie von kämpferischen Intentionen getragen ist, darauf ab, durch „politische Rekrutierungsarbeit" reguläre Einheiten zu bilden oder die bestehenden Einheiten zu verstärken. Deshalb inszeniert man die „Einnahme von Dörfern", um die Bevölkerung zu versammeln und Propagandaveranstaltungen abzuhalten. Womit hat man aber in Wirklichkeit den Bewohnern dieser Dörfer geholfen, sich ihrer Klassenfeinde zu entledigen? Natürlich konnten im Verlauf dieser Operationen nur wenige Waffen erbeutet werden; selbst wenn die

Begeisterung die jungen Bauern dazu trieb, sich den Guerilleros anzuschließen, wie soll man sie bewaffnen? Viele Genossen haben aus diesen Erfahrungen den Schluß gezogen, daß eine Aktion aus dem Hinterhalt gegen eine Nachschubkolonne oder jeder andere Schlag, den man dem Feind in der Nähe eines Dorfes versetzte, in diesem Dorf mehr Begeisterung hervorrief, neue Rekruten zuführte, die Bevölkerung politisch und moralisch eindringlicher belehrte und vor allem Waffen einbrachte, die für eine beginnende Guerilla von wesentlicher Bedeutung sind. Weit mehr als 200 Reden hat die Zerstörung eines Truppentransporters oder die öffentliche Exekution eines als Folterknecht verurteilten Polizisten eine zutiefst politische und bedeutend effektivere Propagandawirkung auf die benachbarte Bevölkerung erzielt. Ein solches Verhalten überzeugt sie vom Wesentlichen: Daß die Revolution bereits im Gange und der Feind nicht unverletzbar ist. Es überzeugt sie zunächst davon, daß der Soldat ein Feind ist, ihr Feind; daß ein Krieg im Gange ist und daß dieser von ihren alltäglichen Handlungen abhängt. Erst danach ist ein Gespräch möglich; es wird dann gewiß begriffen. Im Verlauf ähnlicher Handstreiche erbeuten die Kombattanten Waffen, verringern das feindliche Militärpotential, härten sich ab, demoralisieren die feindlichen Truppen und beleben die Hoffnungen der Kämpfer im ganzen Land: Die Stärke ihrer Propaganda und Agitation ist Ausdruck all dieser Wirkungen. Eine bezeichnende Einzelheit: In zwei Kriegsjahren hat Fidel in seinem Operationsgebiet nicht eine einzige Versammlung abgehalten.

Die durch die bewaffnete Propaganda oder Agitation bedingten Organisationsformen haben, wie es scheint, zu einer gewissen Inaktivität oder zu einem Leerlauf geführt. Paradoxerweise konnte keine einzige Guerillabewegung ihre Einflußzone entscheidend vergrößern. Wenn man die mit einer ähnlichen Konzeption wie den Kampf geführte, bewaffnete Agitation tatsächlich weiter in einem Gebiet mit Erfolg durchführen will, so muß der auslösende Fokus seine ohnehin schwachen Streitkräfte in mehrere Patrouillen mit noch verminderter Stärke von drei bis zehn Mann aufteilen, um die größtmögliche Zahl von Dörfern zu erfassen. Der taktische Vorteil liegt auf der Hand: Die Einflußzone vergrößert sich; man vermeidet es, die lokalen Ressourcen an Lebensmitteln und an Vorrat aller Art auszuschöpfen, ohne den Bauern zur Last zu fallen. Man kann die Präsenz des Fokus in der Vorstellung der Landarbeiter vervielfachen, indem man einfach auf andere Trupps, die das Gebiet durchstreifen, hinweist; vor allem aber kann der Feind einen so nicht fassen und nur schwer ausfindig machen, der deswegen die Guerilla nie in ihrer Gesamtheit einkreisen kann. Wenn man tatsächlich an Beweglichkeit gewinnt, so übt diese Beweglichkeit keinerlei Wirkung auf der militärischen Ebene aus, weil die Feuerkraft jeder Patrouille kaum ins Gewicht fällt. Selbst wenn das Oberkommando die sehr theoretischen Mechanismen des „Konzentrierens und Verteilens" ausarbeitet, so bleibt dieses System während der ersten Monate einer Guerilla auf dem Papier, da diese noch nicht ausgebildet ist, weder über Kontrolle noch über detaillierte Kenntnis des Terrains verfügt, insbesondere wenn man die schrecklichen Gefahren des Lebens im Urwald, die Entfernungen und schwierigen Verbindungen berücksichtigt. Da die Guerilla sonst in zu kleinen Patrouillen über ein zu weites Gebiet zerstreut ist (5000 km^2 Minimum), ist das Kräfteverhältnis ungünstig und wird zusehens schlechter: die *Guerillabewegung ist überall schwach und der Feind ist überall stark*, so zersplittert er auch sein mag. Diese Aufteilung in Patrouillen verhindert die *Formation von Kolonnen*, die selbst wieder Spezialeinheiten, eine eigene Vor- und Nachhut besitzen, sowie schwere Waffen, die von ausgebildeten Truppen bedient werden; die Trupps kochen selbst, um die Logistik zu entlasten. Um einem chinesischen Bild zu folgen: Statt sich zu einer Faust zu schließen, um dem Feind einen Schlag zu versetzen und ihm einen Finger auszureißen, öffnet der Fokus seine Hand und streckt seine fünf Finger aus, und der Feind kann die geballte Kraft seiner Faust gegen jeden einzelnen Finger anwenden. Hier genügt die reine intellektuelle Überzeugung nicht. Einige Guerillabewegungen kannten und lasen regelmäßig die theoretischen Schriften, die reich an ähnlichen Bildern sind; sie haben dennoch bis heute nicht aufgehört, ihre Kräfte bis um Äußersten zu zersplittern.

Wenn einerseits der Fokus auf diese Weise sein Überleben sichert, so sichert er auch das des Feindes, und es wäre naiv zu glauben, daß das Kräfteverhältnis sich notwendigerweise zu seinen Gunsten verändern müsse. Wie es die Erfahrungen von Lara in Venezuela und in bestimmter Weise auch die in Guatemala gezeigt haben, wachsen die politischen Konflikte innerhalb der Guerilla zunehmend mit ihren unzähligen Spaltungen, Streitigkeiten, persönlichen Reibereien im täglichen Leben. Dieser Zustand wird aufgrund der fortwährenden Untätigkeit immer unerträglicher. Konflikte mit den äußeren politischen Kräften (Parteien oder Organisationen) entstehen oder verstärken sich; statt durch Praxis und Elan der Guerilla überzeugt und mitgerissen zu werden, sehen diese Kräfte vielmehr ihren Verdacht gegen diese Form des Volkskampfes bestätigt, geben ihrer bisher stummen Mißbilligung das Wort und beginnen, diese offen auszusprechen. Diese Spaltungen schwächen rückwirkend den Fokus noch mehr, der noch immer ohne bedeutenden militärischen Sieg ist, also noch stagniert. Der Feind wird während dieser Zeit von den in der Bewegung aufgetauchten Differenzen profitieren, er korrumpiert, verführt oder kauft die Schwächsten und liquidiert die anderen. Bedeutet dies, daß die bewaffnete Propaganda oder die Agitationsarbeit zu verwerfen sind? Ganz entschieden: Nein.

Wenn man von einigen erfolgreichen Erfahrungen aus urteilt, so läßt eine Guerilla im Verlauf ihres Vormarsches immer irgendetwas, zumindest irgendjemanden zurück, auch hinter den eigenen Linien (wenn man von Linien überhaupt sprechen kann), womit eine solide Basis für einen Stützpunkt organisiert werden kann; dann aber ist die Bevölkerung, was ihre physische Sicherheit betrifft, durch reguläre Streitkräfte geschützt, die fähig sind, den Feind zurückzuschlagen: die Basis also beginnt, sich als Embryo eines Volksstaates zu organisieren. Agitation und Propaganda werden grundlegend, um die neue Organisation der Bevölkerung zu erklären und die Administration ihrer Zone in die Hände der Massenorganisationen zu legen; sie bestimmen weiterhin die zukünftigen Kämpfe. Die Propaganda bestätigt dann den befreienden Charakter des geführten Kampfes und trägt ihn in das Bewußtsein der Massen; sie begünstigt die Organisation der Produktion, die Einziehung von Steuern, die Erläuterung der revolutionären Gesetze, die Aufrechterhaltung der Disziplin, die Einrichtung von Kaderschulen und Schulen schlechthin, die Aushebung von Schützengräben und Unterständen durch die Zivilbevölkerung, um sich vor den Bombardierungen zu schützen, usw. Man sieht, daß es sich hier um eine spätere Etappe handelt, die die Guerilla heute in Lateinamerika noch nicht erreicht hat.

Entscheidend ist schließlich, daß, solange sich die gegenwärtigen Bedingungen nicht gewandelt haben, eine erfolgreiche militärische Aktion die beste Propaganda ist. (...)

Kapitel II:
Individueller Terror, „Tyrannenmord"
und gesellschaftliche Veränderung

Wera Figner
Volkswille und Zarentötung (1926)

Bis Ende 1876 war die russische revolutionäre Partei in zwei Hauptäste geteilt: die Propagandisten und die „Buntari" („Buntar" von „Bunt" = Aufstand, Putsch). Die ersten hatten im Norden das Übergewicht, die zweiten im Süden. Beide haben in ihrer praktischen Tätigkeit unter den Volksmassen ein Fiasko erlitten. Sowohl in den Massen selbst als auch in den politischen Bedingungen des Landes begegneten sie ganz unerwarteten und unüberwindlichen Hindernissen bei der Verwirklichung ihres Programms. Trotzdem fanden sich immer noch ziemlich viele bereit, die revolutionäre Arbeit fortzusetzen, sich einem bestimmten Aktionsplan anzuschließen. Ungeachtet aller Verhaftungen gingen die Erfahrenen unter ihnen, die Vergangenheit kritisch wertend, an die Herausarbeitung neuer Grundlagen der revolutionären Praxis. Das Resultat dieser von verschiedenen Gruppen in Petersburg gleichzeitig betriebenen Arbeit war das Programm, das später als Programm der „Narodniki" = „Volkstümler" (Narod = Volk) bekannt geworden und in das Programm der Gesellschaft „Land und Freiheit" übernommen worden ist, später teilweise auch in das des Bundes „Volkswille".

Der Grundgedanke dieses Programms war, daß das russische Volk, ebenso wie jedes andere, das sich auf einer bestimmten Stufe geschichtlicher Entwicklung befindet, seine eigne urwüchsige Weltanschauung besitze, die dem Niveau der sittlichen und intellektuellen Begriffe entspricht, die es sich unter den gegebenen Bedingungen zu eigen machen konnte. Die Anschauungen des Volkes in politischen und wirtschaftlichen Fragen bilden einen Bestandteil seiner Weltanschauung. Diese Anschauungen umzugestalten, ohne daß man die Institutionen, auf die das Volksleben aufgebaut ist, ändere, sei ein äußerst schwieriges Beginnen. Deshalb müsse man bei der revolutionären Tätigkeit von den jeweiligen Verhältnissen, Bestrebungen und Wünschen des Volkes ausgehen und auf sein Banner Ideale schreiben, deren sich das Volk schon bewußt geworden. Auf wirtschaftlichem Gebiet sei ein solches Ideal eigene Arbeit auf eigenem Boden als Voraussetzung des Besitzrechtes. Das Volk könne und wolle sich nicht mit dem Gedanken abfinden, daß die Erde jemand anderem gehören dürfe als dem, der sie bearbeitet und betreut. Es betrachte Grund und Boden als Gabe Gottes, deren nur teilhaftig werden dürfe, wer sich darauf abmüht; die gegenwärtigen Eigentumsverhältnisse betrachte es nur als zeitweilige Gefangenschaft der nährenden Mutter Erde, die früher oder später dem ganzen Volke wiedergehören werde.

Diesen Boden bewohne das Volk seit alters her als „Obschtschina" (Gemeinde), an ihr halte es, tausendjähriger Tradition getreu, jetzt noch fest. Wegnahme alles Bodens zugunsten der Gemeinde, das sei das Volksideal, das mit der Grundforderung sozialistischer Lehre zusammenfalle. Im Namen dieses Ideals sei der Kampf zu beginnen.

Aber die Anschauungen des Volkes über die Staatsmacht und ihre Personifizierung, den Zaren? Wie sich stellen zu den Hoffnungen des Volkes auf den Zaren als seinen Verteidiger, Schutzherrn und Quell alles Heils? Den Glauben an den Zaren zertrümmern könnte man nur durch den tatsächlichen Beweis, daß der Zar nicht die Interessen des Volkes wahre, den Klagen und Beschwerden des Volkes kein Ohr leihe. Eins der Mittel dazu sei, durch systematische Organisierung von Bittgängen dem Zaren Wünsche und Nöte von Dörfern, Kreisen und ganzen Gouvernements vorzutragen. Das Schicksal derartiger Bittgänger sei bekanntlich Verbannung, Verhaftung oder Abschub in die Heimat. Bittere Erfahrung werde dem Volke zeigen, daß es vom Zaren nichts zu erwarten habe, daß es nur auf seine eigenen Kräfte bauen dürfe, wenn es eine bessere Zukunft erobern wolle. Um den Mut des Volkes und seine Fähigkeit, eigene Interessen zu verteidigen, zu steigern, sei ein systematisches Vorgehen der Revolutionäre notwendig: sie müßten unter dem Volke in einer Form leben, die die Gewohnheiten und Schwächen des Kulturmenschen nicht allzusehr vergewaltigt, die Revolutionäre aber dem Volke nahe sein läßt, in einem sozusagen halbintellektuellen Beruf (sei es als Gemeindeschreiber, Sparkassenbuchhalter, Feldscher [Landarzt, Anm. d. Hg.], Krämer usw.) und müßten dann alle Gelegenheiten im Bauernleben ausnützen, um die Idee der Gerechtigkeit zu unterstützen, die Allgemeininteressen der Bauern und die Würde auch des Einzelnen zu verteidigen. Der Revolutionär sollte in seiner Stellung, etwa als Dorf- oder Bezirksschreiber, Einfluß auf das Distriktsgericht ausüben, Schnaps und Bestechung daraus vertreiben, es zu einem wirklichen Gericht des Volksgewissens machen; er sollte die Bedeutung der Dorfversammlung und des Bezirksgerichtes heben, sie zum wirklichen Ausdruck der öffentlichen Meinung machen und sie nicht, wie bisher, zum Spielball irgendwelcher Dorfschufte werden lassen; er sollte die Dorfwucherer und Blutsauger von den Gemeindeangelegenheiten abdrängen und die Bedeutung der Dorfarmen erhöhen; sollte Prozesse gegen die Gutsbesitzer, Dorfwucherer, Regierungsbehörden anregen und unterstützen; sollte, wo nur irgend möglich, darauf bestehen, daß die Bauern ihre Rechte und Errungenschaften verteidigten; kurz, er sollte im Bauerntum den Geist der Selbstachtung und des Protestes entwickeln und gleichzeitig auch energische Naturen, Führernaturen, erspähen, die sich der Dorfinteressen besonders annähmen; sollte sie in Gruppen zusammenschließen, um sich im Kampfe auf sie zu stützen, der, mit legalen Protesten beginnend, schließlich den Weg der offenen Revolution beschreiten würde.

Diese Grundprinzipien wurden zur Begutachtung unterbreitet bei Zusammenkünften, zu denen diejenigen eingeladen wurden, die sich irgendwie hervorgetan hatten, meist Illegale. Das Programm des Wirkens unter dem Volke wurde in den Versammlungen einmütig gebilligt, jedoch mit einigen neuen und für die Zukunft sehr wichtigen Ergänzungen.

Erstens beschloß man, die Tätigkeit unter dem Volke auf eine bestimmte Gegend zu konzentrieren, die ihren Traditionen nach revolutionär, und wo die Agrarfrage am meisten zugespitzt sei. Als solche wurde das untere Wolgagebiet genannt. Da auf dem revolutionären Banner nur schon bestehende Forderungen des Volkes geschrieben standen, so war es nicht mehr notwendig, sich über ganz Rußland zu zersplittern: es mußte genügen, eine Gegend bis zum Aufstand zu führen, damit die übrigen, durchdrungen von denselben Wünschen, und Forderungen, sich einer Bewegung anschlössen, die das allgemeine Volksideal vorantrug.

Zweitens wurde darauf hingewiesen, daß einem Aufstand der Erfolg nicht sicher sei, wenn nicht ein Teil der revolutionären Kräfte für den Kampf direkt gegen die Regierung verwandt würde, zur Vorbereitung eines „Schlages ins Zentrum", der im Augenblick des Aufstandes in der Provinz den Staatsmechanismus in Verwirrung bringen und damit der Volksbewegung Zeit zur Stärkung und Ausbreitung gewinnen sollte. Damals wurde zum ersten Male von der Möglichkeit gesprochen, das „Winterpalais" mit Dynamit in die Luft zu sprengen und unter seinen Trümmern die ganze Zarenfamilie zu begraben. Außerdem wurde damals beschlossen, die Ehre und Würde von Genossen mit der Waffe zu verteidigen und die Willkür allzudienstfertiger Regierungsagenten mit dem Dolche zu zügeln. Dieser Akt revolutionärer Gerichtsbarkeit erhielt den nicht ganz glücklichen Namen „Desorganisation der Regierung", und der erste, der für sein Strebertum und die rücksichtslose Quälerei der Verhafteten büßen sollte, war der Staatsanwalt Shelichowski. Er blieb jedoch am Leben, erhielt aber nicht die übliche Auszeichnung für den von ihm geführten Monsterprozeß, der mehreren Angeklagten das Leben kostete, da die mehr als dreijährige Untersuchungshaft Schwindsucht und Wahnsinn hervorgerufen und einige zum Selbstmord getrieben hatte. (…)

Während unsere Situation sich immer mehr zuspitzte, kam Alexander Solowjow mit der Absicht, nach Petersburg zu reisen und dort den Zaren zu töten; vorher wollte er sich mit uns beraten. Er legte uns seine Ansichten über unsere Arbeit im Volke dar, die er unter den gegebenen Verhältnissen als bloße Selbstbefriedigung verurteilte, wo doch der Kampf für die Interessen der Masse auf legaler Grundlage in den Augen aller Vertreter des Privateigentums, aller Beamten, als Ungesetzlichkeit und Empörung erscheine. Da wir für diesen Kampf nur mit dem Grundsatz des Volkswohls und mit dem Gefühl der Gerechtigkeit ausgerüstet seien, hätten wir keine Aussicht auf Erfolg, denn die Gegner hätten Reichtum und Macht auf ihrer Seite.

In Anbetracht dessen beschlossen wir auf unserer letzten Versammlung in Saratow, zur Verteidigung der Gerechtigkeit Feuer und Schwert aufs Dorf hinauszutragen, Terror gegen Agrarier und Polizei, Gewalt gegen Gewalt anzuwenden; dieser Terror schien uns notwendig, da das Volk durch die ökonomische Not zu niedergedrückt, durch die fortgesetzte Willkür zu erniedrigt war, um selbst diese Mittel anwenden zu können; aber zu einem solchen Terror bedurfte es neuer revolutionärer Kräfte, deren Zufluß aufs flache Land versiegt war, da die Reaktion und die Verfolgungen bei den Intellektuellen fast alle Energie und jeden Glauben an die Möglichkeit nützlicher Anwendung ihrer Kräfte im Dorfe vernichtet hatten; und auch die Jugend sah vor sich nicht die geringsten Ergebnisse der Arbeit ihrer Vorgänger unter dem Volk. Bei einem bestimmten Stärkegrad der Reaktion erstürben die besten Impulse.

Wir sahen deutlich, daß unsere bisherige Arbeit vergeblich war. Die revolutionäre Partei hatte mit unseren Versuchen wieder eine Niederlage erlitten. Nicht wegen der Unerfahrenheit ihrer Mitglieder oder wegen der Weltfremdheit ihres Programms, auch nicht infolge übertriebener Hoffnung auf die Kraft und die Bereitschaft der Massen. Nein und abermals nein: wir mußten vom Schauplatz abtreten in dem Bewußtsein, daß unser

Programm zwar lebendig sei und seine Forderungen im Volke verwurzelt, der eigentliche Grund des Mißerfolges aber die politische Unfreiheit sei.

Rußland durchlebte gerade damals eine Periode, in der jede öffentliche Initiative verschwunden war und die Reaktion nur noch wachsen konnte. „Der Tod des Kaisers" sagte Solowjow, „kann eine Wendung im öffentlichen Leben herbeiführen." Die Luft werde gereinigt, das Mißtrauen gegen die Intelligenz verschwinde, und der Weg öffne sich zu breiterer, fruchtbarerer Arbeit im Volke. Eine Menge ehrlicher junger Kräfte werde zur Arbeit auf dem flachen Lande herbeiströmen, und, um den Geist des Dorfes abzuändern und wirklich das Leben des ganzen russischen Bauerntums zu beeinflussen, bedürfe es eben einer Masse von Kräften, nicht aber nur der Anstrengung von einzelnen, wie wir es wären. Diese Meinung Solowjows war das Echo der allgemeinen Stimmung.

Wenn der begeisterungsfähige Teil der Gesellschaft kein Betätigungsfeld findet, wo er seine frische Kraft, seinen Enthusiasmus zum Wohle des Volkes betätigen kann, dann wird die Lage unerträglich, und aller Zorn entlädt sich auf den Träger, Inhaber und Repräsentanten dieser von der Öffentlichkeit isolierten Staatsmacht, auf den Monarchen, der sich selbst als verantwortlich für das Leben, das Wohlergehen, das Glück der Nation erklärt und *seinen* Verstand, *seine* Kräfte höher stellt als Verstand und Kräfte der Millionen. Haben alle Mittel der Überzeugung sich als fruchtlos erwiesen, dann bleibt nur die nackte Gewalt: Dolch, Revolver und Dynamit. Solowjow entschied sich für den Revolver.

Unterdessen waren zu demselben Schluß auch die in den Städten gebliebenen Parteimitglieder gekommen. Vom Geschworenengericht freigesprochen, war Wera Sassulitsch mit Mühe der Wiederverhaftung entgangen; und während ganz Rußland den Freispruch bejubelte, machten die Mitglieder der Zarenfamilie Krankenbesuche bei dem Stadtkommandanten Trepow, auf den sie geschossen hatte. Als im „Prozeß der 193" der Senat eine Milderung der Strafe für angebracht hielt, verschärfte sie der Zar; jeden Versuch, die Willkür seiner Diener einzudämmen, beantwortete er mit einer Steigerung der Reaktion und der Repressalien; die Erklärung des Kriegszustandes erfolgte, nachdem einige Würdenträger von Revolutionären umgebracht worden waren. So kam es, daß es einem seltsam erschien, die Diener zu töten, die nur den Willen ihres Herrn vollzogen, und den Herrn unangetastet zu lassen; die politischen Attentate führten schicksalsmäßig zur Zarentötung, und der Gedanke daran kam Goldenberg und Kobyljanski fast zur selben Zeit, wie er sich Solowjows bemächtigte. Und dieser Gedanke ergriff ihn mit voller Gewalt. Wären wir alle dagegen aufgetreten, er hätte ihn dennoch verwirklicht.

(...) Die Bedeutung des 1. März war ungeheuer. Um dies zu verstehen, ist es notwendig, sich die Zustände jener Epoche zu vergegenwärtigen.

Nach jahrhundertelanger Reaktion hatte Alexander II. die Bauern-, Selbstverwaltungs- und Gerichtsreform durchgeführt und dadurch der Entwicklung Rußlands einen gewaltigen Stoß nach vorwärts gegeben; er lenkte sie in die Bahnen des allgemein-menschlichen Fortschritts. Aber schon die erste und größte dieser Reformen – die Bauernbefreiung – blieb in ökonomischer Beziehung weit hinter den Forderungen der besten Vertreter der damaligen russischen Gesellschaft zurück, und 15 Jahre später, als an Stelle einer elenden Lobhudelei eine ernste Kritik eingesetzt hatte, wurde sie von der Publizistik offen als ein unter dem Druck des interessierten Standes – der Gutsbesitzer – durchgeführter

Kompromiß bezeichnet, das in keiner Weise dem gesteckten Ziele „der Besserung der wirtschaftlichen Existenz des Bauernstandes" entsprach. Die anderen Reformen wurden unter dem Einfluß der Gegner der Reformen und der jetzt vom Zaren selbst an den Tag gelegten reaktionären Gesinnung verstümmelt und durch allerlei Ergänzungen, Ausnahmen und Auslegungen jeglichen Wertes beraubt. So kam es, daß die besten Elemente der Gesellschaft und die Regierung verschiedene Wege einschlugen, und daß erstere jeglichen Einfluß auf die Regierung und Staatsverwaltung einbüßten.

Diese Unzufriedenheit der besten Elemente der russischen Gesellschaft hatte sich schon bei Beginn der Herrschaft Alexanders II., in den 1860er Jahren, in den Studentenunruhen Luft gemacht und war in den Prozessen von Tschernyschewski, Michailow, Karakosow, Netschajew und Genossen zum Ausdruck gekommen. Im Zusammenhang mit, dem polnischen Aufstand führten diese Bewegungen eine Verschärfung der Reaktion herbei: die Reaktionäre nutzten die Lage aus, und Anfang der 1870er Jahre war die Spaltung zwischen der Regierung und der Gesellschaft vollständig. Seit jener Zeit war die Auflehnung eines Teils der Untertanen des Zaren gegen seine Methode der Staatsverwaltung chronisch geworden. Dies zog die strengsten Repressalien und die äußerste Unterdrückung nach sich, was wiederum eine schärfere Auflehnung hervorrief. Ende der 1870er Jahre war das ganze innere Leben Rußlands vom Kampf gegen die „Kramola" (= Revolution) beherrscht. Aber weder die Generalgouverneure und Kriegsgerichte noch der Ausnahmezustand und die grausamen Hinrichtungen, weder Hunderttausende Soldaten noch Scharen von Schutzwachen und Spitzeln und das ganze Gold des Kaisertresors waren imstande, den Herrscher aller Russen, den Herrn der Geschicke von 80 Millionen Menschen, vor der strafenden Hand der Revolutionäre zu schützen.

Der 1. März war insofern lehrreich, als er der letzte Akt im zwanzigjährigen Kampf zwischen Gesellschaft und Regierung war. 30 Jahre Repressalien, Grausamkeiten und Maßregelungen, die gegen eine Minderheit gerichtet waren, aber auf allen lasteten – und das Resultat: der Zar wurde getötet. Die ganze Gesellschaft erwartete diesen Tod mit der größten Gewißheit: die einen in höchster Angst, die anderen mit Ungeduld. Eine solche Lage war in der Weltgeschichte beispiellos und jedenfalls geeignet, sowohl Philosophen wie Moralisten und Politiker zu veranlassen, sich in ihr Wesen zu vertiefen. Die Bomben des Vollzugskomitees, die ganz Rußland erschütterten, warfen vor dem Lande die Frage auf: Wo ist der Ausweg aus dieser abnormen Lage? Wo liegen die Ursachen? Wir glaubten, daß die Erfolglosigkeit aller Maßnahmen der Regierung im Kampfe gegen die revolutionäre Bewegung und ihre Unfähigkeit, die Unzufriedenheit durch Beseitigung der energischsten Leute unter den Unzufriedenen aus der Welt zu schaffen, durch die zwanzigjährige Erfahrung, die zum 1. März geführt hatte, genügend bewiesen worden sei. Nach unserer Überzeugung mußte, wenn nicht der Zar, so jedenfalls Rußland daraus seine Schlüsse ziehen. Wir glaubten, daß die frei zum Ausdruck kommende öffentliche Meinung vorschlagen würde, die wirklichen Ursachen der Unzufriedenheit, die in den allgemeinen politischen Zuständen begründet waren, zu beseitigen, statt einzelne ihrer Erscheinungsformen zu bekämpfen. Die ungewöhnlichen Umstände, die die Ereignisse des 1. März begleiteten und ihr großzügiger Charakter schienen dazu beizutragen, daß breite Kreise der Gesellschaft sich über diese Bedeutung des 1. März klar wurden.

Der 1. März hat auch die Bauernschaft aufs tiefste erschüttert. An die Stelle der täglichen Sorgen und Lokalinteressen trat plötzlich die Frage: „Wer hat den Zaren getötet und weshalb?" Alle, die zu jener Zeit und später auf dem flachen Lande wohnten, berichten übereinstimmend, daß die Ermordung des Zaren und die Ursachen dieser Tat die Bauern stark bewegt und gezwungen habe, intensiv darüber nachzudenken. Zwei Schlußfolgerungen waren dabei möglich: entweder wurde der Zar durch Sozialisten getötet, die dem Volke Grund und Boden geben und es von der Unterdrückung durch das Beamtentum befreien wollen, oder durch die Gutsbesitzer, die rebellieren, weil der Zar die Bauern befreit hat, und sie die Leibeigenschaft wieder hersteilen wollen. In dem einen Fall wurde das Volk durch die Gleichheit der Interessen für die Partei gewonnen, und die Partei fand in den Massen einen Stützpunkt, wie sie ihn selbst durch jahrzehntelange Propaganda nicht erworben hätte; in dem anderen Falle entstand in ihm heftiger Haß gegen die besitzende Klasse, und dieser Haß konnte in Anbetracht der furchtbaren ökonomischen Lage, in der sich das einfache Volk befand, zu einem entsetzlichen Blutbad unter dem privilegierten Stand ausarten. In beiden Fällen hoffte die Partei, die Revolte, zu der die Ermordung des Zaren Veranlassung gehen konnte, für ihre revolutionären Ziele auswerten zu können. Der 1. März eröffnete Aussichten auf ein Bündnis der Partei mit dem Volk.

Auch für die Partei selbst, für ihre revolutionäre Tätigkeit, waren die Ereignisse vom 1. März von größter Bedeutung. Sie hatten das Vollzugskomitee in den Augen seiner Anhänger auf eine bisher unerreichte Höhe erhoben. Von allen Seiten erging an uns der Ruf: „Kommt und herrscht über uns!" Leider mußten wir uns immer wieder sagen, daß, wie reich auch die Ernte sein mochte, es uns dennoch an Schnittern fehlte.

Die Kehrseite des Ereignisses war, daß der 1. März weder das Signal zu einem Volksaufstand gegeben hatte, noch die Regierung zu zwingen vermochte, irgendwelche grundsätzlichen politischen und wirtschaftlichen Änderungen vorzunehmen, die den Unzufriedenen Zugeständnisse gemacht hätten. In Wirklichkeit gab sich die Partei *nie* der Illusion hin, die Zarentötung müsse an und für sich einen Volksaufstand zur Folge haben; wir waren uns im Gegenteil immer darüber im klaren, daß dazu noch ungeheuer viel Arbeit und Mühe gehöre.

Es ist notwendig, noch auf die durch die Kampfmethoden sowohl der revolutionären Partei als auch der Regierung herbeigeführte Demoralisierung einzugehen.

Gewalt als Mittel des politischen Kampfes ruft Verrohung hervor, weckt Raubtierinstinkte, veranlaßt zu schnödestem Vertrauensbruch. Freilich gleichen die Revolutionäre die dunkle Seite ihrer Tätigkeit durch das hohe Ziel der Verteidigung der Sache aller Unterdrückten und Enterbten aus, durch die Solidarität und Brüderlichkeit, die die Beziehungen der Kämpfer untereinander kennzeichnen, durch die Selbstlosigkeit ihres Wirkens, den Verzicht auf alles materielle Wohl, auf jegliches persönliche Glück, durch das heroische Ertragen aller Leiden, beginnend mit Verfolgung, Gefängnis, Verbannung, Zuchthaus und mit dem Tod endend. Auf der anderen Seite ging die Zarenregierung mit größter Rücksichtslosigkeit und furchtbarster Grausamkeit gegen die Revolutionäre vor. Der Gedanke wurde in Fesseln, das Wort in Ketten gehalten, die Freiheit geraubt, Todesurteile ereilten die Besten. Die Verbannung auf administrativem Wege war eine tägliche

Erscheinung, die Gefängnisse waren überfüllt, der Henker arbeitete rastlos; in den Gefängnissen und Zuchthäusern mißhandelte und peinigte man die „politischen Verbrecher" auf die ungeheuerlichste Art. Um sich Waffen gegen die revolutionäre Gefahr zu beschaffen, hatte die Regierung ein System weitverzweigtester und raffiniertester Spionage ausgebaut: alle Stände, Geschlechter und Altersstufen – angefangen mit 14jährigen Mädchen und 11jährigen Knaben – waren unter den Helfershelfern der Gendarmerie vertreten. Doch nichts versetzte der revolutionären Bewegung einen so furchtbaren Schlag wie der geglückte Versuch, einen Revolutionär im Netz des schmutzigen Spitzeldienstes zu fangen. Nichts schmerzte mehr, als in einem ehemaligen Kampfgenossen, den man oft jahrelang als Kameraden und Bruder betrachtet hatte, einen Gendarmerieschergen zu entdecken, der uns zynisch zurief: „Das haben Sie wohl nicht erwartet?" Und wie oft wurde mit Erfolg Mißtrauen in unseren eigenen Reihen gesät, Bruder gegen Bruder aufgehetzt, so daß manch einer bereit war, die Hand gegen den eigenen Kampfgenossen zu erheben, in dem man einen Verräter erkannt zu haben glaubte.

Ich selbst war zweimal nicht mehr weit davon entfernt, Menschen aus der Welt zu schaffen – in einem Falle eigenhändig –, die ich selbst oder Genossen mit felsenfester Sicherheit als Verräter und Schurken betrachteten, die ihr Leben also durch Verrat verwirkt hatten.

Ja, es ging so weit, daß einem vor den Menschen graute. (…)

Johann Most
Es lebe der Tyrannenmord! (1881)

„Fasse diesen, fasse jenen; Einer wird dich doch erreichen."
C. Beck

Triumph! Triumph! Das Wort des Dichters hat sich erfüllt. Einer der scheußlichsten Tyrannen Europas, dem längst der Untergang geschworen worden und der deshalb in wüstem Racheschnauben unzählige Helden und Heldinnen des russischen Volkes vernichten oder einkerkern liess – der Kaiser von Rußland ist nicht mehr.

Am vergangenen Sonntag mittags, als das Ungeheuer gerade von einer jener Belustigungen zurückkehrte, die in einer Augenweide an wohlgedrillten Herden stupider Blut- und Eisensklaven zu bestehen pflegen, und die man militärische Revuen nennt, hat die Bestie der Richter des Volkes, das deren Todesurteil längst gesprochen, ereilt und mit kräftiger Hand abgetan.

Fünfmal war es dieser Kanaille geglückt, den Grenzstein zwischen Diesseits und Jenseits mit dem Rockärmel zu streifen; und schon war er diesmal abermals im Begriffe, von dem „Finger Gottes" zu faseln, der sein vermaledeites Leben neuerdings gerettet habe, als die Faust des Volkes ihm für immer den Mund stopfte.

Einer jener kühnen jungen Männer, die die Sozialrevolutionäre Bewegung Rußlands hervorbrachte, Rusakov[1] – mit Ehrfurcht sprechen wir seinen Namen aus –, hatte unter den Wagen des Despoten eine Dynamitbombe geworfen, die zwar am Gefährt und der nächsten Umgebung desselben eine große Verwüstung anrichtete, den gekrönten Raubmörder jedoch unversehrt ließ.

Michaelewitsch, ein prinzlicher General, und andere fallen sogleich über den edlen Vollstrecker des Volkswillens her, dieser aber zückt mit der einen Hand einen Dolch gegen das Gesicht des Autokraten und lenkt den Lauf eines Revolvers mit der anderen Hand gegen die Brust desselben. Er wird im Nu entwaffnet; und die betreßte, bezopfte und von Korruption durch und durch zerfressene Umgebung des Kaisers atmet auf ob der vermeintlich beseitigten Gefahr. Da fliegt eine neue Bombe heran; diesmal fällt sie zu Füssen des Despoten nieder, zerschmettert ihm die Beine, reißt ihm den Bauch auf und verursacht unter den umstehenden Militär- und Zivilkosaken zahlreiche Verwundungen und Vernichtungen.

Die Personen der Szene sind wie gelähmt, nur der energische Bombenwerfer verliert seine Fassung nicht und vermag glücklich zu flüchten. Der Kaiser aber wird nach seinem Palast geschleppt, wo er noch ein und eine halbe Stunde lang unter gräßlichen Schmerzen über sein Leben voller Verbrechen nachzudenken vermag. Endlich krepiert er. Dies zunächst der einfache Sachverhalt.

Augenblicklich spielten die Telegraphendrähte bis nach den entlegensten Winkeln der Erde hin, um das Ergebnis in der ganzen Welt bekannt zu machen. Die Wirkung dieser Publikation war ebenso mannigfaltig wie drastisch. Wie ein Donnerschlag drang sie in die Fürstenschlösser, wo jene schuldbeladenen Ausgeburten aller Ruchlosigkeit hausen, die längst ein ähnliches Schicksal tausendfach verdient haben.

---

1 Nikolaj Ivanovič Rusakov (1861–1881) wurde verhaftet und starb auf dem Schafott.

Seit drei Jahren ist manches Geschoß gleichsam an den Ohren dieser Scheusale vorbeigesaust, ohne daß ihnen – vom Nobilingschen Schrotschuß abgesehen[2] – auch nur ein Haar gekrümmt worden wäre. Immer und immer wieder konnten sie sich für den ausgestandenen Schrecken durch Hinrichtungen und Massenmaßregelungen aller Art „fürstlich" entschädigen. Ja, sie raunten sich gerade in der jüngsten Zeit schon mit Behagen in die Ohren, daß alle Gefahr vorbei sei, weil es gelungen wäre, die energischsten aller Tyrannenhasser, die russischen „Nihilisten", bis zum letzten Glied auszurotten. Da kommt ein solcher Treffer!

Wilhelm, weiland Kartätschenprinz von Preußen, der jetzige Protestantenpapst und Soldatenkaiser von Deutschland, bekam förmlich Krämpfe vor Aufregung. An anderen Höfen passierten ähnliche Dinge. Heulen und Zähneklappern herrschte in jedem Residenznest.

Aber auch das sonstige Gesindel, das in den verschiedenen Ländern die Drähte des Regierungsmechanismus der herrschenden Klassen zieht, verspürte einen gewaltigen „moralischen" Katzenjammer und zerfloß in Beileidstränen – mochte es nun aus einfachen Oberlakeien an den Stufen eines Kaiserthrones oder aus „republikanischen" Ordnungsbanditen erster Klasse bestehen.

Das Geflenne war in Frankreich, der Schweiz und Amerika nicht geringer als in Montenegro oder Griechenland.

Ein Gambetta[3] setzte die Vertagung der Kammern durch und tat so Frankreich eine Schmach an, vor der sogar Österreich durch den derzeitigen Reichsratspräsidenten bewahrt wurde.

Die öffentliche Meinung stutzt und sucht vergebens nach Gründen einer solchen elenden Haltung. Man denkt an diplomatische Motive und ähnliches; allein man geht fehl.

Es mag wohl manches hier und da mitgespielt haben, was wie einfache politische Heuchelei aussieht; in der Hauptsache liegen die Gründe tiefer.

Die Träger der herrschenden Klassen erblicken eben in dem stattgehabten Vernichten eines Autokraten mehr als den bloßen Tötungsakt an sich. Sie stehen vor einem erfolgreichen Angriff auf die Autorität als solche. Gleichzeitig wissen sie alle, daß jeder Erfolg die wunderbare Kraft hat, nicht allein Respekt einzuflößen, sondern auch zur Nachahmung anzueifern. Da zittern sie denn einfach von Konstantinopel bis nach Washington um ihre längst verwirkten Köpfe.

Uns ist dieser Schrecken ein Hochgenuß, gleichwie wir mit den freudigsten Gefühlen die Heldentat jener Sozialrevolutionäre von St. Petersburg vernommen haben, welche am letzten Sonntag einen Tyrannen schlachteten.

In dieser Zeit der allgemeinsten De- und Wehmütelei; in einer Periode, wo in vielen Ländern nur noch alte Weiber und Kinder, mit Tränen in den Augen, die ekelhafteste Furcht vor der Zuchtrute der Staatsnachtwächter im Leibe, auf der politischen Bühne umherhumpeln; jetzt, wo die echten Helden so selten geworden sind, wirkt eine solche Brutustat auf bessere Naturen wie ein erfrischendes Gewitter.

Mögen uns die einen nachsagen, wir trieben ein „Spiel mit Nihilisten", mögen die

---
2 Karl Eduard Nobiling hatte am 2. Juni 1878 mit einer Schrotflinte ein Attentat auf Kaiser Wilhelm II. unternommen.
3 Léon Gambetta (1838–1882) spielte als radikaler Abgeordneter und Gegner des Zweiten Kaiserreichs eine führende Rolle im politischen Leben Frankreichs.

anderen uns Zyniker oder brutal schelten; wir wissen doch, daß wir, indem wir unsere Freude über die geglückte Tat ausdrückten, nicht nur unsere eigenen Gefühle an den Tag legten, sondern aussprachen, was mit uns Millionen gedrückter und tyrannisierter Menschen dachten, als sie von der Hinrichtung Alexanders lasen.

Freilich wird es wieder einmal passieren, daß da und dort sogar Sozialisten auftauchen, die, ohne daß sie jemand befragt, versichern, sie für ihren Teil verabscheuten schon deshalb den Königsmord, weil ein solcher ja doch nichts nütze und weil sie nicht Personen, sondern Einrichtungen bekämpften.

Diese Sophistik ist so plump, daß sie mit einem einzigen Satz zu Schanden gemacht werden kann. Es liegt nämlich selbst für einen politischen ABC-Schützen auf der Hand, daß Staats- und Gesellschaftseinrichtungen nicht eher beseitigt werden können, als bis man die Personen besiegt hat, welche dieselben aufrechterhalten wollen. Mit bloßer Philosophie verjagt man nicht einmal einen Spatzen vom Kirschbaum, so wenig wie die Bienen ihre Drohnen durch einfaches Summen loswerden. Andererseits ist es durchaus falsch, daß die Vernichtung eines Fürsten ganz ohne Wert sei, weil ja sofort ein im voraus bestimmter Stellvertreter an dessen Platz komme.

Was man allenfalls beklagen könnte, das ist nur die Seltenheit des sogenannten Tyrannenmordes. Würde nur alle Monate ein einziger Kronenschuft abgetan: In kurzer Zeit sollte es keinem mehr behagen, noch fernerhin einen Monarchen zu spielen.

Ferner ist es sicher eine Genugtuung für jeden gerecht denkenden Menschen, wenn so ein Kapitalverbrecher abgetan, d. h. entsprechend seinen Untaten gezüchtigt wird. Es fällt ja auch den Juristen der bürgerlichen Gesellschaft nicht ein, keinen Mörder zu hängen oder keinen Dieb einzusperren, weil es erwiesen ist, daß diese Strafe Mord und Diebstahl (auch Institutionen dieser Gesellschaft) nicht aus der Welt schaffen. Wenn man es vollends mit einem Subjekt zu tun hat, wie [es] Alexander Romanow war, so muß man dessen Vernichtung mit doppelter Befriedigung hinnehmen.

Würde man den Zeitungsschreibern glauben können, so müßte man nach deren Geschwätz annehmen, der abgetane Zar sei ein wahres Muster von Herzensgüte gewesen. Die Tatsachen beweisen, daß er zu den ärgsten Greueltätern gehörte, die je die Menschheit geschändet haben. Gegen 100.000 Menschen sind während seiner Regierungszeit nach Sibirien verbannt worden, Dutzende wurden gehängt, nachdem sie zuvor die gräßlichsten Folterungen erduldet hatten. Alle diese Opfer forderte der russische Kronmoloch ein, nur weil die Betreffenden eine Gesellschaftsverbesserung anstrebten, das allgemeine Beste wünschten – vielleicht nur ein einzelnes verbotenes Buch weitergegeben oder einen Brief geschrieben haben, in dem ein Tadel gegen die Regierung ausgesprochen war.

Von den Kriegsgreueln, die dieser Tyrann herauf beschworen, greifen wir nur eine Szene aus dem letzten Türkenkrieg heraus. Alexander feierte seinen Namenstag und wünschte ein kriegerisches Schauspiel. Er befahl einen Sturm auf Plewna; die Generäle wagten es, darauf aufmerksam zu machen, daß ein solcher nicht allein mißglücken, sondern auch eine Unmasse Menschen kosten werde. Umsonst! Es blieb bei dem Befehl; und um die Schlächterei mit mehr Behagen betrachten zu können, ließ sich der Tyrann eine eigene Bühne mit einer Art Kaiserloge bauen, von wo aus er den Sturm beobachten konnte, ohne selbst in Gefahr zu geraten. Das Resultat entsprach den Vorhersagen der Generäle. Der Sturm wurde abgeschlagen, und 8000 Tote und Verwundete bedeckten das Terrain außerhalb der Wälle von Plewna. Das „Väterchen" aber, wie sich der Despot mit Vorliebe nennen ließ, hatte sich kannibalisch amüsiert.

Alle Bitten, alle Wünsche auf Einführung noch so geringfügiger Reformen, die fast täglich zu seinen Füßen niedergelegt wurden, beantwortete er nur durch neue Gemeinheiten eines asiatischen Regierungsbarbarismus. Jeder Warnung oder Drohung folgten wahre Dragonaden. Versuchte, aber mißglückte Angriffe auf seine Person steigerten seine Niedertracht ins Ungeheuerliche.

Wer ist Halunke genug, den Tod einer solchen Bestie wirklich zu beklagen? Aber man sagt: Wird es der Nachfolger des Zerschmetterten besser treiben als dieser? Wir wissen es nicht. Das aber wissen wir, daß derselbe kaum lange regieren dürfte, wenn er nur in die Fußstapfen seines Vaters tritt.

Ja, wir möchten geradezu wünschen, daß es so kommt, denn wir hassen die heuchlerischen, scheinliberalen Monarchen nicht weniger als die Despoten sans phrase, weil die ersteren die Kulturentwicklung vielleicht noch ärger hintenanzuhalten vermögen als die letzteren. Zudem muß das Verharren des neuen Zaren beim alten Regierungsprinzip sofort die Feinde desselben verdoppeln und verdreifachen, weil es in Rußland eine Menge Leute von jener Sorte gibt, die an die in allen Ländern und zu allen Zeiten üblich gewesene Kronprinzenlegende geglaubt hat, wonach der betreffende Thronfolger nur auf den Moment lauert, wo er ein ganzes Füllhorn voll Glückseligkeiten über das Volk zu ergießen vermag. Alle diese Schwärmer sind sofort bekehrt, wenn sie sehen, daß die neuen Ukase ebensosehr nach Juchten[4] riechen wie die alten.

Indessen, wie dem auch immer sein mag: Der Wurf war gut! Und wir hoffen, daß es nicht der letzte war.

Möge die kühne Tat, die – wir wiederholen es – unsere volle Sympathie hat, die Revolutionäre weit und breit mit neuem Mut beseelen. Gedenke jeder der Worte Herweghs[5]:

„Und wo es noch Tyrannen gibt,
Die laßt uns keck erfassen;
Wir haben lang genug geliebt,
Und wollen endlich hassen!"

---

4 Ukase = Erlässe/Juchte = Kalbsleder, meint: die neuen Erlässe sind mit Peitschenstrafen verbunden
5 Georg Herwegh (1817–1875) gehört mit seinen aufrüttelnden Versen zu den Wegbereitern der Revolution von 1848, in deren Verlauf er auch einzugreifen suchte.

Rosa Luxemburg
Terror kann die Gemüter des Proletariats befreien (1905)

Seit dem erfolgreichen Attentat auf den Zaren Alexander II. hat es in Rußland keinen terroristischen Akt von solcher politischen Resonanz gegeben wie die Tötung des Moskauer Bluthundes, des Sergius Romanow.[6] Und vom Standpunkte der moralischen Befriedigung, die jeder anständige und rechtlich denkende Mensch bei der befreienden Tat empfinden muß, steht das Attentat auf den Großfürsten Sergius auf derselben Stufe wie im vergangenen Jahre das Attentat auf Plehwe[7]. Es atmet sich förmlich leichter, die Luft scheint reiner, nachdem eine der abstoßendsten und beleidigendsten Bestien des absolutistischen Regimes ein so schnödes Ende gefunden hat und wie ein toller Hund auf dem Straßenpflaster verendet ist.

Diese Empfindungen sind so natürlich bei allen Kulturmenschen, daß die Tat in Moskau in unserer Presse allgemein und wie aus einem Munde als sittlicher Racheakt, als Vergeltungsakt aufgefaßt wurde. Aber mit der ganz selbstverständlichen Empfindung der moralischen Befriedigung ist die Bedeutung dieser wichtigen Erscheinung des revolutionären Kampfes in Rußland nicht erschöpft. Vielmehr muß die *politische Beurteilung* der neuesten terroristischen Tat von den unmittelbaren Eindrücken und Gefühlen ganz unabhängig bleiben.

Politisch betrachtet, muß vor allem der Terror in der gegenwärtigen Situation bedeutend *anders* ins Auge gefaßt werden als früher. Die eigentliche terroristische Bewegung, die den Terror als systematisches Mittel des politischen Kampfes predigte und betätigte, war geschichtlich aus dem *Pessimismus,* aus dem Unglauben an die *Möglichkeit* einer politischen Massenbewegung und einer wirklichen Volksrevolution in Rußland geboren. Der Terror als *System,* als eine naturgemäß nur von einzelnen Individuen aus der Mitte der Revolutionäre und gegen einzelne Individuen unter den Trägern des absolutistischen Regimes betätigte Kampfmethode, war in seinem Wesen als *Gegensatz* zum Massenkampf der Arbeiterklasse gedacht, ob sich die terroristischen Kämpfer dessen bewußt waren oder nicht, ob sie es zugeben oder sich darüber selbst hinwegtäuschen wollten.

Von diesem Standpunkte und aus diesem Grunde wurde auch die terroristische Taktik von der Sozialdemokratie seit jeher und namentlich in den letzten Jahren bekämpft, weil sie, so starke sittliche Befriedigung sie in jedem einzelnen Falle hervorrief, eher erschlaffend und paralysierend als aufrüttelnd auf die Arbeiterbewegung wirken mußte. Indem die wirksame Vergeltungsmethode der Terroristen unvermeidlich – besonders bei unklaren und schwankenden Elementen der revolutionären Bewegung – vage Hoffnungen und Erwartungen auf den wundertätigen unsichtbaren Arm des terroristischen „Rächers" wachrief, schwächte sie die erforderliche Einsicht in die absolute Notwendigkeit und einzig entscheidende Bedeutung der Volksbewegung, der *proletarischen Massenrevolution*.

Die Ereignisse des 22. Januars und der folgenden Wochen haben die Situation gründlich verändert. Das Proletariat ist bereits auf dem Kampfplatz erschienen, die Riesenmacht

---

6 Am 17. Februar 1905 wurde im Moskauer Kreml der Moskauer Generalgouverneur Großfürst Sergej Romanow von dem Sozialrevolutionär I. P. Kaljajew getötet.
7 Der Innenminister W. K. Plehwe war am 28. Juli 1904 Opfer eines Attentats des Sozialrevolutionärs J. S. Sasonow geworden.

der Volksrevolution hat sich bereits vor der ganzen Welt offenbart, und ihre Bedeutung kann kein terroristischer Erfolg mehr erschüttern. Freilich werden sich vielleicht auch diesmal politische Wetterfahnen finden, die wieder ihre ganze Begeisterung und ihre Hoffnungen der lauten, vernehmlichen und knappen Sprache der Bomben zuwenden und sich vielleicht einbilden werden, daß die Massenaktion im Zarenreich bereits ihre Rolle genügend gespielt habe, die *Realisierung* und *Liquidation* der revolutionären Periode aber dem terroristischen Zweikampf mit den Überresten des zerrütteten absolutistischen Regimes zukomme. Im großen und ganzen darf jedoch gehofft werden, daß so verkehrte Ansichten nur vereinzelt bleiben und die Sozialdemokratie sowohl in Rußland wie im Auslande von den Lehren der letzten Januarwoche nicht bloß vorübergehend, sondern *dauernd* zu profitieren verstehen wird.

Und diese Lehren gehen vor allem dahin, daß in Rußland *nur* die Volksrevolution und sie allein berufen ist, den Sturz des Zarismus zu vollziehen und die bürgerliche Freiheit zu realisieren. Daran können heute noch so erfolgreiche Attentate weniger als je etwas ändern. Damit ist freilich nicht gesagt, daß einzelne terroristische Akte nunmehr bedeutungslos oder nutzlos wären. Nicht darauf kommt es an, den Terror in den Himmel zu heben oder ihn zu verdammen, sondern seine richtige Rolle und ganz bestimmte Funktion in der gegenwärtigen Situation zu begreifen. Der Terror ist und kann heute, nach der bereits begonnenen Volksrevolution, nichts anderes als eine untergeordnete *Episode* des Kampfes sein. Und zwar dies in doppelter Hinsicht: sowohl *räumlich* als ein einzelner, wenn auch glänzend aufblitzender Schwertstreich auf dem großen Schlachtfelde des proletarischen Massenkampfes wie auch *zeitlich* als eine Erscheinung, die naturgemäß nur an eine bestimmte *Phase* der Revolution gebunden ist. Die terroristischen Akte haben nur so lange politischen Sinn und werden nur so lange sympathisches Echo in breiten Gesellschaftskreisen finden, bis der Absolutismus entschieden auf den Weg der Konzessionen getreten ist. Als Antwort auf brutale Versuche, mit Blut und Eisen die Revolution zu ersticken, wirken die terroristischen Anschläge auf die Gemüter befreiend. In dem Maße jedoch, wie der Absolutismus die Ohnmacht der Knute einsehen und in die Bahn, sei es auch schwächlicher und schwankender konstitutioneller Konzessionen einlenken wird, wird der Terror von selbst unvermeidlich an Boden und günstiger Atmosphäre verlieren. Seine Rolle wird bei Beginn dieser über kurz oder lang eintretenden zweiten Phase der Revolution ausgespielt sein. Die Revolution aber als Massenbewegung, als proletarische Erhebung wird damit durchaus noch nicht zu Ende sein. Im Gegenteil, erst dann beginnt der immer ausschließlichere proletarische Kampf, um die Liquidation des Absolutismus immer weiterzutreiben, um den Anteil der Arbeiterklasse an den politischen Freiheiten möglichst zu erweitern, um gegen den unvermeidlichen reaktionären Umschlag und Rückschlag der bürgerlich-demokratischen und liberalen Elemente nach dem ersten Sieg der freiheitlichen Bewegung zu reagieren. Kurz, die proletarische Revolution in Rußland hat vor sich noch alle Kämpfe und alle Phasen einer *Klassenerhebung,* bis sie den geschichtlichen Moment zu dem äußersten Punkt in der Richtung der eigenen Klasseninteressen vorwärts geschoben hat. Auf dem Fond und im Rahmen dieser großen Volksrevolution sind einzelne Akte des Terrors das, was einzelne aufzischende Feuergarben im gewaltigen Flammenmeer eines Waldbrandes sind. Die rächende Hand des Terroristen kann die Desorganisation und Demoralisation des Absolutismus hie und da beschleunigen. Den Absolutismus stürzen und die Freiheit verwirklichen kann – mit dem Terror oder ohne den Terror – nur der Massenarm der revolutionären Arbeiterklasse im Zarenreich.

Leo Trotzki
Über den Terror (1911)

Unsere Klassenfeinde pflegen sich über unseren Terrorismus zu beklagen. Was sie damit meinen, ist ziemlich unklar. Gern würden sie alle Aktivitäten des Proletariats, die gegen die Interessen des Klassenfeindes gerichtet sind, als Terrorismus abstempeln. In ihren Augen ist der Streik das Hauptmittel des Terrorismus. Die Drohung mit Streik, die Organisation von Streikposten, der ökonomische Boykott eines Sklaventreibers, der moralische Boykott eines Verräters aus unseren eigenen Reihen – dies alles und noch viel mehr nennen sie Terrorismus. Wenn Terrorismus verstanden wird als jede Aktion, die den Feind mit Schrecken erfüllt und ihm schadet, dann ist der gesamte Klassenkampf natürlich nichts anderes als Terrorismus. Und die einzige Frage bleibt, ob die bürgerlichen Politiker das Recht haben, kübelweise moralische Entrüstung über den proletarischen Terrorismus auszugießen, wenn ihr ganzer Staatsapparat mit seinen Gesetzen, seiner Polizei, seiner Armee nichts anderes als ein Apparat für kapitalistischen Terror ist!

Doch wenn sie uns Terrorismus vorwerfen, versuchen sie – wenngleich nicht immer bewußt – diesem Wort eine engere, bestimmtere Bedeutung zu geben. Die Beschädigung von Maschinen durch Arbeiter beispielsweise ist Terrorismus in diesem strengen Sinne des Wortes. Die Tötung eines Unternehmers, die Drohung, eine Fabrik anzustecken, die Bedrohung eines Besitzers mit dem Tod, ein Mordversuch mit dem Revolver in der Hand an einen Minister: all dies sind terroristische Akte im eigentlichen Sinn. Trotzdem: jeder, der eine Vorstellung von der wahren Natur der internationalen Sozialdemokratie hat, sollte wissen, daß sie immer diese Art von Terrorismus bekämpft hat, und zwar auf die unversöhnlichste Weise. Warum? „Terrorisieren" mit der Drohung eines Streiks, oder tatsächlich einen Streik führen, ist etwas, das nur Industrie- oder Landarbeiter können. Die soziale Bedeutung eines Streiks hängt erstens direkt ab von der Größe des Betriebes oder der Industriebranche, die er in Mitleidenschaft zieht; und zweitens, inwieweit die Arbeiter, die sich daran beteiligen, organisiert, diszipliniert und bereit zum Handeln sind. Dieses gilt sowohl für den politischen als auch für den ökonomischen Streik.

Er bleibt die Kampfmethode, die direkt aus der schöpferischen Rolle des Proletariats in der modernen Gesellschaft herrührt.

Um sich zu entwickeln, braucht das kapitalistische System einen parlamentarischen Überbau. Aber weil es das moderne Proletariat nicht in ein politisches Ghetto sperren kann, muß es früher oder später den Arbeitern erlauben, sich am Parlament zu beteiligen. In den Wahlen druckt sich der Massencharakter des Proletariats und sein Grad an politischer Entwicklung aus – Eigenschaften, die wiederum bestimmt sind von seiner sozialen, d. h. vor allem von seiner produktiven Rolle.

Wie in einem Streik, so hängt auch in Wahlen Methode, Ziel und Ergebnis des Kampfes immer von der sozialen Rolle und Stärke des Proletariats als Klasse ab.

Nur die Arbeiter können einen Streik durchführen. Handwerker, die von der Fabrik ruiniert sind, Kleinbauern, denen die Fabrik das Wasser vergiftet oder Lumpenproletarier auf der Suche nach Beute, können Maschinen zerschlagen, eine Fabrik in Brand setzen oder ihren Besitzer ermorden.

Nur die bewußte und organisierte Arbeiterklasse kann eine starke Vertretung in die

Parlamentsgebäude schicken, um für die proletarischen Interessen einzutreten. Um jedoch einen prominenten Staatsdiener zu ermorden, braucht man nicht die organisierten Massen hinter sich zu haben. Die Rezepte für Sprengstoffe sind allen zugänglich, und einen Browning kann man überall bekommen.

Im ersten Fall ist es ein sozialer Kampf, dessen Methoden und Mittel notwendigerweise aus der Natur der herrschenden sozialen Ordnung herrühren; im zweiten eine rein mechanische Reaktion, die überall gleich ist – in China wie in Frankreich – sehr auffällig in ihrer äußeren Form (Mord, Explosion usw.), aber vollkommen harmlos, was den Bestand der sozialen Ordnung angeht.

Ein Streik, sogar von mäßigem Umfang, hat soziale Konsequenzen: Stärkung des Selbstvertrauens der Arbeiter, Anwachsen der Gewerkschaften, und nicht selten sogar ein Fortschritt in der Produktionstechnik. Der Mord an einem Fabrikbesitzer bewirkt nur Folgen polizeilicher Natur, oder einen Wechsel der Besitzer, völlig ohne jede soziale Bedeutung. Ob ein terroristischer Anschlag, sogar ein „erfolgreicher", die herrschende Klasse in Verwirrung stürzt, hängt von den konkreten politischen Umständen ab. In jedem Fall kann die Verwirrung nur kurzlebig sein; der kapitalistische Staat selbst stützt sich nicht auf Minister und kann nicht mit ihnen beseitigt werden. Die Klassen, denen er nützt, werden immer neue Leute finden; der Mechanismus bleibt intakt und funktioniert weiter.

Aber die Verwirrung, die in die Reihen der arbeitenden Massen durch einen terroristischen Anschlag getragen wird, ist viel tiefer. Wenn es ausreicht, sich mit einer Pistole zu bewaffnen, um sein Ziel zu verwirklichen, warum dann die Anstrengungen des Klassenkampfes? Wenn ein bißchen Schießpulver und ein Klumpen Blei ausreicht, dem Feind ins Genick zu schießen, welche Notwendigkeit besteht dann für eine Klassenorganisation? Wenn es sinnvoll ist, eine hochgestellte Persönlichkeit mit dem Lärm von Explosionen zu erschrecken, wo bleibt dann die Notwendigkeit einer Partei? Warum Versammlungen, Massenagitation und Wahlen, wenn man so leicht von der Galerie des Parlaments auf die Ministerbank zielen kann?

Eben deswegen ist individueller Terror in unseren Augen unzulässig: denn er schmälert die Rolle der Massen in ihrem eigenen Bewußtsein, denn er söhnt sie mit ihrer eigenen Machtlosigkeit aus und richtet ihre Augen und Hoffnungen auf einen großen Rächer und Befreier, der eines Tages kommen wird und seine Mission vollendet. Die anarchistischen Propheten der „Propaganda der Tat" können soviel sie wollen über den fördernden und stimulierenden Einfluß von terroristischen Akten auf die Massen reden. Theoretische Überlegungen und politische Erfahrung zeigt anderes. Je „effektiver" Terrorakte sind, je größer ihre Auswirkung ist, desto mehr verringern sie das Interesse der Massen an Selbstorganisation und Selbsterziehung.

Aber der Rauch einer Explosion verzieht sich, die Panik verschwindet, der Nachfolger des ermordeten Ministers tritt in Erscheinung, das Leben verläuft wieder im alten Trott, das Rad der kapitalistischen Ausbeutung dreht sich wie zuvor; nur die Unterdrückung durch die Polizei wird grausamer und dreister. Und als Ergebnis kommen anstatt der erweckten Hoffnungen und der künstlich angestachelten Erregung Desillusion und Apathie.

Die Anstrengungen der Reaktion, Streiks und der massenhaften Bewegung der Arbeiter ein Ende zu setzen, haben immer und überall mit einem Mißerfolg geendet. Die kapitalistische Gesellschaft braucht ein aktives, bewegliches und intelligentes Proletariat; sie kann deshalb nicht für sehr lange dem Proletariat Hände und Füße binden. Andererseits hat die anarchistische „Propaganda der Tat" jedesmal gezeigt, daß der Staat viel reicher an physischen Zerstörungsmitteln und technischen Unterdrückungsmitteln ist als die anarchistischen Gruppen.

Wenn das so ist, was ist dann mit der Revolution? Ist sie bei diesem Stand der Dinge unmöglich? Keineswegs. Denn die Revolution ist nicht eine einfache Summe von mechanischen Mitteln. Die Revolution kann nur aus der Verschärfung des Klassenkampfes erwachsen, und eine Garantie für den Sieg kann sie nur in den sozialen Funktionen des Proletariats finden. Der politische Massenstreik, der bewaffnete Aufstand, die Eroberung der Staatsmacht – all dies wird bestimmt vom Grad der Entwicklung der Produktion, der Gruppierung der Klassenkämpfe, der sozialen Bedeutung des Proletariats und schließlich von der sozialen Zusammensetzung der Armee, seit die Streitkräfte in Zeiten der Revolution der Faktor sind, der das Schicksal der Staatsmacht bestimmt.

Die Sozialdemokratie ist realistisch genug, der Revolution, die sich aus der bestehenden historischen Lage entwickelt, nicht auszuweichen; im Gegenteil, sie strebt die Revolution mit vollem Bewußtsein an. Aber – im Gegensatz zu den Anarchisten und im direkten Kampf gegen sie – lehnt die Sozialdemokratie alle Methoden und Mittel ab, die zum Ziel haben, künstlich die Entwicklung der Gesellschaft voranzutreiben und chemische Präparate an die Stelle der ungenügenden revolutionären Stärke des Proletariats zu setzen.

Bevor er auf die Stufe einer Methode des politischen Kampfes gehoben wird, tritt der Terrorismus in Form von individuellen Racheakten in Erscheinung. So war es in Rußland, dem klassischen Land des Terrorismus. Das Auspeitschen von politischen Gefangenen veranlaßte Wera Sassulitsch[8], das allgemeine Gefühl der Empörung durch die Ermordung von General Trepow auszudrücken. Ihr Beispiel wurde nachgeahmt in den Kreisen der revolutionären Intelligenzija, denen jegliche Massenunterstützung fehlte. Was als ein Akt unbedachter Rache begann, entwickelte sich 1879-1881 zu einem ganzen System. Die Ausbrüche anarchistischer Mordanschläge in Westeuropa und Nordamerika folgten immer, wenn die Regierung eine Greueltat begangen hatte – Erschießung von Streikenden oder Hinrichtungen politischer Gegner. Die wichtigste psychologische Quelle des Terrorismus ist immer das Gefühl der Rache auf der Suche nach einem Ventil.

Es ist nicht notwendig, darauf herumzureiten, daß die Sozialdemokratie nichts gemein hat mit diesen gekauften und bezahlten Moralisten, die als Antwort auf jeden terroristischen Akt feierliche Deklamationen über den „absoluten Wert" des menschlichen Lebens abgeben. Das sind dieselben Leute, die bei anderer Gelegenheit im Namen von anderen absoluten Werten – z. B. der Ehre der Nation oder dem Ansehen der Monarchie – bereit sind, Millionen von Menschen in die Hölle des Krieges zu schicken. Heute ist ihr nationaler Held der Minister, der den Befehl gibt, auf unbewaffnete Arbeiter zu schießen – im Namen des allerheiligsten Rechtes auf privates Eigentum; und mor-

---

8 Am 24.1.1878 schoß Wera Sassulitsch auf den Petersburger Polizeichef General Trepow, der das Schlagen eines politischen Gefangenen befohlen hatte, weil dieser seine Mütze nicht abgenommen hatte, als der General vorbeikam. Sassulitsch wurde von einem Geschworenengericht freigesprochen.

gen, wenn die verzweifelte Hand eines Arbeitslosen sich zur Faust ballt oder eine Waffe aufnimmt, reden sie allen möglichen Unsinn über die Unzulässigkeit jeglicher Gewalt. Was die Eunuchen und Pharisäer der Moral auch immer sagen mögen, das Rachegefühl besteht zu Recht. Es ist das höchste moralische Verdienst der Arbeiterklasse, daß sie nicht mit untätiger Gleichgültigkeit auf das schaut, was in dieser besten aller möglichen Welten vor sich geht. Nicht die unerfüllten Rachegefühle des Proletariats zu ersticken, sondern sie im Gegenteil anzustacheln, zu vertiefen und sie gegen die wahren Ursachen aller Ungerechtigkeit und menschlicher Niedertracht zu richten – das ist die Aufgabe der Sozialdemokratie.

Wenn wir uns terroristischen Akten widersetzen, so nur deshalb, weil individuelle Rache uns nicht zufriedenstellt. Die Rechnung, die wir mit dem kapitalistischen System zu begleichen haben, ist zu umfangreich, um sie einigen Beamten, genannt Minister, zu überreichen. Lernen zu sehen, daß all die Verbrechen gegen die Menschlichkeit, alle Beleidigungen, denen der menschliche Körper und Geist ausgesetzt sind, entstellte Auswüchse und Äußerungen der bestehenden sozialen Ordnung sind, um unsere ganze Kraft auf einen gemeinsamen Kampf gegen dieses System zu richten, – das ist die Richtung, in der der brennende Wunsch nach Rache seine höchste moralische Befriedigung finden kann.

Gustav Landauer
Gewalt als Quelle von Despotie und Autorität (1901)

Ich stehe nicht an, es in aller Schärfe auszusprechen – und ich weiß, daß ich mit diesen Worten hüben noch drüben Dank ernten werde –: Die Attentatspolitik der Anarchisten geht zum Teil aus dem Bestreben einer kleinen Gruppe hervor, es den großen Parteien gleich zu tun. Es steckt Renommiersucht darin. Wir machen auch Politik, sagen sie; wir sind nicht etwa untätig; man muß mit uns rechnen. Die Anarchisten sind mir nicht anarchisch genug; sie sind noch immer eine politische Partei, ja, sie treiben sogar ganz primitive Reformpolitik; das Töten von Menschen hat von je her zu den naiven Besserungsversuchen der Primitiven gehört (...). Wenn die amerikanischen Machthaber jetzt, ohne Rücksicht auf Rechte und Gesetze, einige ganz unbeteiligte Anarchisten aufhängen ließen, so handelten sie genau so anarchistisch wie irgendein Attentäter, – und vielleicht, eben so wie dieser, aus Idealismus. Denn nur Dogmatiker können leugnen wollen, daß es glühende und aufrichtige Staatsidealisten gibt. Die Anarchisten freilich in ihrer Mehrzahl sind Dogmatiker; sie werden schreien, daß ich, der ich mir auch heute noch das Recht beimesse, meiner Weltanschauung den Namen der Anarchie zu geben, so ohne weiteres meine Wahrheit ausspreche; sie sind auch Opportunisten und werden finden, gerade jetzt sei nicht die Stunde zu solcher Aussprache. Ich aber finde: Jetzt gerade ist der Moment.

Auch das ist freilich so ein Dogma der Anarchisten, daß sie etwa sagen: Alle Tage werden soundso viele Arbeiter, soundso viele Soldaten, soundso viele Tuberkulöse von unseren mörderischen Zuständen ums Leben gebracht; was soll das Geschrei? McKinnley (amerikanischer Präsident, 1901 von einem Anarchisten umgebracht) zählt nicht mehr als einer von ihnen. Mit Verlaub! Auch da werde ich meinen Anarchisten gar zu anarchisch sein: mich hat der Tod McKinleys mehr, weit mehr erschüttert als der eines Dachdeckers, der in Folge eines schlecht gebauten Gerüsts vom Dach gefallen wäre. Es ist altmodisch, ich gebe es gern zu; aber wenn ein Mensch, mit dem Schein der Machtfülle umgeben, harmlos und mit gutem Gewissen, von einem Mitmenschen, dem er die Hand hinstreckt, erschossen wird, wenn dann die Augen von Millionen seinem Sterbelager sich zuwenden, dann steckt darin für mich echte Tragik, die diesen Menschen, der vielleicht nur ein mäßiger Kopf und ein wenig edler Mensch gewesen ist, verklärt. Gern aber füge ich hinzu, daß ebenso auch der Attentäter meinem Herzen nähersteht als der unglückliche Kerl, der das Gerüst schlecht gezimmert hatte. Es will etwas heißen, so mit dem Leben fertig zu sein.

Es ist hier nicht meine Absicht, mich in die Psychologie der modernen Attentäter zu versenken. Sie sind vielleicht weniger Helden oder Märtyrer als eine neue Art von Selbstmördern zu nennen. Für einen Menschen, der an nichts glaubt als an dieses Leben und den dieses Leben bitter enttäuscht hat, der erfüllt ist von kaltem Haß gegen die Zustände, die ihn zu Grunde gerichtet haben und die ihm unerträglich zu gewahren sind, kann es ein dämonisch verführerischer Gedanke sein, noch einen von denen da oben mitzunehmen und sich auf dem Umweg über die Gerichte und vor den Augen der Welt demonstrativ ums Leben zu bringen. Und mindestens ebenso verführerisch ist der Gedanke, der tausendfach variiert in der anarchistischen Literatur widerkehrt: der autoritären Gewalt die freie Gewalt, die Rebellion des Individuums entgegenzusetzen.

Das ist der Grundirrtum der revolutionären Anarchisten, den ich lange genug mit ihnen geteilt habe, daß sie glauben: das Ideal der Gewaltlosigkeit mit Gewalt erreichen zu können. Sie wenden sich mit Heftigkeit gegen die „revolutionäre Diktatur", die Marx und Engels in ihrem kommunistischen Manifest als ein kurzes Übergangsstadium nach der großen Revolution vorgesehen hatten. Das sind Selbsttäuschungen; jede Gewaltausübung ist Diktatur, sofern sie nicht freiwillig ertragen, von den befehligten Massen anerkannt ist. In diesem Fall aber handelt es sich um autoritäre Gewalt. Jede Gewalt ist entweder Despotie oder Autorität.

Die Anarchisten müßten einsehen: ein Ziel läßt sich nur erreichen, wenn das Mittel schon in der Farbe dieses Zieles gefärbt ist. Nie kommt man durch Gewalt zur Gewaltlosigkeit. die Anarchie ist da, wo Anarchisten sind, wirkliche Anarchisten, solche Menschen, die keine Gewalt mehr üben. Ich sage damit wahrhaftig nichts Neues; es ist dasselbe, was uns Tolstoi schon lange gesagt hat. Als der König von Italien von Bresci umgebracht worden war, veröffentlichte Tolstoi einen wundervollen Artikel, der in den Worten gipfelte: Man soll den Fürsten nicht töten, sondern ihnen klarmachen, daß sie nicht selbst töten dürfen. Der Wortlaut war noch schärfer und der Artikel enthielt so wuchtige Streiche gegen die Machthaber, daß ihn anarchistische Blätter zum Abdruck brachten; auch diese Stellen wurden, ich möchte sagen: gemütlich oder nonchalant, abgedruckt, aber, wie eine Marotte, nicht weiter beachtet.

Die Anarchisten werden einwenden: Wenn wir Gewaltlose sind, lassen wir uns alle Beraubung und Unterdrückung gefallen; dann sind wir nicht Freie, sondern Sklaven; Wir wollen nicht die Gewaltlosigkeit einzelner Individuen, sondern den Zustand der Gewaltlosigkeit; wir wollen die Anarchie, aber zuerst müssen wir zurückerhalten oder nehmen, was uns geraubt oder vorenthalten wird. Das ist wieder so ein Grundirrtum: daß man den Anarchismus der Welt bringen könne oder müsse; daß die Anarchie eine Menschheitssache sei; daß zuerst die große Abrechnung käme und dann das Tausendjährige Reich. Wer der Welt die Freiheit bringen will – das heißt eben doch: seine Auffassung von Freiheit –, ist ein Despot, aber kein Anarchist. Niemals wird die Anarchie eine Sache der Massen sein, nie wird sie auf dem Wege der Invasion oder der bewaffneten Erhebung zur Welt kommen. Und ebensowenig wird das Ideal des föderalistischen Sozialismus dadurch zu erreichen sein, daß man abwartet, bis das bereits aufgestapelte Kapital und der Bodenbesitz in die Hände des Volkes kommt. Die Anarchie ist nicht die Sache der Zukunft, sondern der Gegenwart; nicht der Forderungen, sondern des Lebens. Nicht um die Nationalisation der Errungenschaften der Vergangenheit kann es sich handeln, sondern um ein neues Volk, das sich aus kleinen Anfängen heraus durch Innenkolonisation, mitten unter den anderen Völkern, da und dort in neuen Gemeinschaften bildet. Nicht um den Klassenkampf der Besitzlosen gegen die Besitzenden schließlich handelt es sich, sondern darum, daß sich freie, innerlich gefestigte und in sich beherrschte Naturen aus den Massen loslösen und zu neuen Gebilden vereinigen. Die alten Gegensätze vom Zerstören und Aufbauen fangen an, ihren Sinn zu verlieren: es handelt sich um Formen des nie Gewesenen.

Wenn die Anarchisten wüßten, wie nah ihre Gedanken an den tiefsten Grund des

Menschenwesens rühren und wie unsagbar weit sie abführen von dem Getriebe des Massenmenschen, dann würden sie schaudernd erkennen, welcher Abstand gähnt zwischen ihrem Handeln, ihrem oberflächlichen Benehmen und den Abgründen ihrer Weltanschauung, dann würden sie einsehen: es ist zu alltäglich und zu gewöhnlich für einen Anarchisten, McKinley zu töten oder derlei überflüssige Posen und Tragödien aufzuführen. Wer tötet, der geht in den Tod. Die das Leben schaffen wollen, müssen Neulebendige und von innen her Wiedergeborene sein.

Ich müßte um Entschuldigung bitten, daß ich auf einem neutralen Boden „Propaganda für den Anarchismus" mache, wenn ich nicht überzeugt wäre, daß, was ich hier, aber ohne mich irgend an das Wort zu binden Anarchie nenne, eine Grundstimmung ist, die in jedem über Welt und Seele nachdenkenden Menschen zu finden ist. Ich meine den Drang, sich noch einmal zur Welt zu bringen, sein eigenes Wesen neu zu formen und danach die Umgebung, seine Welt, zu gestalten, so weit man ihrer mächtig ist. Dieser höchste Moment müßte für jeden kommen: wo er, um mit Nietzsche zu sprechen, das ursprüngliche Chaos in sich schafft, wo er wie ein Zuschauer das Drama seiner Triebe und seiner dringendsten Innerlichkeiten vor sich aufführen läßt, um dann festzustellen, welche seiner vielen Personen in ihm herrschen soll, was das Eigene ist wodurch er sich von den Traditionen und Erbschaften der Vorfahrenwelt unterscheidet, was die Welt ihm, was er der Welt sein soll. Das nenne ich einen Anarchisten, der den Willen hat, nicht doppeltes Spiel vor sich selber aufzuführen, der sich so wie einen frischen Teig in entscheidender Lebenskrise geknetet hat, daß er in sich selber Bescheid weiß und so handeln kann, wie sein geheimstes Wesen ihn heißt. Der ist für mich ein Herrenloser, ein Freier, ein Eigener, ein Anarchist, wer seiner Herr ist, wer den Trieb festgestellt hat, der er sein will und der sein Leben ist. Der Weg zum Himmel ist schmal, der Weg zu einer neueren, höheren Form der Menschengesellschaft führt durch das dunkle, verhangene Tor unserer Instinkte und der terra abscondita unserer Seele, die unsere Welt ist. Nur von innen heraus kann die Welt geformt werden. Dies Land und diese reiche Welt finden wir, wenn wir durch Chaos und Anarchie, durch unerhörtes, stilles und abgründliches Erleben einen neuen Menschen entdecken; jeder in sich selbst. Dann wird es Anarchisten geben und Anarchie, da und dort, Einzelne, Zerstreute; sie werden einander finden; sie werden nichts töten als sich selbst in dem mystischen Tod, der durch tiefste Versunkenheit zur Wiedergeburt führt; sie werden von sich mit Hoffmannsthals Worten sagen können: „So völlig wie den Boden untern Füßen hab' ich Gemeines von mir abgetan." Wer erst durch seinen eigenen Menschen hindurchgekrochen ist und tief im eigenen lebendigen Blut gewatet hat: Der hilft die neue Welt schaffen, ohne in fremdes Leben einzugreifen.

Man würde mich sehr falsch verstehen, wenn man glaubte, ich predige Quietismus oder Resignation, Verzicht auf Aktion und auf Wirken nach außen. O nein! Man tue sich zusammen, man wirke für Munizipalsozialismus, auch für Siedlung- oder Konsum- oder Wohnungsgenossenschaften; man gründe öffentliche Gärten und Bibliotheken, man verlasse die Städte, man arbeite mit Spaten und Schaufel, man vereinfache all sein äußeres Leben, um Raum für den Luxus des Geistes zu gewinnen; man organisiere und kläre auf; wirke für neue Schulen und die Eroberung der Kinder; all das erobert doch nur das Ewiggestrige, wenn es nicht in neuem Geiste und aus neu erobertem Binnenland heraus geschieht. Wir alle warten auf Großes und Unerhörtes, all unsere Kunst ist voll voll von zitternder und leiser Ahnung von etwas, das sich vorbereitet: aus unserem Wesen heraus wird es kommen, wenn wir das Unbekannte, Unbewußte heraufzwingen in unseren Geist, wenn unser Geist sich selbst vergißt im Elemente des ungeistig Psychischen, daß in unseren Höhlen auf uns wartet, wenn wir neu werden; dann wird die geahnte Welt werden, die die äußere Entwicklung nie bringen wird. Die große Zeit wird den Menschen kommen, die nicht nur Zustände und Einrichtungen, sondern sich selbst nicht mehr ertragen. Nicht andere umbringen, sondern sich selbst: Das wird das Kennzeichen des Menschen sein, der sein eigenes Chaos schafft, um sein Urältestes und Bestes zu finden und mit der Welt so mystisch eins werden, daß, was er in der Welt wirkt, aus einer unbekannten Welt in ihn hineingeflossen zu sein scheint. Wer die verflossene Welt in sich zum Leben, zu individuellem Leben erweckt, wer sich selbst als Strahl der Welt fühlt, nicht als Fremder: Der kommt, er weiß nicht woher, der geht, er weiß nicht wohin, dem wird die Welt sein wie er selbst. Die werden leben untereinander als gemeinsame, als Zusammengehörige. Da wird Anarchie sein. Das ist ein weites Ziel; aber es ist nun schon so gekommen, daß uns das Leben unfaßbar ist, wenn nicht Unglaublichem zuzusteuern uns vorzunehmen. Das Leben ist uns nichts und nichtig, wenn es uns nicht ein Meer ist, ein Unendliches, das uns Ewigkeiten verheißt. Was Reformen, was Politik, Revolution! Es ist doch immer das nämliche. Was Anarchismus! Was die Anarchisten uns als ideale Gesellschaft aufzeichnen, ist viel zu vernünftig, viel zu sehr mit dem bloß Gegebenem rechnend, als daß es je Wirklichkeit werden könnte und sollte. Nur wer mit Unbekanntem rechnet, rechnet richtig. Denn das Leben und der eigentliche Mensch in uns, sie sind uns unbenannt und unbekannt. Nicht fernerhin Krieg und Mord, sondern Wiedergeburt (…).

Auch die Anarchisten sind bisher gar zu sehr Systematiker und in feste, enge Begriffe eingeschnürte gewesen; und das ist schließlich die letzte Antwort auf die Frage, warum Anarchisten im Menschentöten etwas Wertvolles erblicken. Sie haben sich angewöhnt, gar nicht mehr mit Menschen zu tun zu haben, sondern mit Begriffen. Es gibt zwei feste, getrennte Klassen für sie, die einander feindlich gegenüberstehen; sie töteten nicht Menschen, sondern den Begriff des Ausbeuters, des Unterdrückers, des Staatsrepräsentanten. So ist es gekommen, daß die gerade, die im Privatleben und Empfinden oft die Menschlichsten sind, im öffentlichen Treiben der Unmenschlichkeit sich hingeben. Ihr Empfindungsleben ist dann ausgeschaltet; sie handeln als denkende Wesen, die, ähnlich wie Robespierre der Göttin der Vernunft, der scheidenden und urteilenden untertan sind. Aus den Urteilen der kalten, innerlich unwissenden, unlebendigen, lebensfeindlichen Logik sind die kalten Todesurteile zu erklären, die von den Anarchisten gefällt werden. Die Anarchie ist aber nichts so Nahes, Kaltes, Deutliches, wie die Anarchisten gewähnt hatten; wenn die Anarchie ihnen zum dunklen, tiefen Traum wird, statt eine begrifflich erreichbare Welt zu sein, wird ihr Ethos und ihr Handeln von einerlei Art werden.

Erich Mühsam
Sabotage und Attentate (1932)

Die Behauptung, die Anarchisten verneinten den politischen Kampf überhaupt, ist eine törichte, durch nichts gerechtfertigte Unterstellung. Politik ist Beschäftigung mit den öffentlichen Dingen. Der Vorsatz, die öffentlichen Dinge zu ändern, ist also allein schon und erst recht in Verbindung mit der planmäßigen Verfolgung dieses Vorsatzes, Bestandteil der Politik. Es handelt sich hier um eine marxistische Verdächtigung, um den Anarchismus wegen seiner Ablehnung einer Politik, die den Sozialismus auf dem Wege der Teilnahme an der Verwaltung des Staates herbeiführen möchte, als unkämpferisch oder kampfunfähig erscheinen zu lassen. Die anarchistische Formel für den politischen Kampf war von jeher: Ablehnung jeder Politik, die nicht unmittelbar und direkt die Befreiung der Arbeiterklasse zum Ziele hat. Damit ist klar ausgedrückt, daß gerade die marxistische Politik der parlamentarischen Tätigkeit in den vom Kapital eingerichteten staatlichen Machtorganen von den Anarchisten als kampfhemmend angesehen wird, da sie nicht nur die Abgeordneten von ihrer Klasse loslöst und zur Oberschicht macht, sondern noch dazu den staatlichen Verwaltungsorganen den belebenden Auftrieb einer Opposition schafft, keinerlei Nutzen für das werktätige Volk im Sinne sozialistischer Förderung bewirken kann und die Proletariermassen mit der Einbildung füttert, die Übertragung ihrer Initiative auf mit weitreichenden Vollmachten versehene Vertreter ersetze den notwendigen selbstverantwortlichen Kampf der Arbeiterklasse selbst. Gar nicht davon zu reden, daß die Abordnung von Parlamentariern, Regierungsorganen, Stadträten, Staatsbeamten die Autorität jeder zentralen Obrigkeit befestigt und den Machtgedanken im Proletariat ungeheuer stärkt. Die Anarchisten verweigern dem Staat jede Art Hilfe. Ihre Politik erschöpft sich im Einsatz jedes einzelnen Individuums und aller autoritätsfeindlichen Vereinigungen zum unmittelbaren, auf das Ziel gerichteten Kampf gegen den Staat, gegen die staatlichen Einrichtungen und gegen alle zentralen Machtgebilde.

Damit beschränkt der Anarchismus nicht etwa seine Kampfmittel; er scheidet nur aus ihnen die Waffen aus, die er als stumpf erkannt hat. Die sich aus der anarchistischen Weltanschauung von selbst empfehlende Kampfesweise ist die des unmittelbaren Eingreifens. Da die Macht des Kapitalismus in der Produktionsweise und den Eigentumsrechten der bestehenden Gesellschaft gipfelt, bevorzugt die anarchistische Lehre den politischen Kampf in wirtschaftlichen Formen. Der vereinigte Wille der Menschen, deren Hände die Hebel der Maschinen bewegen, ist imstande den gesamten kapitalistischen Apparat stillzulegen. Der Streik, die Unmöglichmachung der Arbeit (Sabotage), der passive Widerstand durch übertrieben genaue Beobachtung der Betriebsvorschriften, durch Behinderung von Streikbrechern, durch absichtliche Pfuscharbeit, die Sperre (Boykott) für gewisse Waren sind Methoden der sogenannten direkten Aktion, alles Maßnahmen, die an den Opferwillen und die Entschlußkraft des einzelnen hohe Anforderungen stellen. Der Anarchismus schließt kein Kampfmittel aus, das der Persönlichkeit des Kämpfenden die Aufgabe stellt, unmittelbar einzugreifen oder seine Mitwirkung an gemeinschädlichen Maßnahmen, an unsozialen Arbeiten, an herausfordernden Zumutungen unter Einsatz seiner Person zu verweigern. So sollte kein Anarchist an staatlichen Kriegen teilnehmen, die stets für kapitalistische Zwecke von Proletariern gegeneinander ausgekämpft werden und die nicht nur alle Grundsätze des gleichen Rechtes, der gegenseitigen Hilfe und der Freiwilligkeit verhöhnen, die selbstverständlichen Empfindungen der Menschlichkeit und jedes sittlichen Anstandes schänden, und die internationale Zusammengehörigkeit der Ausgebeuteten an die nationalen Interessen der international versippten Ausbeuter verraten, sondern mehr als alles andere dazu beitragen, den Machtgedanken und damit den Glauben an die himmlische und irdische Autorität, die Herren- und Sklaveninstinkte derer, die beherrscht werden sollen, ins Triebleben der entwürdigten Menschheit einzupflanzen.

Es braucht nicht im einzelnen aufgezählt zu werden, wo alles sich Möglichkeiten bieten, mit dem Mittel des unmittelbaren Eingreifens selbstverantwortlich und in gegenseitiger Hilfe den Lauf der öffentlichen Dinge im Sinne der Freiheit zu beeinflussen. Arbeitsverweigerung beim Bau von Kriegsschiffen, Kasernen, Zuchthäusern, Justizgebäuden, bei der Herstellung von Kriegswaffen, Polizeimunition, arbeiterfeindlichen Zeitungslügen, dies und tausend andere Arten der Selbsthilfe im politischen Kampfe gibt es, die dann angewendet werden können, wenn Entschlußkraft des Einzelnen, verbundener Wille, Einsicht und Opferbereitschaft groß genug sind. Bei der Anwendung der Kampfmittel des persönlichen Eingreifens kann die Frage, ob sich Anarchisten an den Tageskämpfen um Lohn und Arbeitszeit beteiligen sollen, ganz ausscheiden. Der Verfasser dieser Schrift teilt mit einer großen Zahl Anarchisten die Ansicht, daß das Einsetzen der eigenen Kraft eines Arbeiters für bessere Bezahlung bei verkürzter Leistung mit der Forderung, nur Kämpfe zu führen, die unmittelbar auf Befreiung gerichtet sind, in keinem Widerspruch steht. Der Bestand der kapitalistischen Wirtschaft wird durch Forderungen der Arbeiter, die nur fürs tägliche Brot geführt werden, nicht gestärkt, wie die Staatsmacht durch Teilnahme von Arbeiterparteien am Parlamentarismus gestärkt wird. Dagegen hebt jeder Streik das Selbstgefühl des Teilnehmers, vertieft das Gefühl kämpferischer Zusammengehörigkeit der Kameraden und erleichtert beim Erfolge die äußere Lebensführung des Arbeiters, wodurch nur Schwächlinge tatfaul, freie und starke Naturen aber beschwingt werden. Der Klassenkampf ist ein vom Kapitalismus geschaffener Zustand; die Weigerung der Arbeiter, sich innerhalb der gegebenen Verhältnisse an diesem Kampf auch dann zu beteiligen, wenn dadurch unmittelbare revolutionäre Erfolge nicht erzielt werden können, hieße, dem Feinde den Rücken widerstandslos hinhalten, ihn allein den Klassenkampf führen lassen und dadurch die eigene Kraft für den Augenblick schwächen, wo der Zustand des Klassenkampfs in entscheidende Auseinandersetzung übergehen könnte.

Die anarchistische Lehre schreibt keine Kampfmethode vor und lehnt keine ab, die mit Selbstbestimmung und Freiwilligkeit in Einklang steht. So ist bei gewaltsamen Aufständen der Wille des einzelnen allein ausschlaggebend für die Art seiner Mitwirkung, auch dafür, ob und wie weit er sich in Kampfverbände eingliedern mag, deren Taktik in mancher Hinsicht von freiheitlichen Gesichtspunkten aus angreifbar ist. Es liegt nicht im Charakter eines jeden Menschen, bei großen Geschehnissen prüfend und nörgelnd abseits zu stehen, wenn nicht alles nach seinen Wünschen geschieht und lieber gar nichts zu tun, als einem Kampfe beizustehen, der nicht überall vom rechten Geist erleuchtet ist. Noch immer, wo revolutionäre Kämpfe geführt wurden, waren die Anarchisten erfreulicherweise fast ausnahmslos dabei, an der Seite der Arbeiter, die zentralistischen

Einflüssen unterstanden und autoritär mißleitet wurden. Hier entschied das soziale Zugehörigkeitsgefühl, das Bewußtsein der Gegenseitigkeitsverpflichtung aller Ausgebeuteten, der unbezähmbare Kampfwille, der es nicht erträgt, andere gegen den gemeinsamen Feind allein zu lassen und vor allem der Wunsch, den Mut, die Aufopferung, die Leidenschaft, die da, wenn auch vielleicht mit schiefer Zielsetzung, Herrliches leistete, mit freiheitlichem Schwung zu beseelen. Mag bei solchem Wollen mancher Anarchist ziemlich weit aus seiner eigenen Bahn geraten sein, er hätte an der anarchistischen Idee erst dann Verrat geübt, wenn er die Kämpfer mit schulmeisterlichen Ordnungsrufen im Kampfe behindert hätte. Die Freiheit ist kein mustergeschütztes Gut mit ringsum abgemessenen und abgewogenen Eigenschaften. Die Freiheit ist ein geistiger Lebenswert, der überall Zugang finden kann, wo Kraft in Bewegung gekommen ist. Aufgabe der Anarchisten ist, der Freiheit den Zugang zu schaffen, wo Menschen im Kampf stehen.

Gewalt

Von derselben Seite, die den Anarchisten die Enge ihres politischen Tätigkeitsfeldes glaubt zum Vorwurf machen zu sollen, weil sie die Vergeudung von proletarischen Kampfkräften in Stimmzettelhäufung als klassenkampfwidrig angreifen, wird ihnen eine bestimmte, in der Vergangenheit vielfach von Anarchisten angewendete Form des unmittelbaren Zufassens verübelt. Die gewaltsame Einzeltat, erklären die Marxisten, sei verwerflich, weil sie das planvolle Handeln der Massen im revolutionären Kampfe durchkreuze und infolgedessen den gegenrevolutionären Kräften willkommene Vorwände zu Vergeltungsmaßregeln liefere, so daß also die ganze Klasse nur das Unternehmen eines einzelnen büßen müsse. Der Grund für diese Verurteilung individueller Tötungen, Brandlegungen, Enteignungen und ähnlicher Taten aus politischer Überzeugung ist sehr durchsichtig. Sie fließt durchaus nicht aus moralischen Bedenken, denen in der marxistischen Denkweise ja allenthalben nur eine sehr untergeordnete Rolle zukommt; auch wird von diesen Bekämpfern des individuellen Schreckens der Massenschrecken als politisches Kampfmittel ausdrücklich gebilligt. Es ist die Feindschaft autoritärer Zentralisten gegen jede selbstverantwortliche Regung einer nach eigenen Überlegungen handelnden Persönlichkeit, die sogar die Aufopferung des Lebens im Dienste der revolutionären Idee mißbilligt, wenn die Tat nicht von einer zentralen Obrigkeit beschlossen, befohlen und beaufsichtigt wird. Jedes Heraustreten eines einzelnen Menschen im Kampfe bedeutet eine vom Standpunkt des Herren-, Priester-, Vater- oder Zentrale-Denkens schädliche Minderung der beglaubigten Macht, bedeutet den Beweis, daß wirksame Taten auch auszuführen sind, wenn sie nicht von oben her gelenkt und berechnet sind. So blöde die Meinung ist, die individuelle Gewalt sei ein ausschließlich anarchistisches Werbemittel – in der neueren Zeit sind politische Morde fast nur von Nationalisten begangen worden –, ebenso blöde ist die Ansicht, sie könne im Klassenkampf keine Stätte haben oder die Anarchisten hätten Anlaß, sich von den Gewalttätern aus ihren Reihen abzugrenzen. Hier entscheidet vollständig selbständig die Persönlichkeit über die Tat, und kommt die Persönlichkeit aus anarchistischer Überzeugung zum Beschluß und zur Ausführung, so unterliegt das Geschehen selbstverständlich der Beurteilung nach Zweckmäßigkeit und Erfolg, aber niemals der

Verurteilung aus der Klassenkampfgesinnung heraus. Die anarchistische Freiheitslehre stellt das Recht der Persönlichkeit viel zu hoch, als daß sie es da, wo eine beleidigte Natur ihrem Gefühl den Ausdruck der Vergeltung gibt, wo ein freiheitlich gesinnter Mensch der Werbung, der Warnung, der Einschüchterung, des Trotzes wegen oder um ein Kampfzeichen zu geben mit einer aufschreckenden Tat vor die Welt tritt, verleugnen sollte. In dieser Betonung der Persönlichkeit liegt zugleich die heftige Zurückweisung der marxistischen Auffassung, Gewalttätigkeit werde dadurch gerechtfertigt, daß sie auf zentrale Weisung geübt werde. Gerade dann entsteht mechanische Gewalt, die Hand, die sie ausführt, ist bloßes Werkzeug, der Mensch, der sie begeht, bloßes Vollzugsorgan. Nur die Tat aber ist nach anarchistischer Denkart sittlich zu verantworten, die aus freiem Willen des Täters, nach der Erwägung im eigenen Hirn, aus der eigenen ernsthaft überprüften Überzeugung und unter Einsatz des eigenen Lebens dessen, der sie beschlossen hat, mit dem Bewußtsein unternommen wird, ein Werk gegenseitiger Hilfe, ein Werk brüderlicher Pflicht, ein Werk im Dienste der Idee und der Klasse zu verrichten. Ob es sich dabei um die Tat eines einzelnen, um die Verschwörung Verbündeter oder um eine Massenunternehmung handelt, macht dann keinen Unterschied, wenn jeder Mittäter Herr des eigenen Handelns bleibt, nur tut, was er selbst überlegt und wozu er sich aus seinem sozialen Gewissen heraus entschlossen hat, und die ganze Persönlichkeit freiwillig und ohne Untertanengehorsam und Machtfurcht für die gemeinsame Sache einsetzt.

Kapitel III:
„Roter Terror" und die Verteidigung der Revolution

Karl Kautsky
Bolschewistischer Terrorismus (1919)

Die hier dargestellte Entwicklung entsprang natürlich nicht dem Wollen der Bolschewiki. Im Gegenteil, sie war etwas ganz anderes, als sie gewollt hatten, und sie suchten sich auch mit allen Mitteln dagegen zu wehren, die aber alle schließlich auf dasselbe Rezept hinausliefen, mit dem das bolschewistische Regime von Anfang an gearbeitet hatte, auf Gewalt, auf die willkürliche Gewalt einiger Diktatoren, denen gegenüber selbst die leiseste Kritik unmöglich gemacht wurde. Das Schreckensregiment wurde die unvermeidliche Folge der kommunistischen Methoden. Es ist der verzweifelte Versuch, deren Konsequenzen abzuwehren.

Unter den Erscheinungen, die der Bolschewismus gezeigt hat, ist der Terrorismus, der mit der Aufhebung jeglicher Pressefreiheit beginnt und in einem System der Massenerschießungen gipfelt, wohl die auffallendste und abstoßendste, diejenige, die den größten Haß gegen die Bolschewiki hervorruft. Und doch ist sie nur ihr tragisches Verhängnis, nicht ihre Schuld, soweit man bei einer so gewaltigen historischen Massenerscheinung überhaupt von einem Verschulden reden darf, das ja im Grunde genommen stets nur eine persönliche sein kann. Wer eine Schuldfrage erörtern will, hat die Übertretung moralischer Gebote durch *einzelne Personen* zu untersuchen, wie ja auch der Wille, genau genommen, stets nur der einzelner Personen sein kann. Eine Masse, Klasse, Nation kann in Wirklichkeit nicht wollen, es fehlt ihr das Organ dazu, sie kann also auch nicht sündigen. Eine Masse oder Organisation kann einheitlich *handeln,* jedoch die *Motive* jedes der Handelnden mögen sehr verschieden sein. Die Motive aber sind entscheidend für die moralische Schuld.

Die Motive der Bolschewiki waren sicher die besten. Sie zeigten sich beim Beginn ihrer Herrschaft auch ganz erfüllt von den Humanitätsidealen, die der Klassenlage des Proletariats entspringen. Ihr erstes Dekret verfügte die Aufhebung der Todesstrafe. Und doch, wenn man von einer Schuld bei ihnen reden will, fällt sie gerade in die Zeit dieses Dekrets, als sie sich entschlossen, um der Macht willen die Grundsätze der Demokratie und des historischen Materialismus preiszugeben, die sie jahrzehntelang unbeugsam verfochten hatten. Ihre Schuld fällt in die Zeit, als sie gleich den Bakunisten Spaniens aus dem Jahre 1873 die „sofortige vollständige Emanzipation der Arbeiterklasse" trotz der Rückständigkeit Rußlands proklamierten und zu diesem Zwecke, da die Demokratie „versagte", ihre eigene Diktatur unter der Firma der Diktatur des Proletariats aufrichteten.

Hier mag man ihre Schuld suchen. Sobald sie einmal diese Bahn betreten hatten, konnten sie dem Terrorismus nicht entgehen. Der Gedanke einer friedlichen wirklichen Diktatur ohne Gewalttat ist eine Illusion.

Die Werkzeuge des Terrorismus wurden die Revolutionstribunale und außerordentlichen Kommissionen (...). Die einen wie die andern haben furchtbar gehaust, ganz abgesehen von den militärischen Strafexpeditionen, deren Opfer nicht zu zählen sind. Die der außerordentlichen Kommissionen werden auch schwer jemals vollständig zu ermitteln sein. Sie gehen auf jeden Fall in die Tausende. Die geringste Angabe nennt eine Summe von 6000. Andere geben das doppelte, ja das dreifache an. Und dazu noch zahllose nach Willkür eingekerkerte, zu Tode mißhandelte und gefolterte Opfer.

Die Verteidiger des Bolschewismus berufen sich darauf, daß die Gegner, die weißen Garden der Finnen, die baltischen Barone, die gegenrevolutionären zaristischen Generäle und Admiräle es auch nicht besser machen. Aber bildet es eine Rechtfertigung des Diebstahls, daß andere stehlen?

Die andern aber verletzen nicht ihre Grundsätze, wenn sie Menschenleben willkürlich opfern, um sich an der Macht zu behaupten, die Bolschewiki dagegen können es nur tun, indem sie den Grundsätzen von der Heiligkeit des Menschenlebens untreu werden, die sie selbst verkündigt haben, durch die sie selbst erhoben und gerechtfertigt wurden. Bekämpfen wir alle diese Barone und Generäle nicht gerade deshalb, weil ihnen Menschenleben so wohlfeil waren, als bloßes Mittel für ihre eigenen Machtzwecke galten?

Freilich sagt man, eben der Zweck bilde den Unterschied. Der höhere Zweck heilige das Mittel, das in den Händen der Machthaber durch deren infame Zwecke ruchlos werde. Doch der Zweck heiligt nicht jedes Mittel, sondern nur solche, die in Einklang mit ihm stehen. Ein zweckwidriges Mittel wird durch den Zweck nicht geheiligt. So wenig man das Leben verteidigen soll durch Opferung dessen, das ihm Inhalt und Zweck gibt, ebensowenig darf man seine Grundsätze verfechten durch ihre Preisgabe. Die gute Absicht mag diejenigen entschuldigen, die verkehrte Mittel anwenden, diese Mittel selbst bleiben trotzdem verwerflich. Um so mehr, je größer der Schaden, den sie anrichten.

Aber nicht einmal der Zweck des bolschewistischen Terrorismus ist einwandsfrei. Seine nächste Aufgabe ist die, den militaristisch-bürokratischen Machtapparat am Ruder zu erhalten, den sie geschaffen haben. Allerdings soll das durch Bekämpfung der Korruption innerhalb dieses Apparats geschehen.

In der „Prawda" vom 1. April d. J. hatte Professor Dukelski gefordert, der Bolschewismus und die Regierungsinstitutionen sollten gesäubert werden von all den Mitläufern, Banditen und Abenteurern, die sich dem Kommunismus angeschlossen haben, um ihn für die eigenen verbrecherischen Ziele auszubeuten. Darauf entgegnete Lenin:

„Der Verfasser des Briefes verlangt, daß wir unsere Partei von den Abenteurern und Banditen säubern – eine ganz berechtigte Forderung, die wir schon längst aufgestellt haben und durchführen. Banditen und Abenteurer *erschießen wir und werden wir weiter erschießen*. Doch damit diese Säuberung schneller und gründlicher vor sich geht, brauchen wir die Hilfe der aufrichtigen und parteilosen Intelligenz."

Erschießen – das ist das A und O der kommunistischen Regierungsweisheit geworden. Doch fordert Lenin nicht die Intelligenz auf, im Kampfe gegen die Banditen und Abenteurer zu helfen? Allerdings, nur enthält er ihr das einzige Mittel vor, durch das sie helfen könnte: *die Pressefreiheit*. Die Kontrolle durch eine unbeschränkte Pressefreiheit allein vermag jene Banditen und Abenteurer im Zaume zu halten, die sich unvermeidlich an jede unbeschränkte, unkontrollierte Regierungsmacht herandrängen, ja oft durch das Fehlen der Pressefreiheit erst gezüchtet werden.

Doch die russische Presse ist heute ausschließlich in den Händen jener Regierungsinstitutionen, in denen die Abenteurer und Banditen drin sitzen. Und welche Garantie hat Lenin bei diesem Zustande, daß nicht die Abenteurer und Banditen auch in die Revolutionstribunale und außerordentlichen Kommissionen hineinkommen und mit ihrer Hilfe die „aufrichtige und parteilose Intelligenz" erschießen lassen, die ihnen sonst auf die schmutzigen Finger sehen könnte?

Gerade die außerordentlichen Kommissionen zur Bekämpfung der Korruption haben die absoluteste Machtvollkommenheit und sind völlig frei von jeder Kontrolle, arbeiten also am meisten unter Bedingungen, die die Korruption begünstigen. Das Revolutionstribunal von 1793 besaß auch schon ein unerhörtes Maß willkürlicher Gewalt. Die Rechtsgarantien der Angeklagten waren minimal. Aber immerhin verhandelte es öffentlich, so war doch einige Kontrolle seines Tuns möglich. Die außerordentlichen Kommissionen der Sowjetrepublik verhandeln geheim, ohne jegliche Rechtsgarantien für den Angeklagten. Es ist nicht einmal unbedingt notwendig, ihn selbst, geschweige seine Zeugen zu verhören. Eine bloße Denunziation, ein bloßer Verdacht genügt, ihn um die Ecke zu bringen.

Dieser Mißstand nahm solche Dimensionen an, daß seine Abschaffung verfügt wurde. Es wurde bestimmt, daß die Kommissionen nicht mehr Erschießungen ohne Untersuchung und Urteil vornehmen dürfen. Aber die Willkür ist so mit dem Wesen der Diktatur verquickt, daß sie nicht ohne diese aufzuheben ist. Die betreffende Bestimmung annulliert sich auch gleich selbst, indem sie eine Ausnahme zuläßt bei „offenbar gegenrevolutionären Verschwörungen". Damit ist natürlich jeder willkürlichen Erschießung das weiteste Tor geöffnet. Wird aber die Bestimmung genau innegehalten, so schützt sie bloß die Räuber und Banditen, nicht aber die „aufrichtige und parteilose Intelligenz", durch deren Auftreten die Regierungsinstitutionen gesäubert werden sollen. Denn was ist eine solche Säuberung anderes als eine „Gegenrevolution"?

Die leisesten Äußerungen von Unzufriedenheit werden mit derselben Strenge bedroht wie das Banditentum. Und diese Androhung wird nicht durch Gegenwirkungen durchkreuzt, denn sie betrifft ein Gebiet, auf dem die ehrlichen Kommunisten und die Banditen das gleiche Interesse haben. Der Kritik am Sowjetregime gegenüber wirken sie einmütig zusammen, da ist von Milderung keine Rede (…).

Also weil sich im Heere Anzeichen von Zersetzung bemerkbar machen, unter den Industriearbeitern und den Eisenbahnern die Unzufriedenheit wächst, werden die führenden Elemente der nichtbolschewistischen Sozialisten In Haft genommen, um bei dem geringsten Anzeichen weiterer proletarischer Opposition ohne weiteres erschossen zu werden.

Die Niederhaltung des unzufriedenen Proletariats — das ist der erhabene Zweck, den heute das verruchte Mittel des Massenmordes in Rußland heiligen soll. Es vermag nicht den ökonomischen Mißerfolg zu einem Erfolg zu gestalten.

Es kann nur bewirken, daß der Fall des Bolschewismus von den Massen Rußlands nicht in gleicher Weise aufgenommen würde, wie der Fall der zweiten Pariser Kommune vom gesamten sozialistischen Proletariat, sondern wie der Fall Robespierres am 9. Thermidor 1794 von ganz Frankreich: als eine Erlösung von schwerem Druck, nicht als eine mit ingrimmigem Schmerz empfundene Niederlage.

Leo Trotzki
Pflicht zum Terror, um die Revolution zu verteidigen (1920)

Das Hauptthema des Büchleins von Kautsky bildet der Terrorismus. Die Anschauung, als gehöre der Terrorismus mit zum Wesen der Revolution, erklärt Kautsky für einen weitverbreiteten Irrtum. Es sei nicht wahr, daß derjenige, der die Revolution wolle, sich auch mit dem Terrorismus abfinden müsse. Was ihn, Kautsky, anbelangt, so sei er im allgemeinen für die Revolution, aber entschieden gegen den Terrorismus. Weiter beginnen aber Schwierigkeiten.

„Die Revolution – klagt Kautsky in seinem Buch „Terrorismus und Kommunismus" – bringt uns den blutigsten Terrorismus, der von sozialistischen Regierungen ausgeübt wird. Die Bolschewiki in Rußland gingen damit voran, sie wurden deswegen von allen Sozialisten, die nicht auf dem bolschewistischen Standpunkt standen, darunter auch den deutschen Mehrheitssozialisten, aufs Schärfste verurteilt. Aber kaum fühlen diese sich in ihrer Herrschaft bedroht, greifen sie zu denselben Mitteln des gleichen Schreckensregiments, das sie eben noch im Osten gebrandmarkt haben". (…) Hieraus scheint es, müßte der Schluß gezogen werden, daß der Terrorismus viel tiefer mit dem Wesen der Revolution verbunden ist, als einige Weise dies annehmen wollen. Kautsky aber kommt zu einer direkt entgegengesetzten Schlußfolgerung: die gigantische Entwicklung des roten und weißen Terrorismus in allen letzten Revolutionen – der russischen, deutschen, österreichischen und ungarischen –, zeugen für ihn davon, daß diese Revolutionen von ihrem rechten Wege abgewichen seien und sich nicht als die Revolutionen erwiesen haben, die den theoretischen Traumbildern Kautskys entsprechen. Ohne uns in die Erörterung der Frage zu vertiefen, ob der Terrorismus „als solcher" in der Revolution „als solcher" „begründet" sei, wollen wir uns bei dem Beispiel einiger Revolutionen aufhalten, wie sie an uns in der lebendigen menschlichen Geschichte vorübergezogen sind.

Rufen wir uns zuerst die religiöse Reformation, diese Wasserscheide zwischen der mittelalterlichen und neuen Geschichte ins Gedächtnis: je tiefer die Interessen der Volksmassen waren, die sie berührte, desto größer war ihre Wucht, desto heftiger entfaltete sich unter dem religiösen Banner der Bürgerkrieg; desto schonungsloser gestaltete sich auf beiden Seiten der Terror.

Im XVII. Jahrhundert machte England zwei Revolutionen durch: die erste, die große soziale Erschütterungen und Kriege hervorrief, führte unter anderem zur Hinrichtung König Karls I., die zweite aber endete glücklich mit der Thronbesteigung einer neuen Dynastie. Die englische Bourgeoisie und ihre Historiker schätzen diese Revolution ganz verschieden ein: die erste ist für sie der Exzeß des Pöbels, der „große Aufruhr"; der zweiten haftet die Benennung der „glorreichen Revolution" an. Die Ursache eines solchen Unterschiedes der Wertung hat schon der französische Historiker Augustin Thierry erklärt: in der ersten Revolution, im großen Aufruhr, war das Volk die handelnde Person, in der zweiten bewahrte es fast „Stillschweigen". Hieraus folgt, daß es schwer ist, unter den Bedingungen der Klassenknechtschaft den unterjochten Massen gute Manieren beizubringen. Aus der Fassung gebracht, wenden sie den Knüppel, den Stein, das Feuer und den Strick an. Die Hofgeschichtsschreiber der Ausbeuter fühlen sich beleidigt. Aber als großes Ereignis ist in die Geschichte des neuen (bürgerlichen) England trotzdem nicht die „ruhmvolle" Revolution, sondern der große Aufruhr aufgenommen.

Nach der Reformation und dem „großen Aufruhr" bildet das größte Ereignis der neuen Geschichte, das die beiden vorhergegangenen an Bedeutung weit übertrifft, die Große Französische Revolution des XVIII. Jahrhunderts. Dieser klassischen Revolution entspricht ein klassischer Terrorismus. Kautsky ist bereit, den Jakobinern den Terror zu verzeihen, da er annimmt, daß sie durch andere Maßnahmen die Republik nicht retten konnten. Doch mit dieser nachträglichem Rechtfertigung ist niemandem geholfen. Die Kautskys vom Ende des XVIII. Jahrhunderts (die Führer der französischen Girondisten) sahen in den Jakobinern eine Höllenbrut. Der Feder eines der spießbürgerlichen französischen Historiker entstammt folgender, in seiner Brutalität genügend lehrreiche Vergleich zwischen den Jakobinern und den Girondisten: „Die einen wie die anderen wollten die Republik" ... Aber „die Girondisten wollten eine freie, gesetzmäßige, gnädige Republik. Die Montagnards wünschten (!) eine despotische und schreckliche Republik. Die einen wie die anderen verfochten die Oberherrschaft des Volkes; unter Volk aber verstanden die Girondisten alle; für die Montagnards ... war das Volk nur die werktätige Klasse; darum mußte, nach der Meinung der Montagnards nur diesen Leuten die Herrschaft gehören." Der Gegensatz zwischen den großmütigen Rittern der Konstituante und den blutgierigen Trägern der revolutionären Diktatur ist hier mit genügender Vollständigkeit angedeutet, nur in den politischen Kunstausdrücken der Epoche.

Die eiserne Diktatur der Jakobiner war durch die ungeheuer schwere Lage des revolutionären Frankreich hervorgerufen. Darüber erzählt ein bürgerlicher Historiker folgendes: „Die ausländischen Truppen hatten das französische Territorium von vier Seiten betreten: von Norden – die Engländer und Österreicher, im Elsaß – die Preußen, in der Dauphine bis Lyon – die Piemontesen, in Roussillon – die Spanier. Und das zu einer Zeit, wo der Bürgerkrieg von vier verschiedenen Punkten wütete: in der Normandie, in der Vendée, in Lyon und Toulon." Hierzu müssen noch die inneren Feinde hinzugefügt werden, die zahlreichen heimlichen Anhänger der alten Ordnung, die bereit waren, dem Feinde mit allen Mitteln zu helfen.

Die Strenge der proletarischen Diktatur in Rußland – sagen wir es gleich hier – war durch nicht weniger schwierige Verhältnisse bedingt. Eine ununterbrochene Front im Norden wie im Süden, im Westen wie im Osten. Außer den russischen weißgardistischen Armeen Koltschaks, Denikins usw. kämpften gegen Sowjetrußland gleichzeitig oder nacheinander: die Deutschen und Österreicher, die Tschechoslowaken, Serben, Polen, Ukrainer, Rumänen, Franzosen, Engländer, Amerikaner, Japaner, Finnen, Esten, Litauer ... Im Lande, das von der Blockade gewürgt wird und vor Hunger erstickt, finden ununterbrochene Verschwörungen, Aufstände, terroristische Akte, Zerstörungen von Vorratslagern, Wegen und Brücken statt.

„Die Regierung, die den Kampf mit den unzähligen äußeren und inneren Feinden aufgenommen hatte, besaß weder Geld noch genug Truppen, besaß nichts als grenzenlose Energie, die heiße Unterstützung seitens der revolutionären Elemente des Landes und die ungeheure Kühnheit, alle Maßnahmen zur Rettung der Heimat zu treffen, wie willkürlich, ungesetzlich und streng diese auch waren". Mit diesen Worten hat einst Plechanow die Regierung ... der Jakobiner charakterisiert.

Wenden wir uns der Revolution zu, die sich in der zweiten Hälfte des XIX. Jahrhunderts im Lande der „Demokratie", in den Vereinigten Staaten Nordamerikas abspielte. Es handelte sich durchaus nicht um die Aufhebung des Privateigentums überhaupt, sondern nur um die Abschaffung des Eigentums an den Schwarzen; dessenungeachtet waren die Institutionen der Demokratie durchaus unfähig, den Konflikt auf friedliche Weise beizulegen. Die bei der Präsidentenwahl von 1860 geschlagenen südlichen Staaten beschlossen, um jeden Preis den Einfluß zurückzuerobern, über den sie bis dahin im Interesse der Sklaverei verfügt hatten und betraten den Weg des Aufruhrs der Sklavenbesitzer, indem sie, wie es sich gehört, tönende Phrasen über Freiheit und Unabhängigkeit im Munde führten. Hieraus entsprangen unausbleiblich alle weiteren Folgen des Bürgerkrieges. Schon zu Beginn des Kampfes hatten die Militärmächte in Baltimore einige Bürger, Anhänger der Sklavenbesitzer des Südens, ungeachtet des „Habeas Corpus" in das Fort McHenry eingesperrt. Die Frage der Gesetzlichkeit oder Ungesetzlichkeit derartiger Handlungen wurde zum Gegenstand eines heißen Streites zwischen den sogenannten „höheren Autoritäten". Der Oberste Richter Tenney entschied, daß der Präsident weder das Recht habe, die Wirkung des „habeas corpus" aufzunehmen, noch die militärischen Behörden dazu zu bevollmächtigen. „Das ist aller Wahrscheinlichkeit nach die richtige konstitutionelle Entscheidung dieser Frage", sagt einer der ersten Historiker des amerikanischen Krieges. „Die Sachlage war aber bis zu einem solchen Grade kritisch und die Notwendigkeit, gegen die Bevölkerung von Baltimore entschiedene Maßnahmen zu ergreifen, bis zu einem solchen Grade zwingend, daß nicht nur die Regierung, sondern auch das Volk der Vereinigten Staaten die meist energischen Maßnahmen unterstützten." („Geschichte des Amerikanischen Krieges" von Fletcher, Oberst der schottländischen Gardeschützen. 1867. S. 95).

Einige Gegenstände, deren der aufrührerische Süden bedurfte, wurden ihm von nördlichen Kaufleuten heimlich zugestellt. Natürlich blieb den Nordländern nichts anderes übrig, als ihre Zuflucht zu Repressalien zu nehmen. Am 6. August 1861 bestätigte der Präsident den Beschluß des Kongresses „über die Konfiskation des zu Insurrektionszwecken benutzten Eigentums". Das Volk, in der Person der meist demokratischen Schichten, war für äußerste Maßnahmen; die republikanische Partei hatte im Norden das entschiedene Übergewicht, und Leute, die des Sezessionismus, d. h. der Unterstützung der abtrünnigen südlichen Staaten verdächtig waren, wurden Gewalttaten ausgesetzt. In einigen nördlichen Städten und sogar in den durch ihre Ordnung berühmten Staaten Neu-Englands drang das Volk nicht selten in die Geschäftsstellen der Zeitschriften ein, die die aufrührerischen Sklavenbesitzer unterstützten, und zertrümmerte die Druckerpressen. Es kam vor, daß reaktionäre Herausgeber mit Teer beschmiert, mit Federn geschmückt durch die Straßen geführt und darauf gezwungen wurden, dem Bunde den Eid der Treue zu leisten. Eine solche mit Teer beschmierte Persönlichkeit eines Plantagenbesitzers sah einem „Selbstzweck" wenig ähnlich, so daß der kategorische Imperativ Kants im Bürgerkrieg der Staaten große Einbuße erlitt. Das ist aber nicht alles. „Die Regierung ihrerseits", erzählt uns der Historiker, „ergriff allerhand Strafmaßregeln gegen die Verleger, die mit ihrer Meinung nicht einverstanden waren und in kurzer Zeit befand sich die bis dahin freie amerikanische Presse in einer Lage, *die kaum besser war als die der autokratischen europäischen Staaten"*. Das gleiche Schicksal ereilte auch die Redefreiheit. „Auf diese Weise", fährt Oberst Fletcher fort, „entsagte das amerikanische Volk in dieser Zeit dem größten Teil seiner Freiheit. Man muß bemerken – fügt er belehrend hinzu, – daß die *Mehrheit des Volkes bis zu einem solchen Grade vom Kriege in Anspruch genommen, bis zu einem solchen Grade von der Bereitschaft zur Erreichung ihres Ziels jede Art von Opfer zu bringen, durchdrungen war, daß es nicht nur den Verlust der Freiheit nicht beklagte, sondern ihn fast nicht bemerkte"* (Geschichte des Amerikanischen Krieges. S. 162-164).

Ungleich schonungsloser behandelten die blutgierigen Sklavenbesitzer des Südens ihr zügelloses Gesinde. „Überall, wo sich eine Mehrheit für die Anhänger der Sklaverei bildete", erzählt der Graf von Paris, „verhielt sich die öffentliche Meinung der Minderheit gegenüber despotisch. Alle, die die Nationalfahne beklagten ... wurden gezwungen, zu schweigen. Bald genügte aber auch dieses nicht; wie bei jeder Revolution wurden die Gleichgültigen gezwungen, ihrer Sympathie für die neue Ordnung Ausdruck zu verleihen ... Diejenigen, die darauf nicht eingingen, wurden dem Haß und den Gewalttätigkeiten der Volksmenge zum Opfer gebracht ... In jedem Zentrum der entstehenden Zivilisation (Südweststaaten) bildeten sich Komitees der Wachsamkeit aus allen denen, die sich durch Leidenschaft im Wahlkampf auszeichneten ... Die Schenke war der gewöhnliche Ort ihrer Sitzungen, und lärmende Orgien mischten sich mit der verächtlichen Parodie auf die souveränen Formen der Justiz. Eine Anzahl toller Leute, die rings um das Schreibpult saß, auf das sich Gin und Whisky ergossen, richtete ihre anwesenden und abwesenden Mitbürger. Der Angeklagte sah schon, ehe er gefragt wurde, wie der verhängnisvolle Strick vorbereitet wurde. Wer nicht ins Gericht kam, erfuhr sein Urteil durch die Kugel des in der Waldschonung versteckten Henkers." ... Dieses Bild erinnert sehr an die Szenen, die sich tagaus, tagein im Lager von Denikin, Koltschak, Judenitsch[1] und anderer Helden der anglo-französischen und amerikanischen „Demokratie" abspielen.

Wie es mit dem Terrorismus in Bezug auf die Pariser Kommune von 1871 bestellt war, werden wir weiter unten sehen. Auf jeden Fall sind die Versuche Kautskys, uns die Kommune entgegenzustellen in ihrer Wurzel hinfällig und bringen den Verfasser nur zu Redewendungen niedrigster Probe.

Das Institut der Geiseln muß augenscheinlich als in dem Terrorismus des Bürgerkrieges „begründet" betrachtet werden. Kautsky ist gegen den Terrorismus und gegen das Institut der Geiseln, aber für die Pariser Kommune. (...) Die Kommune indessen hat Geiseln genommen. Es entsteht eine Verlegenheit. Wozu aber existiert die Kunst der Exegetik?

Das Dekret der Kommune über die Geiseln und über deren Erschießung als Antwort auf die Grausamkeiten der Versailler war, der scharfsinnigen Deutung Kautskys zufolge, „aus dem Bestreben, Menschenleben zu erhalten und nicht sie zu zerstören", entstanden. Eine vortreffliche Entdeckung! Sie muß nur erweitert werden. Man kann und muß erklären, daß wir im Bürgerkrieg die Weißgardisten vernichten, damit sie nicht die Arbeiter vernichten. Folglich besteht unsere Aufgabe nicht in der Vernichtung, sondern in

---

[1] Denikin, Koltschak, Judenitsch: Anführer der „Weißen".

der Erhaltung von Menschenleben. Da aber um die Erhaltung der Menschenleben mit der Waffe in der Hand gekämpft werden muß, so führt das zur Vernichtung von Menschenleben – ein Rätsel, dessen dialektisches Geheimnis schon der alte Hegel erklärt hat, um nicht noch ältere Weise anzuführen.

Die Kommune konnte nur durch grausamen Kampf mit den Versailler sich halten und erstarken. Die Versailler hatten eine bedeutende Anzahl von Agenten in Paris. Im Kampf mit den Banden von Thiers konnte die Kommune nicht anders als die Versailler an der Front und im Hinterland vernichten. Wäre ihre Herrschaft über die Grenzen von Paris hinausgegangen, so hätte sie in der Provinz – im Prozeß des Bürgerkrieges mit der Armee der Nationalversammlung – noch mehr geschworene Feinde unter der friedlichen Bevölkerung gefunden. Da sie mit den Royalisten kämpfte, konnte die Kommune den Agenten der Royalisten im Hinterland nicht Freiheit gewähren.

Kautsky begreift ungeachtet aller gegenwärtigen Weltereignisse nicht, was der Krieg im allgemeinen und was der Bürgerkrieg im besonderen bedeutet. Er versteht nicht, daß jeder oder fast jeder Anhänger von Thiers in Paris nicht einfach ein ideeller „Gegner" der Kommunards war, sondern ein Agent und Spion von Thiers, ein grausamer Feind, bereit, aus dem Hinterhalt zu überfallen. Ein Feind muß unschädlich gemacht werden, während des Krieges aber heißt das vernichten.

Die Aufgabe der Revolution wie des Krieges besteht darin, den Willen des Feindes zu brechen und ihn zur Kapitulation und zur Annahme der Bedingungen des Sieges zu zwingen. Der Wille ist natürlich eine Tatsache der geistigen Welt, aber im Gegensatz zur Versammlung, zum öffentlichen Disput oder Kongreß verfolgt die Revolution ihr Ziel durch Anwendung von materiellen Mitteln – wenn auch in geringerem Maße als der Krieg.

Die Bourgeoisie selbst hat die Macht durch Aufstände erobert und durch den Bürgerkrieg gefestigt. In der Friedenszeit erhält sie die Macht durch ein kompliziertes System von Repressivmaßregeln aufrecht. Solange die auf den tiefsten Antagonismen beruhende Klasseneinteilung der Gesellschaft besteht, bleiben die Repressalien das notwendige Mittel zur Unterwerfung des Willens der gegnerischen Seite.

Sogar wenn die Diktatur in dem einen oder anderen Lande im äußeren Rahmen der Demokratie entstanden wäre, so wäre dadurch der Bürgerkrieg durchaus nicht beseitigt. Die Frage, wer im Lande zu herrschen hat, d. h. ob die Bourgeoisie leben oder untergehen soll, wird von beiden Seiten nicht durch Hinweise auf die Verfassungsparagraphen, sondern durch Anwendung von allen Arten von Gewalt entschieden werden. Wieviel Kautsky auch die Nahrung der Affenmenschen und andere nahe und entfernte Umstände zur Bestimmung der Ursachen der menschlichen Grausamkeit untersucht, er wird in der Geschichte keine anderen Mittel finden, um den Klassenwillen des Feindes zu brechen, als die zweckmäßige und energische Anwendung von Gewalt.

Die Stufe der Erbitterung des Kampfes hängt von einer Reihe innerer und internationaler Umstände ab. Je erbitterter und gefährlicher der Widerstand des niedergeworfenen Klassenfeindes ist, desto unvermeidlicher verdichtet sich das System der Repressalien zu einem System des Terrors.

Hier aber nimmt Kautsky unerwartet eine neue Stellung im Kampf gegen den Sowjetterrorismus ein: er wehrt ganz einfach die Hinweise auf die Grausamkeit des gegenrevolutionären Widerstandes der russischen Bourgeoisie ab. „Von solcher Rohheit – sagt er – ließ sich weder im November 1917 in Petersburg und Moskau und noch weniger jüngst in Budapest etwas merken". (S. 102) Bei einer solchen glücklichen Fragestellung erweist sich der revolutionäre Terrorismus einfach als Produkt der Blutgier der Bolschewiki, die gleichzeitig den Traditionen des grasfressenden Anthropopithecus[2] und den moralischen Lehren der Kautskyaner ausweichen.

Die anfängliche Eroberung der Macht durch die Sowjets Anfang November 1917 vollzog sich an und für sich mit geringen Opfern. Die russische Bourgeoisie fühlte sich so sehr von den Volksmassen isoliert, so sehr innerlich kraftlos, durch den Gang und den Ausgang des Krieges so kompromittiert, durch das Regime Kerenski so demoralisiert, daß sie fast keinen Widerstand wagte. In Petersburg wurde die Regierung Kerenski fast ohne Kampf gestürzt. In Moskau zog sich der Widerstand hauptsächlich infolge der Unentschlossenheit unserer eigenen Handlungen hin. In den meisten Provinzstädten übernahmen die Sowjets die Macht infolge eines Telegramms aus Petersburg oder Moskau. Wenn sich die Sache darauf beschränkt hätte, so hätte von einem roten Terror nicht die Rede sein können. Aber der November 1917 ist Zeuge schon des beginnenden Widerstandes der Besitzenden. Freilich war die Einmischung der imperialistischen Regierungen des Westens nötig, um der russischen Gegenrevolution den Glauben an sich und ihrem Widerstande wachsende Kraft zu verleihen. Das kann man an großen und kleinen Tatsachen, tagaus, tagein, während der ganzen Epoche der Sowjetrevolution sehen.

Der „Stab" Kerenskis fühlte keine Stütze unter den Soldaten und war geneigt, die Sowjetmacht widerstandslos anzuerkennen, die mit den Deutschen in Verhandlungen über den Waffenstillstand eintrat. Es erfolgte aber ein von offenen Drohungen begleiteter Protest der Militärmission der Entente. Der Stab erschrak; von den „verbündeten" Offizieren aufgestachelt, schlug er den Weg des Widerstands ein. Das führte zum bewaffneten Konflikt und zur Ermordung des Feldstabchefs, General Duchonin, durch eine Gruppe revolutionärer Matrosen.

In Petersburg organisierten die offiziellen Agenten der Entente, besonders die französische Militärmission, Hand in Hand mit den Sozialrevolutionären und den Menschewiki offenen Widerstand, indem sie vom Tage nach dem Sowjetumsturz an die Junker und überhaupt die bürgerliche Jugend mobilisierten, bewaffneten und auf uns hetzten. Der Aufstand der Junker am 10. November forderte hundertmal mehr Opfer als der Umsturz vom 7. November. Der damals von der Entente angestiftete abenteuerliche Vormarsch Kerenskis und Kraßnows gegen Petersburg brachte in den Kampf die ersten Elemente der Erbitterung hinein. Dessenungeachtet wurde General Kraßnow auf Ehrenwort in Freiheit gesetzt. Der Aufstand in Jaroslaw (im Sommer 1918), der so viel Opfer kostete, wurde von Sawinkow auf Bestellung der französischen Botschaft und mit ihren Mitteln organisiert. Archangelsk wurde nach dem Plan der englischen Marineagenten mit Hilfe der englischen Kriegsschiffe und Flieger besetzt. Der Grund zur Herrschaft Koltschaks, des Schützlings der amerikanischen Börse, wurde durch das fremdländische tschechoslowakische Korps gelegt, das von der französischen Regierung unterhalten wurde. Kaledin und der von uns in Freiheit gesetzte Kraßnow, die ersten Führer der

---

2 Vorform des heutigen Menschen.

Gegenrevolution am Don, konnten nur dank der offenen militärischen und finanziellen Unterstützung von seiten Deutschlands teilweise Erfolge erzielen. In der Ukraine wurde die Sowjetmacht zu Beginn des Jahres 1918 durch den deutschen Militarismus gestürzt. Die freiwillige Armee Denekins wurde mit Hilfe der finanziellen und technischen Mittel Großbritanniens und Frankreichs geschaffen. Nur in der Hoffnung auf die Einmischung Englands und mit seiner materiellen Unterstützung wurde die Armee von Judenitsch geschaffen. Die Politiker, Diplomaten und Journalisten der Ententestaaten erörterten mit voller Aufrichtigkeit zwei Jahre nacheinander die Frage, ob die Finanzierung des Bürgerkrieges in Rußland ein genügend vorteilhaftes Unternehmen sei. Unter diesen Bedingungen muß man wahrlich eine eherne Stirn haben, um die Ursachen des blutigen Charakters des Bürgerkrieges in Rußland im bösen Willen der Bolschewiki und nicht in den internationalen Verhältnissen zu suchen.

Das russische Proletariat hatte als erstes den Weg der sozialen Revolution betreten, und die russische Bourgeoisie, die politisch kraftlos war, wagte nur deshalb sich nicht mit ihrer politischen und ökonomischen Enteignung zufriedenzugeben, weil sie in allen Ländern ihre ältere Schwester, die noch über ökonomische, politische, zum Teil auch über die militärische Gewalt verfügte, an der Macht sah.

Hätte sich unser Novemberumsturz einige Monate oder auch nur einige Wochen nach der Errichtung der Herrschaft des Proletariats in Deutschland, Frankreich und England ereignet, so wäre – darüber besteht kein Zweifel, – unsere Revolution die „friedlichste", die „unblutigste" aller auf der sündhaften Erde überhaupt möglichen Revolutionen gewesen. Diese historische Reihenfolge aber, die auf den ersten Blick die „natürlichste" und auf jeden Fall die vorteilhafteste für die russische Arbeiterklasse ist, wurde – nicht durch unsere Schuld sondern durch den Willen der Ereignisse – gestört: anstatt das letzte zu sein, war das russische Proletariat das erste. Gerade dieser Umstand verlieh dem Widerstand der Klassen, die vorher in Rußland geherrscht hatten – nach der ersten Periode der Verwirrung –, einen verzweifelten Charakter und zwang das russische Proletariat in Augenblicken der größten Gefahr, der äußeren Angriffe, der inneren Verschwörungen und Aufstände zu den harten Maßnahmen des staatlichen Terrors zu greifen. Daß diese Maßnahmen nicht wirksam waren, das wird jetzt niemand sagen. Vielleicht aber muß man sie für ... „unzulässig" halten? ...

Die Arbeiterklasse, die die Macht durch Kampf errungen hat, hatte die Aufgabe, die Pflicht, diese Macht unerschütterlich zu befestigen, ihre Herrschaft unbestreitbar sicherzustellen, ihren Feinden die Lust zu Staatsumwälzungen zu nehmen und sich dadurch die Möglichkeit sozialistischer Reformen zu sichern. Sonst hätte sie die Macht nicht zu erobern brauchen.

Die Revolution erfordert „logisch" den Terrorismus nicht, wie sie „logisch" auch nicht den bewaffneten Aufstand erfordert. Was für eine vielversprechende Banalität! Dafür verlangt aber die Revolution von der revolutionären Klasse, daß sie ihr Ziel mit *allen* Mitteln erreiche, die ihr zur Verfügung stehen: wenn nötig – durch bewaffneten Aufstand, wenn nötig – durch Terrorismus. Die revolutionäre Klasse, die mit der Waffe in der Hand die Macht erobert hat, ist verpflichtet, alle Versuche, ihr die Macht zu entreißen, ebenfalls mit der Waffe in der Hand zu unterdrücken. Dort, wo sie die feindliche Armee gegen sich haben wird, wird sie ihr die eigene Armee entgegenstellen. Dort, wo sie es mit einem bewaffneten Aufstand, einem Attentat, einem Aufruhr zu tun haben wird, wird strenge Justiz die Häupter der Feinde treffen. Vielleicht hat Kautsky andere Mittel erfunden? Vielleicht kommt bei ihm alles auf die *Abstufung* der Repressalien an und er schlägt vor, in allen Fällen die Gefängnisstrafe an Stelle des Todes durch Erschießen anzuwenden?

Die Frage der Form oder Abstufung der Repressalien ist natürlich keine „prinzipielle" Frage. Das ist eine Frage der Zweckmäßigkeit. In der Epoche der Revolution kann die der Macht beraubte Partei, die sich mit der Stabilität der herrschenden Partei nicht aussöhnt und dies durch rasenden Kampf gegen sie beweist, nicht durch die Drohung mit Gefängnisstrafen abgeschreckt werden, da sie nicht an deren Dauerhaftigkeit glaubt. Durch diese einfache, aber entscheidende Tatsache ist die breite Anwendung des Erschießens während des Bürgerkrieges zu erklären.

Oder will Kautsky sagen, daß das Erschießen überhaupt nicht zweckentsprechend sei, daß man „Klassen nicht abschrecken könne?" Das ist unrichtig. Der Terror ist machtlos – und auch nur „im Endresultat" –, wenn er von der Reaktion gegen eine historisch aufsteigende Klasse angewandt wird. Aber gegen eine reaktionäre Klasse in Anwendung gebracht, die nicht den Schauplatz verlassen will, kann der Terror sehr wirksam sein. Die *Abschreckung* ist ein machtvolles Mittel der Politik, der internationalen wie der inneren. Der Krieg ist ebenso wie auch die Revolution auf Abschreckung begründet. Der allgemeinen Regel nach vernichtet der siegreiche Krieg nur einen unbedeutenden Teil der besiegten Armee, die Übrigen schreckt er ab und bricht so ihren Willen. Ebenso wirkt die Revolution: sie tötet Einzelne und schreckt Tausende ab. In diesem Sinne unterscheidet sich der rote Terror prinzipiell nicht vom bewaffneten Aufstand, dessen direkte Fortsetzung er ist. Den staatlichen Terror der revolutionären Klasse kann nur der „moralisch" verurteilen, der überhaupt jede Gewalttätigkeit – folglich auch jeden Krieg und jeden Aufstand – prinzipiell (in Worten!) ablehnt. Dazu muß man einfach ein heuchlerischer Quäker sein.

„Aber wodurch entscheidet sich in diesem Falle eure Taktik von der Taktik des Zarismus?" fragen uns die Pfaffen des Liberalismus und des Kautskyanertums.

Den versteht ihr nicht, Frömmler? Wir wollen euch das erklären. Der Terror des Zarismus war gegen das Proletariat gerichtet. Die zaristische Gendarmerie würgte die Arbeiter, die für die sozialistische Ordnung kämpften. Unsere Außerordentlichen Kommissionen erschießen die Gutsherren, Kapitalisten, Generäle, die die kapitalistische Ordnung wiederherzustellen bestrebt sind. Erfaßt ihr diese ... Nuance? Ja? Für uns Kommunisten genügt sie vollkommen!

Isaac Steinberg
Die Grenzen der revolutionären Gewalt (1931)

Die Revolution steht unmittelbar vor der Frage der Gewaltanwendung. Kein bewußter Revolutionsteilnehmer wird leugnen, daß dieses Problem ihn mehr oder weniger, in dieser oder jener Phase seiner Entwicklung quält. Wie lösen wir diese Frage? Wir sprechen allen revolutionären Gewalthandlungen jede sittliche, sozialistische Würde entschieden ab. Die Gewalt, immer Attentat gegen den Menschen, steht im schärfsten Widerspruch zum Geist des sozialistischen Ideals. Die Tatsache, daß die Gewalt gegen einen Menschen aus dem Lager der feindlichen Klasse angewandt wird, ändert nichts an der unsittlichen Natur der gewalttätigen Handlung. Denn trotz dieser klassenmäßigen äußeren Hülle des Gegners trifft die Gewalt jedesmal das Herz des Menschen als solchen, sie trifft die Menschlichkeit selbst. Dieses Ins-Herz-Treffen könnte nur in dem Fall als eine unwichtige Tatsache erscheinen, wenn der Sozialismus – in seinem Ideal – keine Gesellschaft von Menschen als solchen, von Menschen, die ihre geschichtlich-trennenden Hüllen abgeworfen haben, darstellen würde. Da der Sozialismus aber die Scheidung der Gesellschaft in Klassen vernichten will, da er nicht nur bestimmte, „von Gott ausgezeichnete" Menschen, sondern den Menschen als solchen in den Kreis der neuen Gesellschaft einzubeziehen bestrebt ist, da das Ziel des Sozialismus nicht nur Beseitigung des Bourgeois, sondern auch Beseitigung des Proletariers ist, – ist jeder Streich, der gegen den *Menschen* geführt wird, ein feindlicher Akt gegen den Sozialismus. Es liegt für die Gewalt auch darin keine Rechtfertigung, daß sie im Namen der Interessen und Leiden der Mehrheit der arbeitenden und bedrückten Menschheit angewandt wird. Denn diese „Mehrheit" hebt die Leiden der beseitigten Minderheit nicht auf, selbst dann nicht, wenn diese Minderheit ein notorischer „Haufen von Ausbeutern" ist; in Wirklichkeit aber umfaßt die gestürzte Minderheit auch eine Menge von Neutralen, von Unschuldigen, von Fremden. Die zahlenmäßige Tatsache der Mehrheit verleiht der Gewalt keinen sittlichen Charakter (die Quantität wird hier nicht zur Qualität); sie bleibt *unsittlich*, nur auf eine erträglichere Weise.

Wir rechtfertigen die Gewalt nicht, jedoch *akzeptieren* wir sie. Wir nehmen sie hin, weil wir uns sonst der größten moralischen Feigheit und Heuchelei schuldig machen würden. Ihre Anwendung ablehnen, hieße mit eigenen Händen das barbarische Gebäude der Vergangenheit stützen und festigen. Die herrliche menschliche Welt wird durch Leiden rastlos und unablässig verunstaltet, dieser Zustand dauert Jahrtausende, – diesem Zustand muß ein Ende gemacht werden. Wenn auch die Revolution in ihrer Zerstörungsekstase den Willen und den Körper der todgeweihten Generation bricht, so brechen und zermalmen die sogenannten „friedlichen" Perioden der Geschichte täglich und stündlich die Körper, die Gefühle und das Bewußtsein aller lebensfähigen Generationen. Bedeutet die Revolution Augenblicke verzehrenden Feuers, so bedeutet die „friedliche" Zeit Jahrhunderte all verschlingender Flammen. Die Gewalt der friedlichen Perioden, gleichsam eine zusammengeballte Schlange, tötet die Menschheit langsam und unmerklich. Wer hat den Mut, diesem Zustand durch Untätigkeit Vorschub zu leisten? Wer wagt es, auf die revolutionäre Gewalt zu verzichten?

Aus dieser Stellungnahme werden zwei verschiedene, gleich einseitige Schlüsse gezogen. Der *Tolstoismus* lehnt die Gewalt völlig ab; der *Bolschewismus* billigt sie in allen ihren Formen. Wir betrachten beide Extreme als unzulässig. Wäre der Tolstoismus im Recht, so würde das bedeuten, daß die Menschheit – während der Revolution – in einer Zeit, wo die Springbrunnen der Seele am höchsten steigen und wo die Menschen am heldenhaftesten sind, am meisten gegen sich arbeitet. Wäre der Bolschewismus im Recht, so würde das bedeuten, daß man im Drang nach Leben und Glück den Sinn des Lebens und des Glückes verlieren darf. Die wahre Revolution muß daher einen Weg wählen, der zwischen diesen beiden liegt. (...)

Wir akzeptieren die Gewalt, aber nur in einem irgendwie beschränkten Maß. Wir setzen der Gewaltanwendung Schranken, wir suchen sie genau zu bestimmen. Wir suchen nach einem Kriterium, bei dessen Befriedigung nur die Gewaltanwendung zulässig, erträglich, sozialrevolutionär bleibt. *Die Gewalt, die die Grenzen dieses Kriteriums überschreitet, wird zum Terror*. In diesem Suchen nach den Grenzen der Gewalt, in der Untersuchung ihrer Natur und der Wege, bei deren Beschreitung die Gewalt dem Sozialismus angemessen bleibt, liegt das grundlegende sittliche Problem der Übergangsperiode.

Unser Kriterium ist das höchste Ziel des Sozialismus, nämlich das Wohl des Menschen. Alle Wege und Handlungen der Revolution müssen diesem Ziel entsprechen. Das Ziel der Revolution ist nicht der Sieg um jeden Preis, nicht der physische Sieg auf den Ruinen geistiger Brandstätten, sondern der Sieg bei „voller Erhaltung der Waffen", unter Rettung der menschlichen Seele. Das kategorische Gebot der Revolution lautet daher: Wende die Gewalt, wenn es darauf ankommt, nur *dann* an, wenn du in deiner Waffenkammer keine anderen Mittel finden kannst; wende sie aber so an, daß, trotz ihrer Anwendung, der Aufbau einer Gesellschaft von gleichwertigen und reinen Menschen möglich bleibt. Diese Orientierung der revolutionären Handlungen auf das innere moralische Ziel des Sozialismus macht sie zwar nicht zu im Wesen sittlichen; sie verleiht ihnen aber einen sittlichen Wert.

Eine revolutionäre Handlung ist unzulässig, wenn sie von Beweggründen der *Rache* und des Hasses, der Verspottung oder der Demütigung des Menschen geleitet wird. Die Macht dieser Beweggründe, ihre Wirkung in der seelischen Atmosphäre der Gesellschaft sind gewaltig und explosiv. Ihre verderblichen Spuren zeigen sich nicht nur in den eng verknüpften Beziehungen zwischen dem Peiniger und seinem Opfer, sie säen und gebären menschenfeindliche Gefühle und Gewohnheiten auch überallhin, auch nach dem Geschehen der Gewalttat, auch dort, wo sie vor jedem Auge verborgen begangen wird. Die sozialistische Revolution vollzieht sich unter dem Zeichen der Gewalt. Sie verläuft aber im Namen der *Liebe* zum Menschen, nicht im Namen der Verachtung des Menschen. Jeder Revolutionsteilnehmer muß verstehen, daß seine Kraft nicht in den haßerfüllten Gefühlen der zurücktretenden Vergangenheit liegt, sondern ausschließlich in den hellen Vorahnungen der zukünftigen menschlichen Reinheit und Güte. Mag die angetane Gewalt auch noch so geringfügig sein, sie kann zu einer großen und furchtbaren Gewalt anwachsen, wenn der giftige Nebel der Verachtungsgefühle sie einhüllt.

Es ist daher eine in der Revolution verständliche Maßnahme, die Bourgeoisie des Wahlrechts und der politischen Freiheiten zu berauben. Diese Beraubung hat einen besonderen Sinn für die miteinander kämpfenden Kräfte; sie ist gewissermaßen eine revolutionäre Notwendigkeit. Dieser Sinn und diese Notwendigkeit fehlen aber – ich nehme das erste beste Beispiel – in den zwangsmäßigen Ein- und Ausquartierungen, aus denen in Sowjetrußland die revolutionäre Wohnungspolitik bestand. Dieser Politik lag nicht die gerechte Verteilung der Wohnungen, sondern vielmehr eine von Rache- und Haßgefühlen diktierte Strafpolitik zugrunde. Nicht der Kampf gegen eine absterbende Klasse, sondern die Verachtung des einzelnen Bourgeois, des einzelnen Gegners, war die Triebfeder dieser Entscheidungen. Das erklärt die Erbarmungslosigkeit und Herzlosigkeit in der Behandlung selbst der Familie und der Kinder dieses Bourgeois. Anders kann auch die „Klassenration" nicht bewertet werden; die Idee dieser Ration mußte unverständlich bleiben. Denn wenn sie bewußt Vertreter der feindlichen Klassen und ihre Kinder, Menschen, die am Kampfe nicht teilgenommen haben, dem Tode ausliefern wollten, so kann über den ethischen Wert dieser Maßnahme kein Zweifel bestehen. Wir haben oben bereits betont, wie sehr die Todesstrafe, die Tötung des besiegten Gegners durch den Sieger, dem Sozialismus feindlich ist. Um wieviel mehr feindlich ist dem Sozialismus die Tötung der Menschen, die sich am Kampfe nicht beteiligt haben, die ihn in ihrer erdrückenden Mehrheit gar nicht verstehen! Wenn aber die „Klassenration" nach dem Prinzip geschaffen wurde: „Wer nicht arbeitet, soll nicht essen", und wenn die Revolutionsmacht damit rechnete, daß sich die reichen Leute auch ohne Ration Brot verschaffen würden – so stehen wir vor einem der schlimmsten Beispiele kollektiver Heuchelei, das dabei ausschließlich durch Rache diktiert wird. Derartig bedingte revolutionäre Gewaltakte lehnen wir als *Terrorakte* entschieden ab.

Das bedeutet aber nicht, daß wir revolutionäre Handlungen erstreben, die jeder subjektiven Färbung entbehren. Das bedeutet nicht, daß der Revolutionär, sich ausschließlich als ein Werkzeug des geschichtlichen Fatums betrachtend, den Gegnern in seinem Kampfe und den Opfern seiner Gewalt gegenüber nur ein „natürliches", leidenschaftsloses Verhalten zum Ausdruck bringen darf. So stellt z. B. *Sorel* die Sache dar. Er grenzt die syndikalistische Gewalt von der üblich traditionellen ab und erklärt folgendes: „Die Gewaltakte des Proletariats haben mit den Proskriptionen nicht das mindeste zu tun, sie haben nur die Bedeutung von Kriegsoperationen ... Alles, was im Kriege geschieht, trägt nicht den Charakter von Haß und Rache. Man tötet im Krieg keine Besiegten, man unterwirft Hilflose nicht den Entbehrungen, die das Los der kämpfenden Armeen sind. Je weiter der Syndikalismus sich entwickelt, desto mehr wird den sozialen Konflikten der Charakter des *reinen* Kampfes innewohnen, der dem Kampfe zweier Armeen vollkommen gleichkommt." Wir werden hier nicht die Frage behandeln, in welchem Maße die Armee und der Krieg von Haß und Rache tatsächlich frei sind. Es kommt uns nur auf den Hinweis an, daß wir den „reinen Kampf", der im Falle seiner Existenz die Revolutionäre in passive Werkzeuge einer außerhalb ihrer stehenden Kraft verwandeln würde, vollständig ablehnen. Nicht blinde *Soldaten* der Nationalkriege, sondern bewußte und tieffühlende *Kämpfer* des Bürgerkrieges sollen die sozialistische Revolution vorwärtstreiben. Die heutigen Kämpfer sind morgen die Baumeister der neuen menschlichen Gesellschaft; wie könnten sie da in diese neue Gesellschaft mit verbundenen Augen eintreten?

Wir wollen in revolutionären Schlachten kein Schweigen der Seele, wir wollen aber auch kein brutales Haß- und Rachegeschrei. Dieser Passivität und dieser negativen Aktivität stellen wir eine andere seelische Aktivität entgegen: das aktive Erleben der komplizierten Gefühle bei Ausübung der Gewalt, das Erleben der in der Gewaltanwendung liegenden Schwere, das Erleben des eigenen Opfers, das Erleben der alles verschlingenden sittlichen Idee. Nur der mit diesen Gefühlen Ausgerüstete darf sich einen des Sozialismus würdigen Kämpfer nennen.

Wir haben als Terrorakte diejenigen revolutionären Handlungen bezeichnet, die in die düstere Farbe des Hasses gekleidet sind, gleichviel, ob sie ein Revolutionsbedürfnis befriedigen (wie z. B. das Gefängnis) oder nicht (z. B. die Klassenration). Es ist das Glück der Revolution, daß sie diese Gefühle entbehren kann, daß sie da nicht leidet und zu keinem Stillstand kommt, wenn sie fehlen. Doch gehören zur Revolution viele Handlungen, die, unabhängig von den ihnen zugrunde liegenden Motiven, *objektiv* immer einen Kern des Terrors enthalten. Diese Handlungen werden meistens durch Revolutionsbedürfnisse hervorgerufen. Sie sind aber terroristisch und verderblich, weil sie den revolutionären Kampf desjenigen Charakters berauben, der diesen Kampf zu einem sittlich erträglichen macht. Der sich im Bürgerkrieg äußernde Kampf ist immer Attentat gegen den Menschen, doch bleibt er immer (auch wo es kaum zum Bewußtsein kommt) heroisch. Er bringt den Revolutionskämpfer in eine Lage, die der Lage des Gegners gleich ist: offen und gleichberechtigt stehen beide sich gegenüber. Hier ist der Mensch kein Objekt der revolutionären Wirkung; hier sind zwei gleiche Subjekte des Kampfes. Starke seelische Gehobenheit und freudiger Opfersinn kennzeichnen daher den Revolutionär. Er fühlt unter diesen Umständen keine Verachtung, keinen Haß seinem Gegner gegenüber; kein Streben, dem Feinde Schmerz zuzufügen, sondern das Streben, den Kampf bis zum siegreichen Ende zu führen. Noch mehr: dieser Kampf ist dann vielleicht kein Kampf gegen den konkreten Menschen, sondern nur Kampf für die Idee. Es kämpfen eigentlich „lebende Ideen", nicht Menschen miteinander (wie Arnould es gesagt hat). Der Mensch bleibt dann im Kampfe unversehrt.

Der Terror – diese Verzerrung des Bürgerkrieges – kennt aber diese Momente nicht. Hier gibt es keinen Kampf gleicher Gegner, sondern nur *Abrechnung* des Siegers mit dem Besiegten, mit dem unschädlich gemachten Feind. In erster Linie stoßen wir hier auf den giftigsten Stachel aller Terrorarten: auf die *Todesstrafe*. Als die Oktoberrevolution noch die letzten Tage ihres freien Lebens lebte, fand während des V. Sowjetkongresses in Moskau im Juli 1918 eine Diskussion zwischen zwei revolutionären Parteien über die Todesstrafe statt. Die linken Sozialrevolutionäre erhoben vor dem Kongreß Protest gegen die Erschießung des Admirals Stschastny. Lenin erklärte ihnen damals: „Ich hätte wohl ein Volksgericht sehen mögen, jenes Arbeiter- und Bauerngericht, das den General Krasnow nicht erschießen würde, diesen Krasnow, der Arbeiter und Bauern erschießt. Es hat noch keine Revolution und keinen Bürgerkrieg ohne Erschießungen gegeben." Darauf erwiderte der linke Sozialrevolutionär W. A. Karelin: „Wenn ihr, Genossen, auf den Straßen und Plätzen, in den Arbeitervierteln geweilt, wenn ihr die Wohnungen der Armen aufgesucht und gesehen hättet, welch gewaltigen Eindruck die Wiederherstellung der Todesstrafe im Falle Stschastny auf die Gemüter und die Stimmung der Werktätigen gemacht hat, dann könntet ihr erst ermessen, welch ein Schlag der Sowjetmacht versetzt worden ist, welch ein Übel in unserem Revolutionswerk geschehen ist." Wir sehen, worum der Streit ging: darum, welche *moralische Empfindung* (d. h.

welchen unmittelbaren instinktiven Widerhall) die Todesstrafe in der Seele der Werktätigen weckt. Das revolutionäre Volkstümlertum (Narodniki) gab die Antwort: Diese Empfindung sei eine Empfindung des Kummers und des Abscheus. Es ist schwer, neue Worte dafür zu finden nach den Worten, die Tolstoi in seiner „Beichte" darüber gesagt hat: „Als ich sah, wie der Kopf sich vom Rumpf trennte und wie beide zur selben Zeit im Kasten auffielen, da begriff ich nicht nur mit meinem Verstand, sondern mit meinem ganzen Wesen, daß alle Theorien über die Vernunft des bestehenden Fortschrittes dieses Verbrechen nicht zu rechtfertigen vermögen, und daß, wenn auch alle Menschen seit Erschaffung der Welt aufgrund irgendwelcher Theorien der Meinung wären, derartiges sei nötig, ich trotzdem weiß, daß es nicht nötig ist, und daß daher der Richter über Gut und Böse nicht das Tun und Sagen der Menschen ist und nicht der Fortschritt, *sondern ich mit meinem Herzen.*"

Wir gehen aber in unseren Erwägungen nicht von moralischen *Empfindungen* aus. Wir wollen unsere Stellungnahme gegenüber der Gewaltanwendung und dem Terror auch auf die Argumente der *Vernunft* gründen. Dieser Aufgabe wenden wir uns jetzt zu.

Wir haben den Bürgerkrieg hingenommen und lehnen die Todesstrafe ab. Warum lehnen wir sie ab? – Höher als alles andere gilt dem Sozialismus, wie bereits wiederholt gesagt, der Mensch. Ein Attentat gegen ihn ist nur dort zulässig, wo es schlechthin unvermeidlich ist. Das Töten im Bürgerkrieg ist ein Töten im Zweikampf. Es darf aber nicht der *Sieger* den bereits Besiegten töten, selbst wenn es als nützlich erschiene. Wo es keinen unmittelbaren, greifbaren Kampf mehr gibt, da gibt es auch keinen Heroismus, keinen mitreißenden Schwung der Seele, da fehlt das reinigende Bewußtsein der Selbstverleugnung. Wo aber der Opfersinn fehlt, wo die letzte Selbstwertung nicht mehr existiert, da bleibt auch kein Platz für die ernste Wertung des Menschen überhaupt. In der Todesstrafe finden wir das kalte Bewußtsein des Mörders, der hoch über dem am Boden Liegenden in Sicherheit steht. Der Mensch ist hier nur Objekt einer Wirkung, nur passives *Werkzeug* des Zweckes. Hier wird ein Mensch verachtet, ein Schmerz wird ihm zugefügt. Gerade diesem Menschen, nicht der Idee, die hinter ihm steht. *Von der Barrikade schießt man in eine Idee; in der Folterkammer schießt man in das Herz des Menschen.* Jener Kampf kennt den brennenden Drang nach Selbstbeschränkung; in diesem Kampf wird kein Ende gesucht. So tötet die Todesstrafe den Menschen als solchen und untergräbt die Wurzel des Sozialismus.

Ein ebensolches Element des Terrors verbirgt sich auch in anderen revolutionären Repressalien, und zwar unabhängig von ihren Beweggründen. Wir wollen nur zwei Arten dieser Repressalien, die einen besonders dunklen Schatten auf die russische Revolution geworfen haben, zur Sprache bringen. Terroristisch ist das *Geiselnsystem*, dieses Foltern durch die Erwartung des Todes und endlich der Tod selbst. Der Geisel ist kein Subjekt des Kampfes, er soll nur für die Handlungen der anderen verantwortlich gemacht werden. Er ist dem Kampfe entzogen; noch öfter hat er nie im Kampfe gestanden. Er ist aber ein Würfel in der von den aktiven Kämpfern gespielten Partie, das „Kaninchen" des revolutionären Versuchs. Sein Schicksal soll die anderen „abschrecken"; um sein Leben und seine Qualen kümmert man sich nicht. Im revolutionären Kult der Geiselfestnahme wird der Mensch zu einem nackten Werkzeug. Das Gefühl der Verachtung und das Gefühl der bittersten Demütigung glühen an den beiden Polen dieses schändlichen Akts. Nur in uralten Zeiten, wo man hinter den erdrückenden Kollektiven nicht den lebendigen Menschen sah, wo die Familie, der Stamm, die Kirche und der Staat in ihren Interessen die Persönlichkeit in Stücke rissen – nur da konnte die „Idee" des Geiselntums gelten. Das war aber zu einer Zeit, wo sich nicht nur Menschen, sondern auch Kinder und Tiere vor dem Moloch „Kollektiv" zu verantworten hatten, wo im dunklen Bewußtsein der Generationen die Idee der persönlichen Aktivität und Verantwortung noch nicht leuchtete. Wie kann man diese Idee – ein Überbleibsel düsterer Zeiten – auf unsere Epoche übertragen, die den Triumph des Menschen erstrebt?

Kommt der Terror deshalb im Geiselsystem zum Ausdruck, weil sein Opfer gar kein Teilnehmer am Kampfe ist, so äußert sich der Terror im *Lockspitzeltum* (Provokation) auf eine andere Weise. Die Provokation als System politischen Kampfes ist ein Waffe, die nicht in einem wirklichen, sondern in einem *erdachten* Kampf ausgespielt wird. Um politische Feinde zu entdecken, schafft die Provokation von sich aus eine Kampfarena und lockt die in Verdacht kommenden Personen in den Strom der geschaffenen Fiktion hinein. Hier zeigt sich klar die selbstsichere, kalt berechnende Hand des Siegers, der mit seinen künftigen Opfern rücksichtslos spielt. Der Mensch ist wieder nur Mittel zum Zweck, er wird wieder verachtet, ohne Ende und Maß erniedrigt. (...)

Wir wissen: die Repressalien sind in der Revolution unentbehrlich, selbst in der siegreichen. Aber nur die Entziehung der politischen Rechte (eine Maßnahme, die gegen ein Kollektiv gerichtet ist), und drei gegen den Einzelmenschen gerichtete Repressalien dürfen als zulässig gelten. Diese drei Repressalienarten sind das Gefängnis, der Boykott und die Verbannung. Das Gefängnis erfaßt die am Kampf aktiv sich beteiligenden Menschen. Zwar tritt die Gefängnisstrafe verhängende revolutionäre Macht auch in der Rolle des Starken und des Siegers auf; doch nimmt sie dem Gegner bei der Anwendung der Gefängnisstrafe – zum Unterschied von der Todesstrafe – nur das Minimum seiner Persönlichkeit. Seine Zukunft, sein ganzes Leben bleiben frei. Gewiß ist die Gefängnisstrafe in einer Revolutionszeit eine der schwersten Strafen. Nach Trotzkis Meinung spielt die Gefängnisstrafe in Zeiten des Bürgerkrieges keine Rolle. „Während der Revolution", sagt er, „läßt sich die von der Herrschaft vertriebene Partei, die sich mit der Stabilität der herrschenden Partei nicht abfinden will und die dieses Nichtwollen durch ihren erbitterten Kampf kundgibt – durch die Androhung der Gefängnisstrafe, an deren Dauer sie nicht glaubt, keineswegs abschrecken. Diese sehr einfache, aber entscheidende Tatsache erklärt den häufigen Gebrauch der Todesstrafe im Bürgerkrieg." Und doch ist das Gefängnis eine schwere Repressalie, die nur denjenigen nicht zur Erkenntnis kommt, die den Seelenschmerz der Menschen allzu häufig vergessen. Das rings um ihn her wütend zusammenstürzende Leben überschüttet die Seele des Gefangenen mit brennenden Gedanken. Der aus der stürmischen Flut herausgerissene Gegner erlebt den Sturm hinter Kerkermauern noch schärfer und stärker als draußen. Das tägliche Verdorren seiner Energie ist wie ein tropfenweises Entströmen seines Lebens. Die Gefängnisstrafe ist schwer. – Und doch bietet das moralische Ziel der Revolution einen Trost: Solange der Mensch lebt, lebt in ihm auch die Hoffnung, in der Zukunft auch das Seinige tun zu können, bleibt auch eine Versöhnung und Verständigung mit ihm möglich. Bei der Hinrichtung hingegen wird diese Möglichkeit für *immer* ausgeschlossen. Daher bleibt das Gefängnis das einzige „notwendige und genügende" Kampfmittel der siegenden Revolution.

Wir empfinden, wie ungenügend diese Erörterungen sind, wie sehr die Erfahrung der Revolution sie mit neu pulsierendem Leben erfüllen muß. Wir wollen aber, daß man diese Fragen in einer realen Weise tatsächlich stellt. Das geschieht selten und dann meistens noch sehr verschwommen. Ein solches Beispiel gab uns die offizielle Erklärung der Unabhängigen Sozialdemokratischen Partei Deutschlands, die in der Gewaltfrage von den terroristischen Ideen abzurücken versucht hatte. Dieser Versuch fand seinen Ausdruck in dem vom Zentralkomitee der Unabhängigen im Sommer 1920 an die Kommunistische Internationale gerichteten Brief. „Bei der Erörterung des Gewaltproblems ist zu berücksichtigen, daß der Terror von der Gewalt notwendigerweise unterschieden werden muß. Wenn es auch wahr ist, daß die Diktatur des Proletariats, auch wo sie in einer demokratischen Form auftritt, die Anwendung der Gewaltmittel nicht völlig entbehren kann, so sind doch ihre Ausmaße von dem Grade der konterrevolutionären *Widerstände* abhängig. Als ein politisches System bedeutet der Terrorismus die Aufrichtung der Abschreckungsherrschaft, er bedeutet die Anwendung staatlicher Gewaltmittel auch gegen *Unschuldige*, um mittels der Einschüchterung und Abschreckung jede Hoffnung auf Widerstand zu brechen. Es ist dagegen einzuwenden, daß die internationale Sozialdemokratie diesen Terror nicht nur aus Gründen der Menschlichkeit und Gerechtigkeit, sondern auch aus *Zweckmäßigkeitsgründen* abgelehnt hat. Wenn es sich von der Gewalt sagen läßt, daß sie nur der Geburtshelfer jeder alten Gesellschaft ist, die mit einer neuen schwanger geht, und daß sie daher die neue Gesellschaft, bevor sie reif ist, nicht hervorzubringen vermag, so kann vom Terror gesagt werden – die Geschichte hat es hunderte Male gezeigt –, daß seine Anwendung nicht die Stärke der Bewegung, sondern eher ihre Schwäche zum Ausdruck bringt. Unsere Partei handelt daher in voller Übereinstimmung mit der marxistischen Lehre und der geschichtlichen Erfahrung, wenn sie die Verherrlichung des Terrors ablehnt." So kategorisch diese Erklärung ist, uns erscheint sie unbefriedigend. Denn erstens wird der Terror hier nur mit dem Geiseltum, mit den Repressalien gegen „Unschuldige", identifiziert. Daraus folgt zweitens, daß „Schuldigen" gegenüber beliebige Repressalien zulässig wären. Mit anderen Worten bleibt die „Gewaltanwendung" (d. h. Bestrafung der Schuldigen) in ihren Ausmaßen völlig unbeschränkt, denn, nach den Worten dieses Schriftstücks, „sind die Ausmaße der Gewaltmittel von dem Grade der konterrevolutionären Widerstände abhängig". Unseres Erachtens darf man sich vom Standpunkt der sittlichen Ziele des Sozialismus mit diesem Ergebnis nicht abfinden. Auch vom Standpunkt der Verfasser des Schriftstücks sind keine Garantien gegen die Entartung der Gewaltanwendung in Terrorerscheinungen (die sich in allen ihren Formen nicht vom Geiseltum unterscheiden) gegeben. Es muß ein Kriterium gefunden werden, das auch den Schuldigen, auch innerhalb der breiten Sphäre der möglichen Gewaltanwendung, zu schützen vermag. (...)

Wir wissen, daß die Repressalien zum Beruf ihrer Träger werden, daß diese Träger zu professionellen Peinigern werden und dieses Übel in eine ständige Revolutionseinrichtung zu verwandeln suchen. Wir sehen aber nicht minder klar, daß die spontanen Volksrepressalien ebenfalls verderbliche Züge tragen. Hier ist ein offenes Feld für das Sich-Austoben jeder Art niedriger Leidenschaften; auch hier verbirgt sich mitunter hinter der Maske der Revolution das ekelhafte Antlitz der alten Welt. In der Revolution spielt nur eine spontane Massenerscheinung eine hoch einzuschätzende Rolle, nämlich die vom ganzen Volk ausgeübte *Überwachung* der Revolutionsfeinde, eine Überwachung, die mit dem Wachsen des sozialrevolutionären Bewußtseins innerlich verbunden ist. Das politisch reifende Volk überwacht seine Gegner leicht und ohne jede Anstrengung und befreit sich dadurch von der Notwendigkeit, Repressalien zu ergreifen. In diesem Sinne hat Lawrow recht: „Die polizeiliche Überwachung der mutmaßlich oder tatsächlich feindlichen Elemente wird dort sehr wirksam sein, wo sie Sache der siegreichen Bevölkerung ist. Sämtliche Beispiele politischer revolutionärer Bewegungen führen auf den Gedanken, daß die Überwachung seitens der Gesellschaft viel strenger sein werde als die Überwachung seitens einer beliebigen Spezialpolizei." Darüber spricht auch *Spiridonowa* in ihrem bekannten „Brief an das Zentralkomitee der Bolschewiki", worin sie die Anfangszeit der Oktoberrevolution in Erinnerung bringt: „Es war tatsächlich die Revolution der arbeitenden Massen, und die Rätemacht ruhte buchstäblich im Schöße dieser Revolution. Sie war unerschütterlich, und nichts, weder Verschwörungen noch Aufstände, hätten sie ins Wanken zu bringen vermocht. Die rechten Sozialrevolutionäre und die Menschewiki waren aufs Haupt geschlagen, aber nicht durch die damals seltenen Repressalien und den noch schamhaften Druck, sondern dank ihrer eigenen früheren Koalitionspolitik ... Die Rätetagungen in den Gouvernements und Bezirken fanden spontan statt, es gab keine gewaltsamen Auflösungen, keine Verhaftungen, es herrschte ein freier Kampf der Meinungen ... Sie (die rechten Sozialrevolutionäre und Menschewiki) verschwanden in ihrer Isolierung, der Terror gegen sie war überflüssig. Und so könnten die Dinge heute noch stehen."

Ja, so ist es, und trotzdem bleibt es nur so lange wahr, als die revolutionären Massen sich im Stadium der passiven Überwachung des Feindes befinden. Von dem Augenblick an aber, in dem sie aus diesem Zustand der wachsamen Ruhe hinausgetreten sind und in ihren Händen das Schwert der Repressalien aufgeblitzt ist – von diesem Augenblick an sind sie selbst einer *organisierten* Kontrolle bedürftig. Ein speziell gegründeter politischer „sozialrevolutionärer Bund" wäre nicht imstande, diese Kontrolle zu sichern. Diese Kontrolle muß nicht nur von der zielbewußten und zur Revolution sittlich am meisten vorbereiteten Gruppe Menschen (die „Spezialisten der Revolution" sind nicht besser als die Spezialisten für Repressalien!) ausgehen, sondern von dem *gesamten* sich befreienden werktätigen Volk, das die sittliche Wahrheit der Geschichte in sich trägt. Eine solche Kontrolle kann das Volk natürlich am sichersten und besten nicht seinen eigenen elementaren Äußerungen gegenüber, sondern gegenüber den stabilen und öffentlich wirkenden *Repressivorganen* gewährleisten. Ein solches Organ ist das Gericht (und die mit ihm zusammenhängenden Nebeneinrichtungen), es geht durch Wahlen aus den Massen hervor, es bleibt durch häufige Neuwahlen vor berufsmäßiger Erstarrung bewahrt und befindet sich unter der Massenkontrolle der revolutionären öffentlichen Meinung. Die Rolle des Gerichts in einer revolutionären Epoche ist daher außerordentlich groß. Das revolutionäre Gericht wird zu einem außergewöhnlich starken Faktor sozialistischer Moralerziehung, sofern es anschauliche Beispiele der Revolutionskonflikte und die mit ihnen verbundenen Fragen der Gewaltanwendung immer wieder vor den Augen des Volkes aufrollt. Zwar sondern sich die die Richterstühle besetzt haltenden Richter von der Masse des arbeitenden Volkes ab; doch erlebt das sich um die Gerichte scharende Volkselement zusammen mit den Richtern die ganze Mannigfaltigkeit der Gefühle, welche die Gewaltanwendung und die Herrschaft des Menschen über den Menschen auszulösen pflegen. Das Organ der Repressalien besitzt, gleich den Repressalien selbst, kein Atom *sittlicher* Würde, und doch liegt eine gewaltige moralische Bedeutung darin verborgen, daß die Menschen der Revolution gemeinsam und öffentlich die Vergangenheit verurteilen, Zukunftspläne vorausleben und – in dem Lichte der sozialistischen Ziele – den Grad und das Maß ihrer eigenen Einwirkung bestimmen können.

Wir haben nicht zufällig von „dem Grad und dem Maß der Einwirkung" gesprochen. Wir suchten oben die Grenzen der Gewaltanwendung festzulegen. Doch haben wir eigentlich nur die Grundformen, nur die *Typen* der revolutionären Gewalt bestimmt. Die konkreten Repressalien werden aber nicht bloß durch den Typus der Gewaltanwendung, sondern auch durch seinen Grad, durch sein Maß bestimmt. Ein Beispiel genügt: das Gefängnis und die Zeit der Haft. Sind auch in dieser Sphäre irgendwelche Kriterien vorhanden, und wenn ja, welcher Art?

Nein, hier gibt es selbstverständlich keine Kriterien, wenn man nicht in den Wirrwarr der Moralkasuistik geraten will. Es bleiben immer die alten, bereits oben erwähnten Kriterien. Sie sind einfach und gleichzeitig kompliziert: einfach in ihrem tiefsten Inhalt, kompliziert in der Anwendung. Es ist schwer, den Anwendungsfall der einzelnen Strafmaßnahmen zu bestimmen; ebenso schwer ist ja auch die Bestimmung der Anwendungsfälle der einzelnen Gewalttypen. Noch mehr: es ist sogar schwer, im voraus zu entscheiden, ob man in einer bestimmten Zeit den Weg der Gewaltanwendung, des Bürgerkrieges und der Revolution überhaupt betreten dürfe. Der Kämpfer steht jedesmal, in jedem einzelnen Fall, dem *Gesamtproblem* in seiner ganzen Größe gegenüber. Es muß jedesmal aufs neue untersucht werden, ob die Gewalt anwendbar ist und ob sie um des Grundkriteriums, d. h. um der sittlichen Aufgabe des Sozialismus, willen ausgeübt wird.

Nur mit diesem Ziel vor Augen, darf die Entfesselung des bösen Elements der Gewalt gegen Menschen zugelassen werden. Sie ist zulässig nur in der schlimmsten moralischen Sackgasse, nur dort, wo man sich dessen bewußt ist, daß die revolutionäre Gewalt die sittliche Hölle im Menschen für immer zu vernichten hat. Die Gewalt ist nur als eine befristete zulässig, nicht als ein *dauernder Prozeß*. Die Gewalt kann uns daher als zulässig nur dort gelten, wo es sich um den unmittelbaren Entscheidungskampf für die *sozialistische* Revolution handelt. Eine politische, eine nationale oder irgendeine andere Revolution, die den Gegenwartsmenschen die Grundfragen des Lebens nicht mehr beantwortet, die die Hindernisse zur Harmonisierung des menschlichen Lebens nicht endgültig beseitigt, darf vom sozialistisch-ethischen Standpunkt nicht geduldet werden. Die einzige „Rechtfertigung" der gegen den Menschen ausgeübten Gewalt liegt darin, daß es im Märtyrerleben der Menschheit das *Letzte* sein soll. Es kann daher nur im „letzten und entscheidenden Kampfe" geduldet werden. Diese Stellungnahme ist hier scheinbar klar, und doch kann die Lösung auch dieser Frage nicht im voraus für alle Fälle festgelegt werden. Denn wir wissen: auch die sozialistische Revolution tritt nicht immer in einer klar umrissenen, von Anfang an scharf abgegrenzten Gestalt auf;

qualvolle Durchgangsstadien, Zwischenglieder zahlreicher Vorstadien pflegen ihr voranzugehen. Durch eine Reihe solcher Zwischenglieder verbindet sich die sozialistische Revolution vielleicht auch mit politischen Revolutionen und Umwälzungen. Darf da um desselben sittlichen Ideals willen die Gewalt auch in einer Revolution zugelassen werden, die keine ausgesprochen sozialistische ist? Das vor den Revolutionskämpfern stehende moralische Problem ist in diesem Falle ein komplizierteres: ihnen obliegt nicht nur, sich das höchste ethische Revolutionskriterium zu vergegenwärtigen, sondern auch die Frage zu beantworten: In welchem Maße sind die entsprechenden Ereignisse oder der entsprechende Zeitabschnitt mit der Entwicklung der sozialistischen Revolution *kausal* verknüpft? Dieselbe Frage taucht auch in dem Falle auf, wo die sozialistische Revolution einen langwierigen Charakter trägt, wo der Bürgerkrieg und die Gewaltanwendung sich über eine unbestimmt lange Zeit hinzuziehen drohen. Hier, ebenso wie vorher, stellt sich das Bewußtsein dieselben Fragen: Wie lange können diese Revolutionsperioden dauern, darf in diesen Perioden vom Standpunkt des obersten Kriteriums Gewalt angewandt werden? Und so wie die Frage des Kriteriums in bezug auf die Revolution als Ganzes, d. h. bezüglich der Frage des Gewaltsystems überhaupt, gestellt wird, wird sie auch bei der Entscheidung der Einzelfragen der Gewaltanwendung gestellt, sowohl bezüglich des Typus als auch des Grades der anzuwendenden Gewalt. Jedesmal, bei jedem Fall von Gewaltanwendung, muß die Frage der Angemessenheit an das sittliche Ziel des Sozialismus aufgerollt werden.

Was entscheidet diese Frage im Menschen? Das *moralische Gefühl*. Dieser scheinbar unbestimmte Begriff bezeichnet aber dasjenige, was die Vorbereitungsarbeit des Bewußtseins bei der Gewaltanwendung abzuschließen hat. Die Vorbereitungsarbeit schließt zwei Momente ein: die Einschätzung der Notwendigkeit der Gewaltanwendung und die Einschätzung seiner Angepaßtheit an das moralische Ziel des Sozialismus. Die erste Bewertung ist technisch, die zweite moralisch. Die erste ist Gegenstand und Inhalt jener komplizierten Gedankenarbeit, die man als die revolutionäre *Strategie* und Taktik bezeichnen kann (die Einschätzung der Epoche gehört zur Strategie, die Einschätzung der konkreten Gewaltmethoden zur Taktik). Diese erste, technische Einschätzung hat nur die Bedeutung einer Hilfsarbeit für die grundlegende zweite, moralische Einschätzung. Das moralische Gefühl, das die Vorarbeiten des Bewußtseins abschließt, setzt daher das Primat des moralischen Moments fest. Das moralische Gefühl ist das Ethisch-Musikalische im menschlichen Geist, ist die ewig schwingende Saite der menschlichen Seele. Es ist bei den verschiedenen Menschen verschieden, es existiert aber bei allen, und der sittliche Gang der Revolution hangt von ihm ab. Das moralische Gefühl erlaubt nicht die Jagd nach dem „letzten" Feind, dieser teuflischen Versuchung der Gewalt. Das moralische Gefühl fürchtet vielmehr jede überflüssige Träne und jeden überflüssigen Blutstropfen. Laßt uns dieses moralische Gefühl in uns zu einer *bewußt wirkenden* Kraft entwickeln! Laßt es in uns elementar wie eine ewige Stimme ertönen!

*

Wir sind am Ende. Wir fühlen vielleicht stärker als andere, daß die von uns zwischen der Gewalt und dem Terror gezogenen Grenzen in vielen Fällen als psychologisch unfaßbar und objektiv schwer feststellbar angesehen werden können. Es ist vielleicht auch eine andere Fragestellung denkbar. Gut, man stelle die Frage anders. Es ist aber wichtig, daß dieses Thema vom Revolutionsbewußtsein erfaßt wird.

Wir lehnen den Terror völlig ab, wir dulden nur die Gewalt; wir fordern aber – und das darf nicht vergessen werden – den Kampf. Wir fordern ihn, weil er das belebende Prinzip der menschlichen Entwicklung ist, weil die Geisteskultur nur in der Kampfatmosphäre gedeiht. *„Du wirst dein Recht im Kampf erwerben!"* Die Macht der Persönlichkeit erblüht nicht in der Beugung unter fremde, reale oder erdachte Kräfte, sie reift im Kampf und in der Beherrschung dieser Kräfte. Der Mensch ist stark und froh, wenn er im Sturm des Lebens und der Elemente sich selbst dem Leben und den Elementen entgegenstellt. In diesem seinen Kampf schreibt er ihnen Gesetze vor. Nicht nur ist er Gesetzgeber des sozialen Lebens, nicht nur kann er kein Gefangener der geschichtlichen Scheingesetze werden, sondern er wird auch allmählich zum Gesetzgeber des natürlichen Daseins werden. Doch der freie Mensch, der um des eigenen Lebens willen gegen die tote Natur kämpft, wahrt als sein zweites kostbarstes Gut auch die Würde, die Freiheit und das Glück seines Nächsten. Im bezug auf den Nächsten aber schreibt er *sich selbst* ethische Gesetze vor. Der Mensch steht über der Natur und ihren Gesetzen, und er steht unter seiner eigenen selbstgegebenen Ethik. Die Revolution ist die höchste Verkörperung des Kampfes. Aber auch die Revolution, die alle äußeren Schranken stürzt, schreibt sich selbst, um des Menschen willen, ihre eigenen sittlichen Gesetze vor. Sie nimmt daher die Gewaltanwendung als ein schmerzhaft Unvermeidliches hin und lehnt den Terror als Todbringendes ab.

Die Antwort auf die sittliche Grundfrage der Revolution hat zu lauten:

Kampf – immer!
Gewalt – in Schranken!
Terror – nie!

Errico Malatesta
Lieber untergehen, als Galgen errichten (1924)

Es gibt ein allgemeines Problem revolutionärer Taktik, das man ständig neu diskutieren muß, weil von seiner Lösung das Schicksal der kommenden Revolution abhängen kann.

Ich möchte nicht davon sprechen, auf welche Weise die Gewaltherrschaft, die heute manches Volk besonders stark unterdrückt, bekämpft und niedergeworfen werden kann. Unsere Rolle besteht darin, für die Klärung der Ideen und die moralische Vorbereitung im Hinblick auf eine nahe oder ferne Zukunft zu arbeiten, weil wir etwas anderes nicht tun können. Und hielten wir im übrigen den Zeitpunkt effektiven Handelns für gekommen, so sprächen wir umso weniger darüber.

Ich werde mich daher nur – rein hypothetisch – mit der Zeit nach der siegreichen Insurrektion und mit den Gewaltmaßnahmen befassen, die einige gerne anwenden würden, um „der Gerechtigkeit zum Sieg zu verhelfen", und andere für notwendig halten, um die Revolution vor den Angriffen ihrer Feinde zu schützen.

Lassen wir den allzu relativen Begriff „Gerechtigkeit" beiseite: er diente stets allen Formen der Unterdrückung und Ungerechtigkeit als Vorwand und bedeutet oft nichts anderes als Rache. Haß- und Rachsucht sind unbezähmbare Gefühle, die natürlich durch Unterdrückung geweckt und genährt werden; aber mögen sie auch eine nützliche Kraft darstellen, um das Joch abzuschütteln, so sind sie doch eine negative Kraft, wenn es gilt, Unterdrückung nicht durch eine neue Unterdrückung, sondern durch Freiheit und Brüderlichkeit unter den Menschen zu ersetzen. Und daher müssen wir uns bemühen jene höheren Gefühle zu wecken, die ihre Kraft aus der leidenschaftlichen Liebe zum Guten schöpfen, wobei wir uns jedoch gleichzeitig davor hüten müssen, das Ungestüm zu unterbinden, das zwar aus guten und auch aus schlechten Elementen besteht, aber für den Sieg erforderlich ist. Sollte es nötig sein, der Masse – um sie besser lenken zu können – Zügel in Gestalt einer neuen Gewaltherrschaft anzulegen, so lassen wir lieber zu, daß sie ihrem leidenschaftlichen Gefühl folgt, aber vergessen wir nie, daß wir Anarchisten weder Rächende noch Richtende sein können. Wir wollen Befreier sein und als solche muß unsere Aktion in Aufklärungsarbeit und beispielhaften Taten bestehen.

Befassen wir uns also hier mit der wichtigsten Frage: der Verteidigung der Revolution. Es gibt noch immer Menschen, die von der Idee des Terrors fasziniert sind, denen Guillotine, Erschießungskommandos, Massaker, Deportationen, Galeeren (Galgen und Galeeren, wie mir kürzlich einer der bekanntesten Kommunisten sagte) machtvolle, unerläßliche Waffen der Revolution zu sein scheinen und nach deren Auffassung viele Revolutionen deshalb niedergeschlagen wurden und nicht zum erwarteten Ergebnis führten, weil die Revolutionäre in ihrer Güte und Schwäche die Gegner nicht genügend verfolgt, unterdrückt, massakriert haben.

Dies ist ein in gewissen revolutionären Kreisen verbreiteter Irrglaube, der seinen Ursprung in der Rhetorik und den Geschichtsfälschungen der Apologeten der Französischen Revolution hat und in der letzten Zeit von der bolschewistischen Propaganda verstärkt wurde. Aber das genaue Gegenteil ist wahr: Terror war stets Werkzeug der Gewaltherrschaft. In Frankreich diente er der finsteren Herrschaft Robespierres. Er ebnete Napoleon und der nachfolgenden Reaktion den Weg. In Rußland verfolgte und tötete er Anarchisten und Sozialisten, massakrierte er rebellische Arbeiter und Bauern und bremste letzten Endes das Ungestüm einer Revolution, die doch für die Menschheit ein neues Zeitalter hätte bedeuten können.

Wer an die revolutionäre, befreiende Kraft von Repression und Grausamkeit glaubt, hat die gleiche rückschrittliche Mentalität wie die Juristen, die glauben, daß man Verbrechen durch harte Strafen verhindern und die Welt moralisch bessern könne.

Ebenso wie der Krieg erweckt Terror atavistische, tierische, noch nicht völlig vom Firnis der Zivilisation zugedeckte Gefühle zu neuem Leben und trägt auf seiner Woge die schlimmsten Elemente der Bevölkerung an die höchsten Stellen. Und anstatt zur Verteidigung der Revolution zu dienen, bringt er sie in Verruf, macht sie in den Augen der Massen verhaßt und leitet zwangsläufig das ein, was man heute „Normalisierung" nennen würde, das heißt Legalisierung und Verewigung der Gewaltherrschaft. Ob nun die eine oder die andere Seite siegt, es kommt in jedem Fall zur Bildung einer starken Regierung, die den einen Frieden auf Kosten der Freiheit und den anderen Herrschaft ohne allzu viele Gefahren sichert.

Ich weiß genau, daß diejenigen Anarchisten, die für Terror sind (so gering ihre Zahl auch sein mag), jeglichen organisierten, auf Befehl einer Regierung und durch bezahlte Agenten durchgeführten Terror ablehnen: sie möchten, dass die Masse selbst ihre Feinde direkt angreift. Doch würde dies die Situation nur noch verschlimmern. Terror mag Fanatikern gefallen, doch steht er vor allem den wahrhaft Bösen an, denen es nach Geld und Blut gelüstet. Man darf die Masse nicht idealisieren und sie sich einzig aus guten Menschen bestehend vorstellen, die zwar Ausschreitungen begehen können, doch sich dabei stets von guten Absichten leiten lassen. Polizeischergen und Faschisten sind Diener der Bourgeoisie, doch kommen sie aus der Masse!

In Italien nahm der Faschismus zahlreiche Verbrecher in sich auf und reinigte so bis zu einem gewissen Grad vorsorglich das Milieu, in dem die Revolution stattfinden wird. Doch darf man nicht glauben, daß alle Duminis[3] und Cesarino Rossis Faschisten sind. Unter ihnen gibt es welche, die aus irgendeinem Grund nicht zu Faschisten werden wollten oder konnten, doch bereit sind, im Namen der „Revolution" das zu tun, was die Faschisten im Namen des „Vaterlandes" tun. Und so wie die Strauchdiebe aller Regimes immer bereit waren, sich in den Dienst der neuen Regimes zu stellen und deren eifrigste Werkzeuge zu werden, so werden die Faschisten von heute morgen bereit sein, sich zu Anarchisten oder Kommunisten oder was auch immer zu erklären, nur um weiterhin die Rolle der Herrschenden spielen und ihre schlechten Instinkte befriedigen zu können. Können sie dies nicht im eigenen Lande, weil sie bekannt und bloßgestellt sind, so werden sie anderswo nach Gelegenheiten suchen, sich gewalttätiger, „energischer" als die anderen zu zeigen und alle, die die Revolution als ein großes Werk der Güte und Liebe begreifen, als Gemäßigte, Feiglinge und Konterrevolutionäre behandeln.

Sicher muß sich die Revolution verteidigen und mit unerbittlicher Logik entwickeln, doch darf und kann man sie nicht mit Mitteln verteidigen, die im Widerspruch zu ihren Zielen stehen.

Das Hauptmittel zur Verteidigung der Revolution besteht nach wie vor darin, der

---

3 Amerigo Dumini (1894–1967) war ein faschistischer Aktivist, der 1924 an der Ermordung des Führers der Sozialisten Giacomo Matteotti beteiligt war.

Bourgeoisie die ökonomischen Mittel der Herrschaft zu nehmen, alle zu bewaffnen (bis man alle dazu bringen kann, die Waffen fortzuwerfen, so wie man unnütze, gefährliche Gegenstände wegwirft) und die gesamte Masse der Bevölkerung am Sieg zu beteiligen.

Müßte man, um zu siegen, auf öffentlichen Plätzen Galgen errichten, so will ich lieber untergehen.

Kapitel IV:
Gewalt als Mittel zur Befreiung des kolonialisierten Menschen und der Afroamerikaner

Frantz Fanon
Gewalt und Dekolonialisierung (1961)

Die koloniale Welt ist eine in Abteile getrennte Welt. Zweifellos ist es überflüssig, ihre Einteilung in Eingeborenen- und Europäerstädte, in Schulen für Eingeborene und Schulen für Europäer nochmals zu beschreiben, wie es auch überflüssig ist, auf die *Apartheid* in Südafrika hinzuweisen. Trotzdem, wenn wir in das Innere dieser Abtrennung eindringen, so wird das zumindest den Vorteil haben, einige der Kraftlinien, die sie enthält, deutlich zu machen. Eine Analyse der kolonialen Welt, ihrer Einrichtung, ihrer geographischen Gestalt wird uns ermöglichen, das Gerüst zu bestimmen, von dem die dekolonisierte Gesellschaft ausgeht, wenn sie sich neu organisiert.

Die kolonisierte Welt ist eine zweigeteilte Welt. Die Trennungslinie, die Grenze wird durch Kasernen und Polizeiposten markiert. Der rechtmäßige und institutionelle Gesprächspartner des Kolonisierten, der Wortführer des Kolonialherrn und des Unterdrückungsregimes ist der Gendarm oder der Soldat. In den kapitalistischen Ländern schiebt sich zwischen die Ausgebeuteten und die Macht eine Schar von Predigern und Morallehrern, die für Desorientierung sorgen. Das Unterrichtswesen, gleichgültig, ob weltlich oder religiös; die Ausbildung von moralischen Reflexen, die vom Vater auf den Sohn übertragen werden; die vorbildliche Anständigkeit von Arbeitern, die nach fünfzig Jahren guter Dienste mit einer Medaille bedacht werden; die allgemein ermunterte Liebe zur Eintracht und zur bürgerlichen Bravheit – all diese geradezu ästhetischen Formen des Respekts vor der etablierten Ordnung schaffen um den Ausgebeuteten eine Atmosphäre der Unterwerfung und Entsagung, welche den Ordnungskräften ihre Arbeit beträchtlich erleichtert. Dagegen sind es in den kolonialen Gebieten der Gendarm und der Soldat, die, ohne jede Vermittlung, durch direktes und ständiges Eingreifen den Kontakt zum Kolonisierten aufrechterhalten und ihm mit Gewehrkolbenschlägen und Napalmbomben raten, sich nicht zu ruhren. Man sieht, der Agent der Macht benutzt die Sprache der reinen Gewalt. Der Agent erleichtert nicht die Unterdrückung und verschleiert nicht die Herrschaft. Er stellt sie zur Schau, er manifestiert sie mit dem guten Gewissen der Ordnungskräfte. Der Agent trägt die Gewalt in die Häuser und in die Gehirne der Kolonisierten.

Die von den Kolonisierten bewohnte Zone ist der von den Kolonialherren bewohnten Zone nicht komplementär. Die beiden Zonen stehen im Gegensatz zueinander, aber nicht im Dienste einer höheren Einheit. Beherrscht von einer rein aristotelischen Logik, gehorchen sie dem Prinzip des gegenseitigen Sich-Ausschließens: es gibt keine mögliche Versöhnung, eines der beiden Glieder ist zuviel. Die Stadt des Kolonialherrn ist eine stabile Stadt, ganz aus Stein und Eisen. Es ist eine erleuchtete, asphaltierte Stadt, in der die Mülleimer immer von unbekannten, nie gesehenen, nicht einmal erträumten Resten überquellen. Die Füße des Kolonialherrn sind niemals sichtbar, außer vielleicht am Meer, aber man kommt niemals nah genug an sie heran. Von soliden Schuhen geschützte Füße, während die Straßen ihrer Städte sauber, glatt, ohne Löcher, ohne Steine sind. Die Stadt des Kolonialherrn ist eine gemästete, faule Stadt, ihr Bauch ist ständig voll von guten Dingen. Die Stadt des Kolonialherrn ist eine Stadt von Weißen, von Ausländern.

Die Stadt des Kolonisierten, oder zumindest die Eingeborenenstadt, das Negerdorf, die Medina, das Reservat, ist ein schlecht berufener Ort, von schlecht berufenen Menschen bevölkert. Man wird dort irgendwo, irgendwie geboren. Man stirbt dort irgendwo, an irgendwas. Es ist eine Welt ohne Zwischenräume, die Menschen sitzen hier einer auf dem andern, die Hütten eine auf der andern. Die Stadt des Kolonisierten ist eine ausgehungerte Stadt, ausgehungert nach Brot, Fleisch, Schuhen, Kohle, Licht. Die Stadt des Kolonisierten ist eine niedergekauerte Stadt, eine Stadt auf Knien, eine hingelümmelte Stadt. Eine Stadt von Negern, eine Stadt von Bicots[1]. Der Blick, den der Kolonisierte auf die Stadt des Kolonialherrn wirft, ist ein Blick geilen Neides. Besitzträume. Aller Arten von Besitz: sich an den Tisch des Kolonialherrn setzen, im Bett des Kolonialherrn schlafen, wenn möglich mit seiner Frau. Der Kolonisierte ist ein Neider. Der Kolonialherr weiß das genau. Wenn er jenen Blick unversehens überrascht, stellt er mit Bitterkeit, aber immer wachsam fest: „Sie wollen unseren Platz einnehmen." Das ist wahr, es gibt keinen Kolonisierten, der nicht mindestens einmal am Tag davon träumt, sich auf dem Platz des Kolonialherrn niederzulassen.

Diese in Abteile getrennte, diese zweigeteilte Welt wird von verschiedenen Menschenarten bewohnt. Die Eigenart des kolonialen Kontextes besteht darin, daß die ökonomischen Realitäten, die Ungleichheiten, der enorme Unterschied der Lebensweisen niemals die menschlichen Realitäten verschleiern können. Wenn man den kolonialen Kontext in seiner Unmittelbarkeit wahrnimmt, so wird offenbar, daß das, was diese Welt zerstückelt, zuerst die Tatsache der Zugehörigkeit zu einer bestimmten Art, einer bestimmten Rasse ist. In den Kolonien ist der ökonomische Unterbau zugleich ein Überbau. Die Ursache ist Folge: man ist reich weil weiß, man ist weiß weil reich. Deshalb müssen die marxistischen Analysen immer etwas gedehnt werden, wenn man sich mit dem kolonialen Problem befaßt. Bis zum Konzept der von Marx genau untersuchten präkapitalistischen Gesellschaft hin müßte hier alles neu durchdacht werden. Der Leibeigene ist anderen Wesens als der Ritter, aber ein Bezug auf das göttliche Recht ist nötig, um diesen versteinerten Unterschied zu rechtfertigen. In den Kolonien hat sich der von weither gekommene Ausländer mit Hilfe seiner Kanonen und seiner Maschinen breitgemacht. Trotz der gelungenen Domestizierung, trotz der Besitzergreifung bleibt der Kolonialherr immer Ausländer. Weder die Fabriken noch der Besitz noch das Bankkonto kennzeichnen die „herrschende Klasse". Die herrschende Art ist zunächst die, die von woanders kommt, die nicht den Autochthonen ähnelt, die Art der „anderen".

---

1 Schimpfwort für nordafrikanische Männer.

Die Gewalt, die hinter der Einrichtung der kolonialen Welt steht, die zur Zerstörung der eingeborenen Gesellschaftsformen unermüdlich den Rhythmus schlägt, das ökonomische Bezugssystem, das Erscheinungsbild, die Kleidung ohne Einschränkung zugrunde richtet, wird vom Kolonisierten in dem Moment für sich beansprucht und übernommen werden, da die kolonisierte Masse, entschlossen, zur aktiven Geschichte zu werden, sich auf die verbotenen Städte stürzen wird. Die koloniale Welt in die Luft sprengen, das ist von jetzt an ein sehr klares, sehr verständliches Aktionsbild; es kann von jedem einzelnen Kolonisierten übernommen werden. Die koloniale Welt auflösen heißt nicht, daß man nach dem Niederreißen der Grenzen Übergänge zwischen den beiden Zonen einrichten wird. Die koloniale Welt zerstören heißt nicht mehr und nicht weniger, als eine der beiden Zonen vernichten, sie so tief wie möglich in den Boden einstampfen oder vom Territorium vertreiben.

Die Infragestellung der kolonialen Welt durch den Kolonisierten ist keine rationale Konfrontation von Gesichtspunkten. Sie ist keine Abhandlung über das Universale, sondern die wilde Behauptung einer absolut gesetzten Eigenart. Die koloniale Welt ist eine manichäische Welt. Dem Kolonialherrn genügt es nicht, den Lebensraum des Kolonisierten physisch, das heißt mit Hilfe seiner Polizei und seiner Gendarmerie, einzuschränken. Wie um den totalitären Charakter der kolonialen Ausbeutung zu illustrieren, macht der Kolonialherr aus dem Kolonisierten ein Art Quintessenz des Bösen. Die kolonisierte Gesellschaft wird nicht nur als eine Gesellschaft ohne Werte beschrieben. Es genügt dem Kolonialherrn nicht, zu behaupten, die Werte hätten die kolonisierte Welt verlassen oder, besser, es habe sie dort niemals gegeben. Der Eingeborene, heißt es, ist für die Ethik unerreichbar, ist Abwesenheit von Werten, aber auch Negation der Werte. Er ist, sagen wir es offen, der Feind der Werte. Insofern ist er das absolute Übel: ein zersetzendes Element, das alles, was mit ihm in Berührung kommt, zerstört, alles, was mit Ästhetik oder Moral zu tun hat, deformiert und verunstaltet, ein Hort unheilvoller Kräfte, ein unbewußtes und nicht faßbares Instrument blinder Gewalten. Und Herr Meyer konnte in der Französischen Nationalversammlung ernsthaft sagen, man dürfe die Republik nicht prostituieren, indem man das algerische Volk eindringen lasse. In der Tat, die Werte werden unwiderruflich vergiftet und infiziert, sobald man sie mit dem kolonisierten Volk in Kontakt bringt. Die Sitten des Kolonisierten, seine Traditionen, seine Mythen, vor allem seine Mythen, sind selbst das Zeichen dieser Armut, dieser konstitutionellen Verderbtheit (…).

Sobald der Kolonisierte anfängt, an den Fesseln zu zerren, den Kolonialherrn zu beunruhigen, schickt man ihm gute Seelen, die ihm auf „Kulturkongressen" das Wesen und die Reichtümer der westlichen Werte darlegen. Aber jedesmal, wenn von westlichen Werten die Rede ist, zeigt sich beim Kolonisierten eine Art Anspannung, ein Starrkrampf der Muskeln. In der Dekolonisationsperiode wird plötzlich an die Vernunft der Kolonisierten appelliert. Man bietet ihnen sichere Werte an, man erklärt ihnen bis zum Überdruß, daß die Dekolonisation nicht Regression bedeuten dürfe, daß man sich auf die erprobten, soliden, kanonisierten Werte stützen müsse. Es geschieht aber, daß der Kolonisierte, wenn er eine Rede über die westliche Kultur hört, seine Machete zieht oder sich doch versichert, daß sie in Reichweite seiner Hand ist. Die Gewalt, mit der sich die Überlegenheit der weißen Werte behauptet hat, die Aggressivität, die die siegreiche Konfrontation dieser Werte mit den Lebens- oder Denkweisen der Kolonisierten gezeichnet hat, führt durch eine legitime Umkehr der Dinge dazu, daß der Kolonisierte grinst, wenn man diese Werte vor ihm heraufbeschwört. Im kolonialen Kontext hält der Kolonialherr erst dann in seiner Zermürbung des Kolonisierten inne, wenn dieser mit lauter und vernehmbarer Stimme die Überlegenheit der weißen Werte anerkannt hat. In der Dekolonisationsperiode aber macht sich die kolonisierte Masse über eben diese Werte lustig, beschimpft sie und spuckt auf sie aus vollem Halse. Dieses Phänomen bleibt gewöhnlich verschleiert, weil während der Dekolonisationsperiode gewisse kolonisierte Intellektuelle in einen Dialog mit der Bourgeoisie des kolonialistischen Landes eintreten. Lange Zeit war die autochthone Bevölkerung nur als ununterschiedene Masse wahrgenommen worden. Die wenigen eingeborenen Individualitäten, die die kolonialistische Bourgeoisie hier und da hat kennenlernen können, bildeten kein ausreichendes Gegengewicht gegen diese unmittelbare Wahrnehmung. Nuancen kamen nicht auf.

Während der Befreiungsperiode dagegen sucht die kolonialistische Bourgeoisie fieberhaft nach Kontakten zu den „Eliten". Mit diesen Eliten wird dann der berühmte Dialog über die Werte geführt. Wenn die kolonialistische Bourgeoisie feststellt, daß es für sie unmöglich ist, ihre Herrschaft über die Kolonialländer aufrechtzuerhalten, beschließt sie, ein Rückzugsgefecht zu führen: auf dem Gebiet der Kultur, der Werte, der Techniken usw. Man darf jedoch niemals aus den Augen verlieren, daß die überwältigende Mehrheit der kolonisierten Völker für diese Probleme unerreichbar ist. Für das kolonisierte Volk ist der wichtigste, weil konkreteste Wert zuerst das Land: das Land, das das Brot und natürlich die Würde sichern muß. Aber diese Würde hat nichts mit der „Menschenwürde" zu tun. Von jenem idealen Menschen hat der Kolonisierte niemals gehört. Was er auf seinem Boden gesehen hat, ist, daß man ihn ungestraft festnehmen, schlagen, aushungern kann. Und niemals ist irgendein Morallehrer, niemals irgendein Pfarrer gekommen, um an seiner Stelle die Schläge zu empfangen oder sein Brot mit ihm zu teilen. Moralist sein heißt für den Kolonisierten etwas Handfestes: es heißt, den Dünkel des Kolonialherrn zum Schweigen bringen, seine offene Gewalt brechen, mit einem Wort: ihn rundweg von der Bildfläche vertreiben. Der berühmte Grundsatz, daß alle Menschen gleich seien, läßt in den Kolonien nur *eine* Anwendung zu: der Kolonisierte wird behaupten, daß er dem Kolonialherrn gleich sei. Ein Schritt weiter, und er wird kämpfen wollen, um mehr zu sein als der Kolonialherr. Tatsächlich hat er schon beschlossen, den Kolonialherrn abzulösen, seinen Platz einzunehmen. Man sieht, eine ganz materielle und moralische Welt bricht zusammen. Der Intellektuelle, der für seinen Teil dem Kolonialisten auf die Ebene des abstrakten Universalen gefolgt ist, wird darum kämpfen, daß Kolonialherr und Kolonisierter in einer neuen Welt friedlich miteinander leben können. Aber was er nicht sieht, eben weil der Kolonialismus ihn mit allen seinen Denkweisen infiziert hat, ist die Tatsache, daß der Kolonialherr, sobald der koloniale Kontext verschwindet, kein Interesse mehr hat, zu bleiben, zu koexistieren. Es ist kein Zufall, wenn noch vor jeder Verhandlung zwischen der algerischen und der französischen Regierung die sogenannte „liberale" europäische Minderheit schon ihre Position bekanntgegeben hat: sie verlangt nicht mehr und nicht weniger als die doppelte Staatsangehörigkeit. Man will also, während man sich noch auf der abstrakten Ebene verschanzt, den Kolonialherrn dazu verdammen, einen ganze konkreten Sprung ins Unbekannte zu machen. Sagen wir es offen, der Kolonialherr weiß genau, daß keine Phraseologie die Realität ersetzen kann. (...)

Aber es kommt vor, daß die Dekolonisation in Gebieten stattfindet, die nicht genügend vom Befreiungskampf aufgerüttelt worden sind, und man findet die gleichen Intellektuellen als geschäftstüchtige, gerissene und verschlagene Leute wieder. Sie haben die Verhaltensweisen und Denkformen bewahrt, die sie im Umgang mit der kolonialistischen Bourgeoisie angenommen hatten. Als verwöhnte Kinder, gestern des Kolonialismus, heute der neuen Staatsmacht, organisieren sie die Plünderung der Reichtümer, die dem Land geblieben sind. Unerbittlich versuchen sie durch Schiebung oder legale Diebstähle, durch Import-Export, durch Aktiengesellschaften, Börsenspekulation, Schiebungen, sich herauszuziehen aus der Misere, die jetzt eine nationale ist. Sie verlangen nachdrücklich die Nationalisierung des Handels, das heißt die Reservierung der Märkte und guten Gelegenheiten einzig für die eigenen Leute. Doktrinär verkünden sie die Notwendigkeit, die Ausplünderung der Nation zu nationalisieren. In der Phase der *austerity* und der ökonomischen Dürre ruft der Erfolg ihrer Plünderungen schnell die Wut und die Gewalt des Volkes hervor. Dieses elende und unabhängige Volk kommt im gegenwärtigen afrikanischen und internationalen Kontext immer rascher zu einem sozialen Bewußtsein. Das werden die kleinen Individualitäten sehr bald begreifen.

Der Kolonisierte hat die Kultur des Unterdrückers angenommen und sich auf sie eingelassen; er hat dafür zahlen müssen. Unter anderem damit, daß er sich die Denkformen der kolonialen Bourgeoisie zu eigen machte. Das zeigt sich in der Unfähigkeit des kolonisierten Intellektuellen zum Dialog. Er kann sein Ich nicht hinter dem Gegenstand oder der Idee zurücktreten lassen. Wenn er dagegen mitten unter dem Volk kämpft, fällt er von einem Erstaunen ins andere. Er ist buchstäblich entwaffnet durch die Gutgläubigkeit und Anständigkeit des Volkes. Dann wiederum ist er ständig der Gefahr ausgesetzt, in eine Vergötterung des Volkes zu verfallen. Er sagt zu jedem Satz des Volkes ja und amen, nachdem er ihn zu einer Sentenz gemacht hat. Aber die Fellache, der Arbeitslose, der Ausgehungerte nimmt nicht die Wahrheit für sich in Anspruch. Er sagt nicht, er sei die Wahrheit: er verkörpert sie.

Der Intellektuelle verhält sich in dieser Periode objektiv wie ein gewöhnlicher Opportunist. Sein Taktieren hat nicht aufgehört. Das Volk denkt keineswegs daran, ihn zuruckzustoßen oder an die Wand zu drucken. Das Volk verlangt nur, daß niemand seine eigene Suppe koche. Der kolonisierte Intellektuelle wird jedoch hinter der Bewegung des Volkes zurückbleiben, weil er einem merkwürdigen Kult des Details frönt. Nicht, daß das Volk rebellisch wäre gegen die Analyse. Es will sich aufklären lassen, es will die Zwischenglieder einer Argumentation verstehen, es will sehen, wie die Dinge laufen. Aber der kolonisierte Intellektuelle bevorzugt zu Beginn seines Zusammenlebens mit dem Volk das Detail und vergißt schließlich die Niederlage des Kolonialismus, den eigentlichen Gegenstand des Kampfes. Mitgerissen von der vielfältigen Bewegung des Kampfes, neigt er dazu, sich in lokale Aufgaben zu verbeißen, die er mit Eifer verfolgt, aber fast immer verabsolutiert. Er sieht nicht jederzeit das Ganze. Er möchte seine Disziplinen, Spezialitäten, Bereiche unversehrt in jene furchtbare Zerkleinerungs- und Mischmaschine einführen, die eine Volksrevolution darstellt. An bestimmten Punkten der Front engagiert, passiert es ihm, daß er die Einheit der Bewegung aus dem Auge verliert und im Falle eines lokalen Scheiterns sich dem Zweifel, ja der Verzweiflung hingibt. Das Volk dagegen nimmt von Anfang an allgemeine Positionen ein. Das Land und das Brot: was tun, um das Land und das Brot zu bekommen? Und dieser eigensinnige, scheinbar beschränkte, enge Aspekt des Volkes ist letzthin das umfassendste und wirksamste Operationsmodell. (...)

Der Kolonialherr macht die Geschichte und weiß, daß er sie macht. Und weil er sich ständig auf die Geschichte seines Mutterlandes bezieht, gibt er deutlich zu verstehen, daß er hier der Vorposten dieses Mutterlandes ist. Die Geschichte, die er schreibt, ist also nicht die Geschichte des Landes, das er ausplündert, sondern die Geschichte seiner eigenen Nation, in deren Namen er raubt, vergewaltigt und aushungert. Die Unbeweglichkeit, zu welcher der Kolonisierte verdammt ist, kann nur dadurch in Frage gestellt werden, daß der Kolonisierte beschließt, der Geschichte der Kolonisation, der Geschichte der Ausplünderung ein Ende zu setzen, um die Geschichte seines Landes, die Geschichte der Dekolonisation beginnen zu lassen.

Eine in Abteile getrennte, manichäische, unbewegliche Welt, eine Welt von Statuen: die Statue des Generals, der das Land erobert, die Statue des Ingenieurs, der die Brücke gebaut hat. Eine selbstsichere Welt, die mit ihren Steinen die gepeitschten und zerschundenen Rücken erdrückt. Das ist die koloniale Welt. Der Eingeborene ist ein eingepferchtes Wesen, die *Apartheid* ist nur eine besondere Form der kolonialen Trennung überhaupt. Als erstes lernt der Eingeborene, auf seinem Platz zu bleiben, die Grenzen nicht zu überschreiten. Deshalb sind die Träume des Eingeborenen Muskelträume, Aktionsträume, aggressive Träume. Ich träume, daß ich springe, daß ich schwimme, daß ich renne, daß ich klettere. Ich träume, daß ich vor Lachen berste, daß ich den Fluß überspringe, daß ich von Autorudeln verfolgt werde, die mich niemals einholen. Während der Kolonisation hört der Kolonisierte nicht auf, sich zwischen neun Uhr abends und sechs Uhr früh zu befreien.

Diese in seinen Muskeln sitzende Aggressivität wird der Kolonisierte zunächst gegen seinesgleichen richten. Das ist die Periode, wo sich die Neger gegenseitig auffressen und wo die Polizisten, die Untersuchungsrichter sich nicht mehr zu helfen wissen angesichts der erstaunlichen nordafrikanischen Kriminalität. Wir werden später sehen, was von diesem Phänomen zu halten ist. Gegenüber der kolonialen Ordnung befindet sich der Kolonisierte in einem Zustand permanenter Spannung. Die Welt des Kolonialherrn ist eine feindliche Welt, die ihn zurückstößt, aber gleichzeitig ist sie eine Welt, die seinen Neid erregt. Wir haben gesehen, daß der Kolonisierte immer davon träumt, sich an der Stelle des Kolonialherrn niederzulassen. Nicht, ein Kolonialherr zu werden, sondern den Platz des Kolonialherrn einzunehmen. Dessen feindselige, drückende, aggressive Welt erscheint der kolonisierten Masse, die von ihr gewaltsam ausgeschlossen bleibt, nicht als Hölle, der man so schnell wie möglich entkommen möchte, sondern als ein Paradies in greifbarer Nähe, bewacht von furchteinflößenden Bluthunden.

Der Kolonisierte ist immer auf der Hut, weil er die vielfältigen Zeichen der kolonialen

Welt nur schwer entziffern kann; er weiß niemals, ob er die Grenze schon überschritten hat oder nicht. In der vom Kolonialisten eingerichteten Welt gilt der Kolonisierte von vornherein als der Schuldige. Die Schuld des Kolonisierten ist keine übernommene Schuld, eher eine Art Fluch, ein Damoklesschwert. In seinem Innern nämlich erkennt der Kolonisierte keine Instanz an. Er ist unterworfen, aber nicht gezähmt. Er ist erniedrigt, aber nicht von seiner Niedrigkeit überzeugt. Er wartet geduldig, daß der Kolonialherr in seiner Wachsamkeit nachlasse, um sich auf ihn zu stürzen. Die Muskeln des Kolonisierten liegen ständig auf der Lauer. Man kann nicht sagen, daß er beunruhigt, daß er terrorisiert sei. In Wirklichkeit ist er immer bereit, die Rolle des Freiwilds aufzugeben, um die des Jägers zu übernehmen. Der Kolonisierte ist ein Verfolgter, der ständig davon träumt, Verfolger zu werden. Die sozialen Symbole – Gendarmen, Zapfenstreiche in den Kasernen, militärische Paraden und Flaggenhissungen – dienen gleichzeitig als Verbots- und als Reizmittel. Für den Kolonisierten besagen sie nicht: „Aufruhr ist zwecklos", sondern: „Bereite dich auf deinen Kampf gut vor." Und wenn der Kolonisierte wirklich je dazu neigen sollte, einzuschlafen, zu vergessen: die Anmaßung des Kolonialherrn und sein Eifer, die Stabilität des Kolonialsystems zu beweisen, würden ihn immer von neuem daran erinnern, daß die große Konfrontation nicht auf unbestimmte Zeit hinausgeschoben werden kann. Dieser Drang, den Platz des Kolonialherrn einzunehmen, bewirkt eine ständige Anspannung der Muskulatur. Bekanntlich verstärkt unter gegebenen emotionalen Bedingungen die Anwesenheit eines Hindernisses die Tendenz zur Bewegung.(...)

Man wird im Laufe des Befreiungskampfes eine eigenartige Abkühlung gegenüber diesen Praktiken [der Naturreligionen und der Besessenheit, Anm. d. Hg.] erleben. Mit dem Rücken zur Wand, das Messer an der Kehle oder, um genauer zu sein, die Elektrode an den Genitalien, wird der Kolonisierte begreifen, daß die alten Geschichten ihre Macht verloren haben. Nachdem er sich jahrelang dem Irrealen, den erstaunlichsten Phantasmen hingegeben hat, geht der Kolonisierte endlich, das Maschinengewehr in der Faust, gegen die einzigen Kräfte vor, die ihm sein Sein streitig gemacht haben: die des Kolonialismus. Und der junge Kolonisierte, der in einer Atmosphäre von Eisen und Feuer aufwächst, kann es sich leisten, Witze zu reißen über Zombie-Ahnen, die zweiköpfigen Pferde, die wiedererwachenden Toten, die Dschinns, die ein Gähnen ausnutzen, um in den Körper zu fahren. Der Kolonisierte entdeckt die Realität und verändert sie in der Entfaltung seiner Praxis, in der Ausübung der Gewalt, in seinem Befreiungsplan.

Wir haben gesehen, daß diese Gewalt während der ganzen Kolonialperiode, obwohl sie sich unter der Haut ansammelt, leerläuft. Wir haben gesehen, wie sie durch die emotionalen Entladungen des Tanzes oder der Besessenheit kanalisiert wird. Wir haben gesehen, wie sie sich in Bruderkämpfen erschöpft. Das Problem ist jetzt, zu begreifen, wie diese Gewalt sich reorientiert. Während sie sich zuvor in Mythen gefiel und Gelegenheiten für einen kollektiven Selbstmord suchte, werden ihr nun neue Bedingungen ermöglichen, die Richtung zu wechseln.

Durch die Befreiung der Kolonien ist der gegenwärtigen Epoche ein theoretisches Problem von entscheidender Bedeutung aufgegeben: wann kann man sagen, daß die

Situation für eine nationale Befreiungsbewegung reif sei? Wer soll ihre Avantgarde stellen? Da die Dekolonisation vielfältige Formen angenommen hat, zögert die Vernunft und verbietet sich zu sagen, was eine wirkliche Dekolonisation und was eine falsche sei. Wir werden sehen, daß es für den Betroffenen eine dringliche Aufgabe ist, über die Mittel, die Taktik, das heißt die Verfahrensweise und die Organisation, zu entscheiden. Wird sie nicht gelöst, so liefert man sich einem Voluntarismus aus, der dem blinden Zufall und den schlimmsten Möglichkeiten der Reaktion Tür und Tor öffnet.

Welches sind die Kräfte, die in der Kolonialperiode der Gewalt des Kolonisierten neue Wege, neue Ansatzpunkte bieten? Da sind zunächst die politischen Parteien und die intellektuellen oder kaufmännischen Eliten. Für bestimmte politische Formationen ist es jedoch kennzeichnend, daß sie Prinzipien verkünden, aber keine Parolen ausgeben. Die Aktivität dieser nationalistischen politischen Parteien erschöpft sich, solange die Kolonialmacht herrscht, im Wahlkampf-Betrieb und in einer Folge von philosophisch-politischen Abhandlungen über das Selbstbestimmungsrecht der Völker, über das Menschenrecht auf Würde und Brot und in der ununterbrochenen Beteuerung des Grundsatzes: „Ein Mensch – eine Stimme." Die nationalistischen politischen Parteien bestehen nie auf der Notwendigkeit der Kraftprobe, weil ihr Ziel eben nicht die radikale Umwälzung des Systems ist. Als Pazifisten und Legalisten im Grunde Parteigänger der Ordnung (der neuen), stellen diese politischen Kreise der kolonialistischen Bourgeoisie offen die Forderung, die ihnen wesentlich ist: „Gebt uns mehr Macht." Gegenüber dem spezifischen Problem der Gewalt verhalten sich die Eliten zweideutig. Sie sind gewalttätig in ihren Worten und reformistisch in ihren Taten. Wenn die bürgerlich-nationalistischen Politiker etwas sagen, so geben sie ohne Umschweife zu verstehen, daß sie es nicht wörtlich meinen.

Dieser Charakter der nationalistischen politischen Parteien ist durch die Qualität ihrer Kader wie ihrer Anhängerschaft zu erklären. Diese Anhängerschaft ist städtisch: sie besteht aus Arbeitern, Lehrern, kleineren Handwerkern und Kaufleuten, die angefangen haben, von der kolonialen Situation zu profitieren – für ein Butterbrot, versteht sich und die nun ihre Sonderinteressen anmelden. Sie verlangen die Verbesserung ihrer Lage, die Erhöhung der Löhne. Der Dialog zwischen diesen politischen Parteien und dem Kolonialismus ist niemals abgerissen. Man diskutiert über Verbesserungen, parlamentarische Vertretung, Pressefreiheit, Vereinsfreiheit. Man diskutiert über Reformen. So kann es auch nicht überraschen, daß eine große Zahl von Eingeborenen in den Lokalverbänden der politischen Formationen des „Mutterlandes" aktiv ist. Diese Eingeborenen kämpfen für das abstrakte Schlagwort „Die Macht dem Proletariat" und vergessen dabei, daß in ihrem Land zunächst um die Forderungen dieses Landes gekämpft werden muß. Der kolonisierte Intellektuelle läßt seine Aggressivität dem kaum verhüllten Willen zugute kommen, sich der kolonialen Welt anzupassen. Er stellt seine Aggressivität in den Dienst seiner eigenen, seiner individuellen Interessen. So entsteht leicht eine Klasse von individuell befreiten Sklaven, von Freigelassenen. Was der Intellektuelle fordert, ist die Möglichkeit, die Freigelassenen zu vermehren, die Möglichkeit, eine authentische Klasse von Freigelassenen zu organisieren.

Die Massen dagegen wollen nicht die Erfolgschancen von einzelnen sich vergrößern sehen. Nicht den Status des Kolonialherrn verlangen sie, sondern seinen Platz. Die Kolonisierten wollen in ihrer überwältigenden Mehrheit die Farm des Kolonialherrn. Sie haben nicht die Absicht, mit dem Kolonialherrn in einen Wettbewerb zu treten. Sie wollen seinen Platz.

Die Bauernschaft wird von der Propaganda der meisten nationalistischen Parteien systematisch vernachlässigt. Es ist jedoch offenkundig, daß in den Kolonialländern nur die Bauernschaft revolutionär ist. Sie hat nichts zu verlieren und alles zu gewinnen. Der Bauer, der Deklassierte, der Ausgehungerte ist der Ausgebeutete, der am schnellsten entdeckt, daß sich nur die Gewalt bezahlt macht Für ihn gibt es keinen Kompromiß, keine Möglichkeit, sich zu arrangieren. Kolonisation oder Dekolonisation, das ist ganz einfach eine Frage der Stärke. Der Ausgebeutete entdeckt, daß seine Befreiung alle Mittel voraussetzt, vor allem die Stärke. Als 1956, nach der Kapitulation Guy Mollets[2] vor den Kolonialherren Algeriens, die Nationale Befreiungsfront in einem berühmten Flugblatt feststellte, daß der Kolonialismus nur nachgebe, wenn ihm das Messer an der Kehle sitze, hat tatsächlich kein Algerier diese Ausdrücke zu gewalttätig gefunden. Das Flugblatt drückte nur aus, was alle Algerier empfanden: der Kolonialismus ist keine Denkmaschine, kein vernunftbegabter Körper. Er ist die Gewalt im Naturzustand und kann sich nur einer noch größeren Gewalt beugen. (...)

Aber das kolonisierte Volk erlebt es, daß diese Gewalt, weil sie seine einzige Arbeit darstellt, positive und aufbauende Züge annimmt. Die gewalttätige Praxis wirkt integrierend, weil sich jeder zum gewalttätigen Glied der großen Kette, der großen gewalttätigen Organisationen macht, die als Reaktion auf die primäre Gewalt des Kolonialisten aufgestanden ist. Die Gruppen erkennen sich gegenseitig, und die zukünftige Nation ist von Anfang an ein ungeteiltes Ganzes. Der bewaffnete Kampf mobilisiert das Volk, er wirft es in eine einzige Richtung ohne Gegenströmung.

Wenn sich die Mobilisierung der Massen anläßlich des Befreiungskrieges vollzieht, führt sie in jedes Bewußtsein den Begriff der gemeinsamen Sache, des nationalen Schicksals, der kollektiven Geschichte ein. Dadurch wird die zweite Phase, die der Bildung einer Nation, erleichtert: es existiert ein in Blut und Zorn geschaffenes Bindemittel. Man begreift nunmehr, daß diese Schlagworte, wenn sie in den unterentwickelten Ländern verwendet werden, einen neuartigen Sinn annehmen. Während der Kolonialperiode wurde das Volk aufgefordert, gegen die Unterdrückung zu kämpfen. Nach der nationalen Befreiung wird es aufgefordert, gegen das Elend, das Analphabetentum, die Unterentwicklung zu kämpfen. Der Kampf geht weiter, versichert man. Das Volk stellt fest, daß das Leben ein unaufhörlicher Kampf ist.

Die Gewalt des Kolonisierten, haben wir gesagt, vereinigt das Volk. Der Kolonialismus ist, seiner Struktur nach, separatistisch und regionalistisch. Er begnügt sich nicht damit, die Existenz von Stämmen festzustellen, er verstärkt ihre Zwietracht, er entzweit sie. Das Kolonialsystem nährt das Häuptlingswesen und läßt die alten marabutischen Brüderschaften wieder aufleben. Die Gewalt dagegen wirkt totalisierend und

---

2 Damaliger Ministerpräsident Frankreichs.

national. Deshalb schließt sie die Auflösung des Regionalismus und der Stammesverbände ein. Deshalb verfahren die nationalistischen Parteien besonders schonungslos mit den Kaids und den herkömmlichen Häuptlingen. Die Beseitigung der Kaids und Häuptlinge ist eine Vorbedingung für die Vereinigung des Volkes.

Auf der individuellen Ebene wirkt die Gewalt entgiftend. Sie befreit den Kolonisierten von seinem Minderwertigkeitskomplex, von seinen kontemplativen und verzweifelten Haltungen. Sie macht ihn furchtlos, rehabilitiert ihn in seinen eigenen Augen. Selbst wenn der bewaffnete Kampf symbolisch gewesen ist, selbst wenn das Volk durch eine schnelle Dekolonisation demobilisiert wird, hat es Zeit, sich davon zu überzeugen, daß die Befreiung die Sache aller und jedes einzelnen war und daß ihr Anführer kein besonderes Verdienst hat. Die Gewalt hebt das Volk auf die Höhe seiner Anführer. Daher jenes aggressive Mißtrauen gegenüber dem protokollarischen Apparat, den die jungen Regierungen aufzubauen sich beeilen. Wenn die Massen durch Gewalt an der nationalen Befreiung teilgenommen haben, erlauben sie niemandem, sich als „Befreier" auszugeben. Sie wachen eifersüchtig über dem Resultat ihrer Aktion und hüten sich, ihre Zukunft, ihr Schicksal, das Los des Vaterlandes einem lebendigen Gott auszuliefern. Gestern noch ohne jede Verantwortung, wollen sie heute alles verstehen und über alles entscheiden. Von der Gewalt erleuchtet, rebelliert das Bewußtsein des Volkes gegen jede Pazifizierung. Die Demagogen, die Opportunisten, die Magier haben dann einen schweren Stand. Auf lange Sicht sind alle Verschleierungsversuche hinfällig geworden. Die Praxis, die die Massen in ein verzweifeltes Handgemenge geworfen hat, verleiht ihnen einen gierigen Hunger nach dem Konkreten. (...)

Martin Luther King
Aufruf zum zivilen Ungehorsam (1967)

Es ist nichts einzuwenden gegen ein Verkehrsgesetz, das dir sagt, daß du bei rotem Licht anhalten mußt. Aber wenn ein Brand wütet, überfährt die Feuerwehr ohne Zögern das rote Licht, und der normale Verkehr tut gut daran, auszuweichen. Oder wenn ein Mensch am Verbluten ist, rast der Krankenwagen mit Höchstgeschwindigkeit an den roten Lichtern vorbei.

Jetzt wütet ein Brand für die Neger und die Armen dieser Gesellschaft. Sie leben in tragischen Verhältnissen, und zwar wegen der schrecklichen wirtschaftlichen Ungerechtigkeiten, die sie als *underclass,* wie die Soziologen das heute nennen, eingesperrt halten. Enterbte Menschen in der ganzen Welt verbluten an tiefen sozialen und wirtschaftlichen Wunden. Sie benötigen ganze Brigaden von Ambulanzfahrern, die die Stopplichter des gegenwärtigen Systems werden überfahren müssen, bis die Notlage behoben ist.

Massen-Ungehorsam ist eine Strategie für soziale Neuerung, die mindestens so nachdrücklich wirkt wie ein Krankenwagen mit heulender Sirene. In den vergangenen zehn Jahren hat der gewaltlose Ungehorsam ein schönes Stück Geschichte gemacht, besonders in den Südstaaten. Als wir in der Christlichen Führerkonferenz des Südens 1963 nach Birmingham/Alabama gingen, hatten wir beschlossen, für integrierte öffentliche Einrichtungen in Aktion zu treten. Wir wußten dabei, daß die Bürgerrechtskommission eindringliche Schriftstücke aufgesetzt hatte, die nach Neuerungen, nach den von uns verlangten Rechten riefen. Aber niemand unternahm etwas mit dem Kommissionsbericht. Nichts wurde getan, bis wir uns mit Nachdruck an diese Veröffentlichungen zu halten begannen und vor dem Gerichtshof der Weltmeinung die dringende Notwendigkeit einer Änderung demonstrierten. Mit dem Wahlrecht war es dasselbe. Die Bürgerrechtskommission hatte, drei Jahre bevor wir nach Selma zogen, die Änderungen, für die wir zu marschieren begannen, bereits befürwortet, aber nichts geschah, bis wir 1965 eine Krise heraufbeschworen, die die Nation nicht mehr ignorieren konnte. Ohne Gewalt warfen wir das System, den Lebensstil, erst von Birmingham und dann von Selma, mit ihren ungerechten und verfassungswidrigen Gesetzen völlig über den Haufen. Unser Birmingham-Feldzug gelangte zu seinem dramatischen Höhepunkt, als rund 3500 Demonstranten praktisch jede Gefängniszelle der Stadt und ihrer Umgebung füllten und etwa 4000 unbeirrt weitermarschierten und gewaltlos demonstrierten. Da wußte man in der Stadt klipp und klar, daß Birmingham so lange nicht mehr funktionieren konnte, bis die Forderungen der Negergemeinde erfüllt waren. Eine gleiche dramatische Krise wurde zwei Jahre später in Selma geschaffen. Das Ergebnis auf nationaler Ebene waren die Bürgerrechtsvorlage und das Wahlrechtsgesetz, als Präsident und Kongreß auf das Drama und die durch sorgfältig geplante Demonstrationen geschaffene schöpferische Spannung reagierten.

Natürlich hat sich inzwischen herausgestellt, daß neue Gesetze nicht genügen. Die Notlage, der wir heute gegenüberstehen, ist wirtschaftlicher Natur, und es ist eine verzweifelte und immer schlimmer werdende Notlage. Für die 35 Millionen Armen in Amerika – von den Armen in den andern Ländern wollen wir im Augenblick nicht reden – liegt etwas wie Erwürgtwerden in der Luft. Es ist in unserer Gesellschaft psychologischer Mord, einem Menschen seine Arbeit oder sein Einkommen vorzuenthalten. Man sagt ihm dabei im Grunde nichts anderes als: er habe kein Recht zu existieren. Man nimmt ihm in Wirklichkeit das Leben, die Freiheit und das Streben nach dem Glück, indem man in seinem Fall das eigentliche Credo der Gesellschaft leugnet. Heute werden Millionen von Menschen auf diese Art abgewürgt. Das Problem ist von internationaler Reichweite. Und es wird immer schlimmer, je mehr der Graben zwischen den Armen und der Wohlstandsgesellschaft sich verbreitert.

Die Frage, an der sich gegenwärtig die Geister scheiden, welche diese Situation radikal ändern wollen, lautet: Kann ein Programm der Gewaltlosigkeit – selbst wenn es Massen-Ungehorsam ins Auge faßt – realistischerweise erwarten, mit einem so ungeheuren, eingefleischten Übel fertig zu werden?

Wird, vor allen Dingen, Gewaltlosigkeit nach dem Sommer 1967 psychologisch noch wirksam sein? Viele sind der Meinung, die Gewaltlosigkeit als Strategie für soziale Neuerung sei in den Flammen der städtischen Unruhen der letzten zwei Jahre eingeäschert worden. Sie sagen uns, die Neger hätten erst jetzt angefangen, ihr wahres Menschentum in der Gewalttätigkeit zu finden, und die Ausschreitungen bewiesen nicht nur, daß die Neger die Weißen hassen, sondern daß sie sie aus innerem Zwang vernichten müssen.

Diese blutrünstige Auslegung übersieht einen der auffälligsten Züge der Ausschreitungen in den Städten. Gewalttätig waren diese gewiß. Doch war die Gewalttätigkeit in einem verblüffenden Ausmaß gegen Sachen und nicht gegen Menschen gerichtet. Es gab sehr wenige Fälle von Körperverletzung, und die überwiegende Mehrheit der Aufrührer war überhaupt nicht in Tätlichkeiten gegen Menschen verwickelt. Der vielpropagierte „Blutzoll", der die Krawalle kennzeichnete, und die vielen Verletzungen wurden vorwiegend durch die Soldaten den Aufrührern zugefügt. Es steht fest, daß die Ausschreitungen durch Polizeiaktionen verschlimmert wurden, die darauf angelegt waren, Menschen zu verletzen oder gar zu töten. Was das Schießen aus dem Hinterhalt anlangt, so meldet kein einziger Bericht über die Unruhen, daß mehr als ein oder zwei Dutzend Leute in Schießereien verwickelt waren. Aus den Tatsachen ergibt sich ein klares Bild: Eine Handvoll Neger benützte Schußwaffen, und zwar hauptsächlich zum Einschüchtern, nicht zum Töten, alle andern aber hatten eine andere Zielscheibe: den Besitz.

Ich bin mir bewußt, daß viele bei einer Unterscheidung zwischen Eigentum und Person erschrecken – für sie ist beides sakrosankt. Meine Ansichten sind nicht so streng. Ein Leben ist heilig. Eigentum ist dazu da, dem Leben zu dienen, und so sehr wir es auch mit Rechten und Respekt umgeben, hat es doch kein persönliches Leben. Es ist ein Teil der Erde, auf der der Mensch wandelt; es ist nicht der Mensch.

Die Konzentration auf Eigentum in den Unruhen von 1967 ist nicht zufällig. Sie hat eine Botschaft, sie sagt etwas aus.

Wenn Feindseligkeit gegen Weiße jemals das Verhalten eines Negers bestimmen und mörderische Formen annehmen könnte, dann sicherlich während eines solchen Krawalls. Aber diese seltene Gelegenheit, den Blutdurst zu stillen, wurde in Brandstiftung sublimiert oder in eine Art stürmischen Karneval von Gratis-Warenverteilung abgebogen. Warum vermieden die Randalierer persönliche Angriffe? Die Erklärung kann nicht in der Furcht vor Strafe liegen, denn die körperlichen Risiken, die man bei Sachbeschädigung einging, waren nicht weniger hoch als bei Überfällen auf Personen. Das Militär behandelte selbst leichten Diebstahl als gleichbedeutend mit Mord.

Warum aber waren die Aufständischen so gewalttätig gegen Sachwerte? Weil Eigentum die weiße Machtstruktur verkörpert, gegen die sie vorgehen und die sie zerstören wollen. Ein merkwürdiger Beweis für den symbolischen Aspekt der Plünderungen bei vielen, die sich daran beteiligten, ist die Tatsache, daß die Polizei nach den Unruhen jeweils Hunderte von Anrufen von Negern bekam, die die weggenommenen Waren zurückgeben wollten. Jene Leute suchten das Erlebnis des Nehmens, der Wiederherstellung des gestörten Gleichgewichts der Macht, dargestellt durch das Eigentum. Nachher war der Besitz nicht mehr wichtig.

Eine tiefere Stufe der Feindseligkeit kam in den Brandstiftungen zum Ausdruck, die viel gefährlicher waren als die Plünderungen. Aber auch sie waren eine Demonstration und eine Warnung. Sie richteten sich gegen Symbole der Ausbeutung und sollten die Stärke des Zornes in der Negergemeinde ausdrücken.

Was bedeuten diese Beschränkungen in den Sommerunruhen für unsere künftige Strategie?

Wenn sich ein Kern von Gewaltlosigkeit, der Gewaltlosigkeit gegenüber Menschen, sogar in den Unruhen, in denen die Gefühle doch zum Ausbruch kamen, finden läßt, so heißt das, daß die Gewaltlosigkeit als eine Macht im Leben der Neger für die Zukunft nicht abgeschrieben werden sollte. Viele Leute glauben, der städtische Neger sei allzu aufgebracht und allzu zivilisiert, um ohne Gewalt auszukommen. Sie versuchen die gewaltlosen Märsche im Süden als Prozessionen frommer ältlicher Damen hinzustellen. Tatsache ist, daß bei allen Märschen, die wir organisiert haben, einige Elemente mit ausgesprochen gewalttätigen Tendenzen dabei waren. Es war für uns eine Routine, in unseren eigenen Reihen jeweils vor den Märschen Hunderte von Messern einzusammeln, für alle Fälle. Und in Chicago erlebten wir letztes Jahr, wie ein paar äußerst gewalttätige Individuen sich der gewaltlosen Disziplin willig unterwarfen. Tag um Tag ging ich während dieser Chicagoer Märsche durch unsere Reihen, und nie sah ich jemanden tätlich werden. Es gab eine Menge Provokationen, nicht nur die schreienden weißen Rowdies, die die Straßen säumten, sondern auch Gruppen von militanten Negern, die über Guerillakriegführung diskutierten. Wir hatten ein paar Bandenführer und -mitglieder unter uns. Ich erinnere mich, wie ich mit den Blackstone Rangers zusammen marschierte, während Flaschen vom Straßenrand geflogen kamen, und ich sah, wie ihre Nasenbeine gebrochen wurden und Blut aus ihren Wunden floß – und ich sah, wie sie weitermarschierten und nicht mit Gewalt zurückschlugen, nicht einer von ihnen. Ich bin überzeugt, daß sogar äußerst gewalttätige Naturen durch gewaltlose Disziplin gelenkt werden können, wenn die Bewegung sich wirklich bewegt, wenn die Leute konstruktiv handeln und über einen wirkungsvollen Kanal ihrem sehr berechtigten Zorn Luft machen können.

Aber wird die Gewaltlosigkeit, selbst wenn sie psychologisch für die Protestierenden, die eine Änderung herbeiführen wollen, richtig ist, gegen eine Regierung und einen Status quo, die sich bisher den Forderungen dieses Sommers mit der Begründung „wir dürfen die Aufrührer nicht belohnen" widersetzten, strategisch wirksam sein? Weit davon entfernt, die Aufrührer zu belohnen, weit davon entfernt, ihren gerechten und dringenden Forderungen auch nur Gehör zu schenken, hat die Verwaltung ihre Verantwortung für die Ursachen der Aufstände einfach ignoriert und dafür deren negative Seiten zum Vorwand genommen, um ihre andauernde Untätigkeit hinsichtlich der zugrunde liegenden Probleme zu rechtfertigen. Die einzige konkrete Reaktion der Verwaltung war, daß sie eine Studie in die Wege leitete und nach einem Gebetstag rief. Als Pfarrer nehme ich das Gebet zu ernst, als daß es als Vorwand benutzt werden dürfte, um sich um Arbeit und Verantwortung zu drücken. Wenn eine Regierung über mehr Wohlstand und Macht verfügt als je zuvor in der Geschichte und dann nicht mehr als *das* bietet, dann ist sie mehr als nur blind, dann ist sie provokativ. Es ist widersinnig, aber man muß es gerechterweise sagen, daß der Negerterror weniger an den Straßenecken der Negerviertel als in den Kongreßhallen angestiftet wird.

Damit wollte ich nur zeigen, daß Gewaltlosigkeit zwar erfolgreich sein wird, aber erst dann, wenn sie die Massendimensionen, die disziplinierte Planung und die intensive Hingabe einer anhaltenden, unmittelbar wirkenden Bewegung zivilen Ungehorsams von nationalem Umfang erreicht.

Die Enteigneten dieses Landes – die Armen, Weiße wie Neger – leben in einer grausam ungerechten Gesellschaft. Sie müssen einen Aufstand gegen diese Ungerechtigkeit organisieren, und zwar nicht gegen das Leben der Menschen, die ihre Mitbürger sind, sondern gegen die Strukturen, hinsichtlich derer die Gesellschaft sich weigert, Maßnahmen zu ergreifen, die verlangt worden und die auch möglich sind, um die Last der Armut zu beseitigen.

Der einzig wahre Revolutionär, heißt es, ist einer, der nichts zu verlieren hat. Es gibt Millionen armer Leute in diesem Land, die sehr wenig oder überhaupt nichts zu verlieren haben. Wenn man sie dazu bringen kann, gemeinsam zu handeln, dann werden sie es mit einer Freiheit und mit einer Macht tun, die in dem selbstzufriedenen Leben unseres Landes eine ganz neue und beunruhigende Kraft darstellen wird. Im neuen Jahr werden wir damit anfangen, daß wir 3000 der ärmsten Bürger aus zehn verschiedenen städtischen und ländlichen Gebieten rekrutieren, um eine lang anhaltende, massive, direkt wirkende Bewegung in Washington einzuleiten und durchzuführen. Wer sich dazu entschließt, zu diesen anfänglichen 3000, dieser gewaltlosen Armee, dieser „Freiheitskirche" der Armen zu gehören, wird drei Monate lang mit uns zusammenarbeiten, um gewaltlose Aktionsmethoden auszudenken. Dann werden wir uns auf den Weg nach Washington machen, fest entschlossen, dort zu bleiben, bis die legislativen wie die exekutiven Körperschaften unserer Regierung ernsthafte und geeignete Schritte in bezug auf Arbeitsplätze und Einkommen unternehmen. Eine Abordnung armer Leute kann mit einer sorgfältig und gemeinsam vorbereiteten Liste von Forderungen in das Büro eines hohen Beamten gehen. (Wenn man arm ist, wenn man sowieso arbeitslos ist, kann man sich sicherlich leicht entschließen, so lange in Washington zu bleiben, wie es erforderlich ist.) Und wenn dieser Beamte sagt: „Aber das müßte erst vom Kongreß gutgeheißen werden" oder: „Aber darüber müßte man den Präsidenten konsultieren", dann könnt ihr antworten: „Also gut, wir wollen warten." Und ihr könnt euch in seinem Büro so lange niederlassen, wie es nötig ist. Wenn ihr, sagen wir, aus dem ländlichen Mississippi kommt und noch nie ärztlich betreut worden seid, und eure Kinder sind unterernährt und ungesund, dann könnt ihr diese Kleinen in die Krankenhäuser von Washington bringen und bei ihnen bleiben, bis die Mediziner das Notwendige getan haben, und wenn ihr diesem Land eure Kinder so zeigt, bietet ihr ihm einen Anblick, der es veranlassen wird, in seinem geschäftigen Treiben einen Augenblick innezuhalten und ernsthaft darüber nachzudenken, was es getan hat. Die vielen Menschen aus allen möglichen Kreisen des staatlichen Lebens, die kommen werden, um sich diesen 3000 anzuschließen, werden eine unterstützende Rolle spielen, indem sie sich entschließen, eine Zeitlang mit den Armen arm zu sein, die um ihr Recht auf Arbeitsplätze oder regelmäßiges Einkommen bitten – Arbeitsplätze, Einkommen, Niederreißen der Slums und Aufbau neuer Wohnviertel an deren Stelle durch die Einwohner selbst: alles in allem ein neues Wirtschaftssystem für die Armen.

Warum wir in Washington kampieren wollen, um diese Dinge zu verlangen? Weil nur der Kongreß und die Verwaltung beschließen können, die Milliarden Dollars, die wir für einen richtigen Krieg gegen die Armut benötigen, aufzuwenden. Wir brauchen nicht ein neues Gesetz, sondern ein massives neues staatliches Programm. Dieser Kongreß hat nichts getan, um solchen Maßnahmen durchzuhelfen, aber sehr viel, um sie zu verhindern. Warum sollte der Kongreß sich auch um unsere sterbenden Städte kümmern? Er wird immer noch von hochgestellten Vertretern des ländlichen Südens beherrscht, die sich immer noch mit fortschrittsfeindlichen Männern aus den Nordstaaten zu einer hemmenden Koalition zusammenschließen, um zu verhindern, daß öffentliche Gelder dorthin gelangen, wo sie sozial benötigt werden. Wir durchbrachen diese Koalition 1963 und 1964, als die Bürgerrechts- und Wahlrechtsgesetze verabschiedet wurden. Wir müssen sie durch die Größe und Kraft unserer Bewegung neuerdings durchbrechen, und der beste Ort dafür ist vor den Augen und in den Gebäuden eben dieser Kongreßleute. Die Menschen dieses Landes, wenn auch nicht die Kongreßleute, sind bereit zu einem entschiedenen Angriff auf Slums und Arbeitslosigkeit, wie zwei Umfragen von Lou Harris kürzlich ergeben haben. Darum müssen wir auch den Kongreß bereitmachen, etwas für die Notlage der Armen zu unternehmen. Wir werden die Gesetzgeber, die Verwaltungsbeamten und alle andern Machtausübenden so lange puffen und belästigen, bis sie das unbedingt Erforderliche in Angriff nehmen.

Ich sagte bereits, daß das Problem, die Krise, der wir gegenüberstehen, von internationaler Reichweite ist. Tatsächlich ist sie untrennbar mit einem internationalen Notstand verbunden, der die Armen, die Enteigneten und Ausgebeuteten der ganzen Welt trifft.

Kann ein gewaltloser Direkteinsatz auf internationaler Ebene gemacht werden, um wirtschaftliche und politische Probleme anzugehen? Ich glaube ja. Mir erscheint es klar, daß der nächste Schritt international sein muß. Nationale Bewegungen innerhalb der entwickelten Länder – Kräfte, die sich auf London oder Paris oder Washington oder Ottawa konzentrieren müssen bewirken, daß es für ihre Regierungen durchführbar wird, jene Art massiver Hilfeleistung zu unternehmen, die die unterentwickelten Länder nötig haben, wenn sie sich aus den Ketten der Armut befreien sollen. Wir im Westen müssen uns vor Augen halten, daß die armen Länder vor allem deshalb arm sind, weil wir sie durch politischen oder wirtschaftlichen Kolonialismus ausgebeutet haben. Besonders die Amerikaner müssen ihre Nation dazu bringen, daß sie von ihrem modernen wirtschaftlichen Imperialismus abgeht.

Aber die Bewegungen in unseren Ländern allein werden nicht genügen. In Lateinamerika zum Beispiel sind nationale Reformbewegungen an gewaltlosen Methoden fast verzweifelt; viele junge Menschen, sogar viele Geistliche, haben sich den Guerillagruppen in den Bergen angeschlossen. So viele der Probleme Lateinamerikas haben ihre Wurzeln in den Vereinigten Staaten, daß wir eine feste, geeinte Bewegung bilden müssen, gewaltlos konzipiert und durchgeführt, so daß von beiden Seiten des Problems zugleich ein Druck auf die betreffenden Machtstrukturen des Kapitals und der Regierung ausgeübt werden kann. Ich glaube, das wäre die einzige Hoffnung auf eine friedliche Lösung im heutigen Lateinamerika; und eine der mächtigsten Ausdrucksformen der Gewaltlosigkeit dürfte aus jener internationalen Verbindung sozial bewußter Kräfte erstehen, die außerhalb der Regierungssysteme tätig ist.

Selbst zähe Probleme wie die südafrikanische Regierung und ihre Rassenpolitik könnten auf dieser Basis aufgegriffen werden. Wenn nur zwei Länder, Großbritannien und die Vereinigten Staaten, dazu überredet werden könnten, alle wirtschaftlichen Beziehungen mit der südafrikanischen Regierung abzubrechen, vermöchten sie diese Regierung in verhältnismäßig kurzer Zeit auf die Knie zu zwingen. Theoretisch könnten die britische und amerikanische Regierung diesen Entschluß fassen; fast jede Körperschaft in beiden Staaten hat wirtschaftliche Verbindungen zu ihrer eigenen Regierung, deren Verlust sie sich nicht leisten kann. Praktisch würde allerdings ein solcher Entscheid eine so bedeutende Neuordnung der Prioritäten darstellen, daß man nicht erwarten dürfte, irgendeine Bewegung könnte es in ein oder zwei Jahren schaffen. In der Tat, obwohl es auf der Hand liegt, daß gewaltlose Bewegungen für soziale Neuerung sich internationalisieren müssen wegen des Ineinandergreifens der Probleme, denen sie alle gegenüberstehen, und weil diese Probleme andernfalls einen Krieg heraufbeschwören werden, haben wir gerade erst angefangen, die Methoden und die Strategie, ja selbst die Grundlagen auszuarbeiten, um unsere Bewegung für soziale Gerechtigkeit weltweit zu machen.

In einer Welt, die dem Aufstand zerlumpter und hungriger Massen von Kindern Gottes entgegenblickt, in einer Welt, die in der Spannung zwischen Ost und West, zwischen Weiß und Farbig, zwischen Individualisten und Kollektivisten zerrissen wird, in einer Welt, deren kulturelle und geistige Macht so weit hinter ihren technischen Fähigkeiten nachhinkt, daß wir jeden Tag am Abgrund nuklearer Gesamtvernichtung leben, in dieser Welt ist Gewaltlosigkeit kein Gegenstand theoretischer Untersuchungen mehr, sondern ein Gebot zu handeln.

Eldridge Cleaver
Der Tod von Martin Luther King: Requiem für die Gewaltlosigkeit (1968)

Der Mord an Dr. Martin Luther King kam für die Öffentlichkeit überraschend, und überraschenderweise löste er auch Erschütterung aus. Viele Leute jedoch, insbesondere diejenigen Schwarzen, die die Politik der Gewaltlosigkeit längst aufgegeben und sich für den Wahlspruch von Malcolm X entschieden hatten – „Befreiung der Schwarzen mit allen notwendigen Mitteln" – waren seit langem darauf vorbereitet, die Nachricht vom Tode Dr. Kings zu hören. Viele von ihnen waren sogar schon ungeduldig geworden. Aber *daß* Dr. King sterben mußte, bezweifelte keiner; denn er war ein Mann, der sich weigerte, die Philosophie und das Prinzip der Gewaltlosigkeit aufzugeben – und das in einem feindseligen, rassistisch eingestellten Land, das unmißverständlich klargemacht hat, daß es weder die Absicht noch den Wunsch hat, das Unrecht, das seinen in kolonialer Abhängigkeit gehaltenen schwarzen Bürgern zugefügt wird, aus der Welt zu schaffen.

Für die militanten Schwarzen war Dr. King der Mann, der sich eigensinnig und beharrlich den Methoden widersetzte, die notwendig waren, um angesichts der gegenwärtigen Situation eine Revolution herbeizuführen. Deshalb wurde Dr. King von den militanten Schwarzen vielfach mit Haß, Feindseligkeit und Kritik bedacht. Der Widerspruch, in dem er sich befand, brachte ihm Haß und Verachtung ein – sowohl von den Weißen in Amerika, die den Schwarzen nicht die Freiheit geben wollten, als auch von den Schwarzen, die das Verhalten des weißen Amerika durchschauten und von dem Selbstbetrug einer Doktrin der Gewaltlosigkeit loskommen wollten. Die militanten Schwarzen waren jedoch bereit abzuwarten, bis Dr. King seine Rolle zu Ende gespielt hatte. Und er hat sie zu Ende gespielt.

Die Kugel des Meuchelmörders hat nicht nur Dr. King getötet, sie beendete eine geschichtliche Epoche. Sie vernichtete eine Hoffnung, und sie zerstörte einen Traum.

Die Tatsache, daß das weiße Amerika den Mörder Dr. Martin Luther Kings hervorbringen konnte, wird von den Schwarzen – und nicht nur von denjenigen, die als militant bezeichnet werden – als endgültige Absage des weißen Amerika an jede Hoffnung auf Versöhnung, auf einen Wandel mit friedlichen und gewaltlosen Mitteln betrachtet. Damit ist klar, daß es für die schwarze Bevölkerung in diesem Land nur eine Möglichkeit gibt, zu bekommen, was sie verlangt – zu bekommen, was ihr Recht ist und was ihr zusteht: Gewalt gegen Gewalt zu setzen. Als Martin Luther King während der vergangenen Monate versuchte, Unterstützung für seinen geplanten Marsch der Armen auf Washington zu finden, da wirkte er bereits wie ein toter Mann. Oder besser gesagt: wie ein totes Symbol. Von beiden Seiten wurde er gehaßt, von beiden Seiten verunglimpft, aber er gab nicht nach. Und er mußte sterben. Der Tod von Dr. King ist das Signal für das Ende einer Ära und den Beginn eines furchtbaren, eines blutigen Kapitels, das vielleicht ungeschrieben bleibt, weil es sein kann, daß niemand übrigbleibt, der die kommende ungeheure Katastrophe für die Nachwelt festhält.

Ich zweifle nicht daran, daß es eine solche Katastrophe geben wird. Ich habe mit Menschen in allen Teilen des Landes telefoniert – mit Menschen, die aufs engste mit dem Befreiungskampf der Schwarzen verbunden sind. Ihre Reaktion auf die Ermordung von Dr. King war einmütig: Die blutige Auseinandersetzung hat begonnen. Die Phase der Gewalt im Befreiungskampf der Schwarzen ist da, einer Gewalt, die mehr und mehr Menschen erfassen wird. Der Schuß auf Dr. King, sein Blut sind der Anfang. Amerika wird in blutiges Rot getaucht werden. Die Straßen werden mit Leichen übersät sein. Die Szene wird an die grauenhaften, erschreckenden, beklemmenden Filmberichte aus dem Algerien der Zeit kurz vor dem endgültigen Zusammenbruch der französischen Kolonialherrschaft erinnern, als die Gewalttätigkeit auf beiden Seiten ihren Höhepunkt erreichte.

Amerika hat die Forderung der Schwarzen nach Befreiung mit einem „Nein" beantwortet, und dieses „Nein" ist unannehmbar für die schwarze Bevölkerung. Sie wird zurückschlagen. Sie wird auf die Eskalation der Unterdrückung durch die rassistische Regierung und die rassistische Gesellschaft antworten. Sie wird ihre Vergeltungsmaßnahmen verschärfen. Und die Verantwortung für all dies Blutvergießen, für Tod und Leid ... aber es ist zu spät für Exkurse über die Schuldfrage. Die Schwarzen sind nicht mehr daran interessiert, über die Lage zu diskutieren, über die Lage zu verhandeln, über die Lage zu richten. Ihnen geht es nur noch darum, mit allen Mitteln eine Katastrophe über Babylon heraufzubeschwören, die groß genug ist, um die Befreiung der Schwarzen aus der babylonischen Gefangenschaft zu erzwingen. Alle anderen Wege sind versperrt.

Die Kugel des Mörders, die Martin Luther King niederstreckte, hatte zur Folge, daß eine Tür ins Schloß fiel, die nach Ansicht der Mehrheit der schwarzen Bevölkerung schon seit langem versperrt schien. Vielen von uns war klar, daß jene Tür im Grunde niemals offen war. Aber wir ließen es zu, daß die Hoffnungsvollen unter uns an diese Tür hämmerten und um Einlaß baten. Wir waren bereit, ruhig zuzusehen und sie gewähren zu lassen. Wir hatten letztlich keine andere Wahl. Jetzt aber sind alle Schwarzen in Amerika vom Geist der Black Panthers erfüllt. Natürlich wird es Leute geben, die vor die Massen treten und Kings beredtes Plädoyer für eine Fortsetzung der Taktik der Gewaltlosigkeit wiederholen. Viele werden ihnen zuhören, aber auf neue Art: Man wird auf Martin Luther King und seine Nachfolger zurückblicken mit dem Gefühl von Menschen, die an der Bahre eines Freundes stehen. Aber tot ist tot. Tot ist tot. Jetzt ist die Zeit der Gewehre und der Bomben, des Dynamits und des Messers, und man wird reichlich Gebrauch machen davon in Amerika. Amerika wird bluten. Amerika wird leiden.

Es ist seltsam zu sehen, wie mit jedem Schuß, der abgefeuert wird, die Entwicklung der Dinge schneller vorangetrieben wird. Wie die Tage des Schreckens, mit denen wir alle gerechnet hatten, plötzlich über uns hereinzubrechen scheinen, und wie die Stunden des Schreckens, die wir noch in ferner Zukunft glaubten, plötzlich Gegenwart werden. Was ewigen Bestand zu haben schien, ist dahin, ist wie weggeblasen, fortgeschwemmt vom Blut der Märtyrer.

Ist der Todestag von King ein Tag der Trauer für Amerika? Nein, dieser Tag ist eine Konsequenz dessen, was Amerika durch sein Handeln provoziert hat. Kings Tod war keine Tragödie für Amerika. Amerika sollte froh sein über Martin Luther Kings Tod, denn Amerika hat alles getan, um diesen Tod herbeizuführen. All die Heuchler und bösartigen Irren, die die Regierung und die Polizei dieses Landes korrumpieren, und all die Verfasser der heuchlerischen öffentlichen Stellungnahmen zum Tod von Dr. King haben jetzt ausgespielt. Nicht nur bei der schwarzen Bevölkerung, sondern auch bei Millionen von Weißen, die sich darüber im klaren sind, daß Dr. King nicht tot wäre, daß die Gewaltlosigkeit triumphiert hätte und wir nicht vom Terror bedroht wären, wenn eben diese verräterischen politischen Gangster getan hätten, was zweifellos in ihrer Macht lag. Diese Leute, die Polizeibehörde, die Parlamente der verschiedenen Staaten, die Regierung, die Demokratische Partei und die Republikanische Partei – alle, die man gemeinhin zum Establishment zählt, die an den Hebeln der Macht sitzen, sie trifft die Verantwortung und die Schuld.

Aber man sagt, daß ein Volk oder ein Land die Führer und die Regierung bekommt, die es verdient. Und so haben wir einen Präsidenten mit Namen Lyndon Baines Johnson, der die Frechheit besitzt, vor die Nation zu treten und Martin Luther King zu betrauern und seine Führungsqualitäten sowie seine Politik der Gewaltlosigkeit zu preisen – ausgerechnet der Mann, der das Blut von Hunderttausenden von Menschen an den Händen und das gemordete Gewissen Amerikas auf dem Gewissen hat. Wenn ein einzelner für das kommende Blutvergießen und die Gewalttätigkeit verantwortlich gemacht werden könnte, dann wäre es Lyndon Baines Johnson. Aber nicht nur er allein ist verantwortlich. Die Schuld liegt bei allen und bei keinem: Bei den habgierigen nach Profit jagenden Geschäftsleuten in Amerika, bei den gewissenlosen Gewerkschaftsführern Amerikas, die alles stillschweigend dulden, bei den vielen Speichelleckern, den Profitgeiern der Bürgerrechtsbewegung und bei dem einfachen Mann auf der Straße, dem dieses verderbte, widerwärtige System den Haß eingeimpft hat.

Die Hauptstadt Washington brennt. Der einzige Gedanke, der mir dabei kommt, ist: Hoffentlich überlebt Stokely Carmichael[3] Washington. Chicago brennt. Detroit brennt. Überall in Babylon wüten die Flammen und hallen Schüsse.

Gestern abend ermahnte Lyndon Baines Johnson sein Volk, ermahnte er die schwarze Bevölkerung, auf Gewalt zu verzichten und nicht den Weg des Meuchelmordes einzuschlagen. Unter all dem leeren Stroh, das er drosch, war etwas, das mich besonders traf. Johnson ritt immer wieder auf dem berühmten Wortspiel von Malcolm X herum: *„The Ballot or the Bullet"* (Stimmzettel oder Kugel). Malcolm X hatte vorausgesagt, wenn es nicht gelinge, den Schwarzen mit Hilfe des Stimmzettels Befreiung zu bringen, dann werde die Kugel sprechen. Gestern abend sagte Lyndon Johnson, er werde der Nation und dem amerikanischen Volk beweisen, daß der Stimmzettel und nicht die Kugel triumphieren werde. Aus seinem Mund war das eine pure Beleidigung.

Diejenigen unter uns in der Black Panther Party, die ihre Augen offen halten und sich Gedanken über die Zukunft machen, haben erklärt, daß dieses Jahr das Jahr der Panther sein wird, das Jahr der Black Panther. Und soweit ich es bisher übersehe, besteht kein Zweifel daran. Jetzt ist die Stunde von Stokely Carmichael, Rap Brown und vor allem Huey P. Newton gekommen. Malcolm X prophezeite die Herrschaft der Gewalt, Huey Newton ergriff die Gewalt, und jetzt steht Gewalt gegen Gewalt. Malcolm X wurde ihr Opfer. Martin Luther King wurde ihr Opfer.

Im Auftrag des Herausgebers dieser Zeitschrift versuche ich, ein paar Sätze auf Band zu sprechen, versuche zu sagen, was meiner Ansicht nach die Ermordung von Martin Luther King für die zukünftige Entwicklung bedeutet, was jetzt vermutlich geschehen

---

3 Führendes Mitglied der Black Panther zur damaligen Zeit.

und wer vermutlich als neuer oder tonangebender Führer der Schwarzen hervortreten wird. Es ist schwer, Worte auf dieses Band zu sprechen; Worte sind belanglos geworden. Allein die Tat zählt noch. Vielleicht wird Amerika diese Sprache verstehen. Ich bezweifle es. Ich glaube, daß Amerika nicht in der Lage ist, *irgend etwas* zu begreifen, was mit Menschenrechten zu tun hat. Ich glaube, daß Amerika schon Selbstmord begangen hat und daß wir, die wir jetzt in seinem Leichnam zappeln wie ein Fisch auf dem Trockenen, sein Schicksal teilen. Amerika ist eine widerwärtige Bürde für unseren Planeten, eine Bürde für die gesamte Menschheit. (…)

Kapitel V:
„Stadtguerilla": Strategie und Kritik

Rote Armee Fraktion
Das Konzept Stadtguerilla (1971)

„Zwischen uns und dem Feind einen klaren Trennungsstrich ziehen!"
Mao

(...) III. Studentenrevolte

„Aus der Erkenntnis des einheitlichen Charakters des kapitalistischen Herrschaftssystems resultiert, daß es unmöglich ist, die Revolution ‚in den Hochburgen' von der ‚in den rückständigen Gebieten' zu trennen. Ohne eine Wiederbelebung der Revolution im Westen kann nicht mit Sicherheit verhindert werden, daß der Imperialismus durch seine Logik der Gewalt dazu fortgerissen wird, seinen Ausweg in einem katastrophischen Krieg zu suchen, oder daß die Supermächte der Welt ein erdrückendes Joch aufzwingen". *Il Manifesto. Aus These 52*

Die Studentenbewegung als kleinbürgerliche Revolte abtun heißt: sie auf die Selbstüberschätzungen, die sie begleiten, reduzieren; heißt: ihren Ursprung aus dem konkreten Widerspruch zwischen bürgerlicher Ideologie und bürgerlicher Gesellschaft leugnen; heißt: mit der Erkenntnis ihrer notwendigen Begrenztheit das theoretische Niveau verleugnen, das ihr antikapitalistischer Protest schon erreicht hatte.

Gewiß war das Pathos übertrieben, mit dem sich die Studenten, die sich ihrer psychischen Verelendung in Wissenschaftsfabriken bewußt geworden waren, mit den ausgebeuteten Völkern Lateinamerikas, Afrikas und Asiens identifizierten; stellte der Vergleich zwischen der Massenauflage der „Bild"-Zeitung hier und dem Massenbombardement auf Vietnam eine grobe Vereinfachung dar; war der Vergleich zwischen ideologischer Systemkritik hier und bewaffnetem Kampf dort überheblich; war der Glaube, selbst das revolutionäre Subjekt zu sein – soweit er unter Berufung auf Marcuse verbreitet war –, gegenüber der tatsächlichen Gestalt der bürgerlichen Gesellschaft und den sie begründenden Produktionsverhältnissen ignorant.

Es ist das Verdienst der Studentenbewegung in der Bundesrepublik und Westberlin – ihrer Straßenkämpfe, Brandstiftungen, Anwendung von Gegengewalt, ihres Pathos, also auch ihrer Übertreibungen und Ignoranz, kurz: ihrer Praxis, den Marxismus-Leninismus im Bewußtsein wenigstens der Intelligenz als diejenige politische Theorie rekonstruiert zu haben, ohne die politische, ökonomische und ideologische Tatsachen und ihre Erscheinungsformen nicht auf den Begriff zu bringen sind, ihr innerer und äußerer Zusammenhang nicht zu beschreiben ist.

Gerade weil die Studentenbewegung von der konkreten Erfahrung des Widerspruchs zwischen der Ideologie der Freiheit der Wissenschaft und der Realität der dem Zugriff des Monopolkapitals ausgesetzten Universität ausging, weil sie nicht nur ideologisch initiiert war, ging ihr die Puste nicht aus, bis sie dem Zusammenhang zwischen der Krise der Universität und der Krise des Kapitalismus wenigstens theoretisch auf den Grund gegangen war. Bis ihnen und ihrer Öffentlichkeit klar war, daß nicht „Freiheit, Gleichheit, Brüderlichkeit", nicht Menschenrechte, nicht UNO-Charta den Inhalt dieser Demokratie ausmachen; daß hier gilt, was für die kolonialistische und imperialistische Ausbeutung Lateinamerikas, Afrikas und Asiens immer gegolten hat: Disziplin, Unterordnung und Brutalität für die Unterdrückten, für die, die sich auf deren Seite stellen, Protest erheben, Widerstand leisten, den antiimperialistischen Kampf führen.

Ideologiekritisch hat die Studentenbewegung nahezu alle Bereiche staatlicher Repression als Ausdruck imperialistischer Ausbeutung erfaßt: in der Springerkampagne, in den Demonstrationen gegen die amerikanische Aggression in Vietnam, in der Kampagne gegen die Klassenjustiz, in der Bundeswehrkampagne, gegen die Notstandsgesetze, in der Schülerbewegung. Enteignet Springer!, Zerschlagt die Nato!, Kampf dem Konsumterror!, Kampf dem Erziehungsterror!, Kampf dem Mietterror! waren richtige politische Parolen. Sie zielten auf die Aktualisierung der vom Spätkapitalismus selbst erzeugten Widersprüche im Bewußtsein aller Unterdrückten, zwischen neuen Bedürfnissen und den durch die Entwicklung der Produktivkräfte neuen Möglichkeiten der Bedürfnisbefriedigung auf der einen Seite und dem Druck irrationaler Unterordnung in der Klassengesellschaft als Kehrseite.

Was ihr Selbstbewußtsein gab, waren nicht entfaltete Klassenkämpfe hier, sondern das Bewußtsein, Teil einer internationalen Bewegung zu sein, es mit demselben Klassenfeind hier zu tun zu haben wie der Vietcong dort, mit demselben Papiertiger, mit denselben Pigs.

Die provinzialistische Abkapselung der alten Linken durchbrochen zu haben, ist das zweite Verdienst der Studentenbewegung: Die Volksfrontstrategie der alten Linken als Ostermarsch, Deutsche Friedensunion, „Deutsche Volkszeitung", als irrationale Hoffnung auf den „großen Erdrutsch" bei irgendwelchen Wahlen, ihre parlamentarische Fixierung auf Strauß hier, Heinemann da, ihre pro- und antikommunistische Fixierung auf die DDR, ihre Isolation, ihre Resignation, ihre moralische Zerrissenheit: zu jedem Opfer bereit, zu keiner Praxis fähig zu sein. Der sozialistische Teil der Studentenbewegung nahm – trotz theoretischer Ungenauigkeiten – sein Selbstbewußtsein aus der richtigen Erkenntnis, daß „die revolutionäre Initiative im Westen auf die Krise des globalen Gleichgewichts und auf das Heranreifen neuer Kräfte in allen Ländern vertrauen kann" *(These 55 von Il Manifesto).* Sie machten zum Inhalt ihrer Agitation und Propaganda das, worauf sie sich angesichts der deutschen Verhältnisse hauptsächlich berufen konnten: daß gegenüber der Globalstrategie des Imperialismus die Perspektive nationaler Kämpfe internationalistisch zu sein hat, daß erst die Verbindung nationaler Inhalte mit internationalen, traditioneller Kampfformen mit internationalistischen revolutionäre Initiative stabilisieren kann. Sie machten ihre Schwäche zu ihrer Stärke, weil sie erkannt hatten, daß nur so erneute Resignation, provinzialistische Abkapselung, Reformismus, Volksfrontstrategie, Integration verhindert werden können – die Sackgassen sozialistischer Politik unter post- und präfaschistischen Bedingungen, wie sie in der Bundesrepublik und Westberlin bestehen.

Die Linken wußten damals, daß es richtig sein würde, sozialistische Propaganda im Betrieb mit der tatsächlichen Verhinderung der Auslieferung der „Bild"-Zeitung zu verbinden. Daß es richtig wäre, die Propaganda bei den GIs, sich nicht nach Vietnam schicken zu lassen, mit tatsächlichen Angriffen auf Militärflugzeuge für Vietnam zu verbinden, die Bundeswehrkampagne mit tatsächlichen Angriffen auf Nato-Flughäfen. Daß es richtig wäre, die Kritik an der Klassenjustiz mit dem Sprengen von Gefängnismauern zu verbinden, die Kritik am Springerkonzern mit der Entwaffnung seines Werkschutzes, richtig, einen eigenen Sender in Gang zu setzen, die Polizei zu demoralisieren, illegale Wohnungen für Bundeswehrdeserteure zu haben, für die Agitation bei ausländischen Arbeitern Personalpapiere fälschen zu können, durch Betriebssabotage die Produktion von Napalm zu verhindern.

Und falsch, seine eigene Propaganda von Angebot und Nachfrage abhängig zu machen: keine Zeitung, wenn die Arbeiter sie noch nicht finanzieren, kein Auto, wenn die „Bewegung" es noch nicht kaufen kann, keinen Sender, weil es keine Lizenz dafür gibt, keine Sabotage, weil der Kapitalismus davon nicht gleich zusammenbricht.

Die Studentenbewegung zerfiel, als ihre spezifisch studentisch-kleinbürgerliche Organisationsform, das „Antiautoritäre Lager", sich als ungeeignet erwies, eine ihren Zielen angemessene Praxis zu entwickeln, ihre Spontaneität weder einfach in die Betriebe zu verlängern war noch in eine funktionsfähige Stadtguerilla noch in eine sozialistische Massenorganisation. Sie zerfiel, als der Funke der Studentenbewegung – anders als in Italien und Frankreich – nicht zum Steppenbrand entfalteter Klassenkämpfe geworden war. Sie konnte die Ziele und Inhalte des antiimperialistischen Kampfes benennen – selbst nicht das revolutionäre Subjekt, konnte sie deren organisatorische Vermittlung nicht leisten.

Die Rote Armee Fraktion leugnet im Unterschied zu den „proletarischen Organisationen" der Neuen Linken ihre Vorgeschichte als Geschichte der Studentenbewegung nicht, die den Marxismus-Leninismus als Waffe im Klassenkampf rekonstruiert und den internationalen Kontext für den revolutionären Kampf in den Metropolen hergestellt hat.

IV. Primat der Praxis

„Wer ein bestimmtes Ding oder einen Komplex von Dingen direkt kennenlernen will, muß persönlich am praktischen Kampf zur Veränderung der Wirklichkeit, zur Veränderung des Dinges oder des Komplexes von Dingen teilnehmen, denn nur so kommt er mit der Erscheinung der betreffenden Dinge in Berührung, und erst durch die persönliche Teilnahme am praktischen Kampf zur Veränderung der Wirklichkeit ist er imstande, das Wesen jenes Dinges bzw. jenes Komplexes von Dingen zu enthüllen und sie zu verstehen.

Aber der Marxismus legt der Theorie darum und nur darum ernste Bedeutung bei, weil sie die Anleitung zum Handeln sein kann. Wenn man über eine richtige Theorie verfügt, sie aber nur als etwas behandelt, worüber man einmal schwatzt, um es dann in die Schublade zu legen, was man jedoch keineswegs in die Praxis umsetzt, dann wird diese Theorie, so gut sie auch sein mag, bedeutungslos". *(Mao Zedong: Über die Praxis)*

(…). Wir bezweifeln, ob es unter den gegenwärtigen Bedingungen in der Bundesrepublik und Westberlin überhaupt schon möglich ist, eine die Arbeiterklasse vereinigende

Strategie zu entwickeln, eine Organisation zu schaffen, die gleichzeitig Ausdruck und Initiator des notwendigen Vereinheitlichungsprozesses sein kann. Wir bezweifeln, daß sich das Bündnis zwischen der sozialistischen Intelligenz und dem Proletariat durch programmatische Erklärungen „schweißen", durch ihrem Anspruch nach proletarische Organisationen erzwingen läßt. Die Tropfen und Rinnsale über die Niederträchtigkeiten des deutschen Lebens sammelt bislang noch der Springer-Konzern und leitet sie neuen Niederträchtigkeiten zu.

Wir behaupten, daß ohne revolutionäre Initiative, ohne die praktische revolutionäre Intervention der Avantgarde, der sozialistischen Arbeiter und Intellektuellen, ohne den konkreten antiimperialistischen Kampf es keinen Vereinheitlichungsprozeß gibt, daß das Bündnis nur in gemeinsamen Kämpfen hergestellt wird oder nicht, in denen der bewußte Teil der Arbeiter und Intellektuellen nicht Regie zu führen, sondern voranzugehen hat.

In der Papierproduktion der Organisationen erkennen wir ihre Praxis hauptsächlich nur wieder als den Konkurrenzkampf von Intellektuellen, die sich vor einer imaginären Jury, die die Arbeiterklasse nicht sein kann, weil ihre Sprache schon deren Mitsprache ausschließt, den Rang um die bessere Marx-Rezeption ablaufen. Es ist ihnen peinlicher, bei einem falschen Marx-Zitat ertappt zu werden als bei einer Lüge, wenn von ihrer Praxis die Rede ist. Die Seitenzahlen, die sie in ihren Anmerkungen angeben, stimmen fast immer, die Mitgliederzahlen, die sie für ihre Organisationen angeben, stimmen fast nie. Sie fürchten sich vor dem Vorwurf der revolutionären Ungeduld mehr als vor ihrer Korrumpierung in bürgerlichen Berufen, mit Lukács langfristig zu promovieren, ist ihnen wichtig, sich von Blanqui kurzfristig agitieren zu lassen, ist ihnen suspekt. Ihrem Internationalismus geben sie in Zensuren Ausdruck, mit denen sie die eine palästinensische Kommandoorganisation vor der anderen auszeichnen – weiße Herren, die sich als die wahren Sachwalter des Marxismus aufspielen; sie bringen ihn in den Umgangsformen von Mäzenatentum zum Ausdruck, indem sie befreundete Reiche im Namen der Black Panther Partei anbetteln und das, was die für ihren Ablaß zu geben bereit sind, sich selbst beim lieben Gott gutschreiben lassen – nicht den „Sieg im Volkskrieg" im Auge, nur um ihr gutes Gewissen besorgt. Eine revolutionäre Interventionsmethode ist das nicht.

Mao stellte in seiner „Analyse der Klassen in der chinesischen Gesellschaft" (1926) den Kampf der Revolution und den Kampf der Konterrevolution einander gegenüber als „das Rote Banner der Revolution, hoch erhoben von der III. Internationale, die alle unterdrückten Klassen in der Welt aufruft, sich um ihr Banner zu scharen; das andere ist das Weiße Banner der Konterrevolution, erhoben vom Völkerbund, der alle Konterrevolutionäre aufruft, sich um sein Banner zu scharen." Mao unterschied die Klassen in der chinesischen Gesellschaft danach, wie sie sich zwischen Rotem und Weißem Banner beim Fortschreiten der Revolution in China entscheiden würden. Es genügte ihm nicht, die ökonomische Lage der verschiedenen Klassen in der chinesischen Gesellschaft zu analysieren. Bestandteil seiner Klassenanalyse war ebenso die Einstellung der verschiedenen Klassen zur Revolution.

Eine Führungsrolle der Marxisten-Leninisten in zukünftigen Klassenkämpfen wird es nicht geben, wenn die Avantgarde selbst nicht das Rote Banner des proletarischen Internationalismus hochhält und wenn die Avantgarde selbst die Frage nicht beantwortet, wie die Diktatur des Proletariats zu errichten sein wird, wie die politische Macht des Proletariats zu erlangen, wie die Macht der Bourgeoisie zu brechen ist, und durch keine Praxis darauf vorbereitet ist, sie zu beantworten. Die Klassenanalyse, die wir brauchen, ist nicht zu machen ohne revolutionäre Praxis, ohne revolutionäre Initiative.

Die „revolutionären Übergangsforderungen", die die proletarischen Organisationen landauf landab aufgestellt haben, wie Kampf der Intensivierung der Ausbeutung, Verkürzung der Arbeitszeit, gegen die Vergeudung von gesellschaftlichem Reichtum, gleicher Lohn für Männer und Frauen und ausländische Arbeiter, gegen Akkordhetze etc., – diese Übergangsforderungen sind nichts als gewerkschaftlicher Ökonomismus, solange nicht gleichzeitig die Frage beantwortet wird, wie der politische, militärische und propagandistische Druck zu brechen sein wird, der sich schon diesen Forderungen aggressiv in den Weg stellen wird, wenn sie in massenhaften Klassenkämpfen erhoben werden. Dann aber – wenn es bei ihnen bleibt – sind sie nur noch ökonomistischer Dreck, weil es sich um sie nicht lohnt, den revolutionären Kampf aufzunehmen und zum Sieg zu führen, wenn „siegen heißt, prinzipiell akzeptieren, daß das Leben nicht das höchste Gut des Revolutionärs ist" *(Debray – 10)*. Mit diesen Forderungen kann man gewerkschaftlich intervenieren – „die tradeunionistische Politik der Arbeiterklasse ist aber eben bürgerliche Politik der Arbeiterklasse" *(Lenin)*. Eine revolutionäre Interventionsmethode ist sie nicht.

Die sogenannten proletarischen Organisationen unterscheiden sich, wenn sie die Frage der Bewaffnung als Antwort auf die Notstandsgesetze, die Bundeswehr, den Bundesgrenzschutz, die Polizei, die Springerpresse nicht aufwerfen, opportunistisch verschweigen, nur insoweit von der DKP, als sie noch weniger in den Massen verankert sind, als sie wortradikaler sind, als sie theoretisch mehr drauf haben. Praktisch begeben sie sich auf das Niveau von Bürgerrechtlern, die es auf Popularität um jeden Preis abgesehen haben, unterstützen sie die Lügen der Bourgeoisie, daß in diesem Staat mit den Mitteln der parlamentarischen Demokratie noch was auszurichten sei, ermutigen sie das Proletariat zu Kämpfen, die angesichts des Potentials an Gewalt in diesem Staat nur verloren werden können – auf barbarische Weise. „Diese marxistisch-leninistischen Fraktionen oder Parteien" – schreibt Debray über die Kommunisten in Lateinamerika – „bewegen sich innerhalb derselben politischen Fragestellungen, wie sie von der Bourgeoisie beherrscht werden. Anstatt sie zu verändern, haben sie dazu beigetragen, sie noch fester zu verankern ..."

Den Tausenden von Lehrlingen und Jugendlichen, die aus ihrer Politisierung während der Studentenbewegung erstmal den Schluß gezogen haben, sich dem Ausbeutungsdruck im Betrieb zu entziehen, bieten diese Organisationen keine politische Perspektive mit dem Vorschlag, sich dem kapitalistischen Ausbeutungsdruck erstmal wieder anzupassen. Gegenüber der Jugendkriminalität nehmen sie praktisch den Standpunkt von Gefängnisdirektoren ein, gegenüber den Genossen im Knast den Standpunkt ihrer Richter, gegenüber dem Untergrund den Standpunkt von Sozialarbeitern.

Praxislos ist die Lektüre des „Kapital" nichts als bürgerliches Studium. Praxislos sind programmatische Erklärungen nur Geschwätz. Praxislos ist proletarischer Internationalismus nur Angeberei. Theoretisch den Standpunkt des Proletariats einnehmen heißt, ihn praktisch einnehmen.

Die Rote Armee Fraktion redet vom Primat der Praxis. Ob es richtig ist, den bewaffneten Widerstand jetzt zu organisieren, hängt davon ab, ob es möglich ist; ob es möglich ist, ist nur praktisch zu ermitteln.

V. Stadtguerilla

„Somit muß man von seinem Wesen her, aus einer langen Perspektive, in strategischer Hinsicht den Imperialismus und alle Reaktionäre als das betrachten, was sie in Wirklichkeit sind: als Papiertiger. Darauf müssen wir unser strategisches Denken gründen. Andererseits sind sie aber wiederum lebendige, eisenharte, wirkliche Tiger, die Menschen fressen. Darauf müssen wir unser taktisches Denken gründen". *Mao Zedong, 1.12.1958*

Wenn es richtig ist, daß der amerikanische Imperialismus ein Papiertiger ist, d. h. daß er letzten Endes besiegt werden kann; und wenn die These der chinesischen Kommunisten richtig ist, daß der Sieg über den amerikanischen Imperialismus dadurch möglich geworden ist, daß an allen Ecken und Enden der Welt der Kampf gegen ihn geführt wird, so daß dadurch die Kräfte des Imperialismus zersplittert werden und durch ihre Zersplitterung schlagbar werden – wenn das richtig ist, dann gibt es keinen Grund, irgendein Land und irgendeine Region aus dem antiimperialistischen Kampf deswegen auszuschließen oder auszuklammern, weil die Kräfte der Revolution dort besonders schwach, weil die Kräfte der Reaktion dort besonders stark sind.

Wie es falsch ist, die Kräfte der Revolution zu entmutigen, indem man sie unterschätzt, ist es falsch, ihnen Auseinandersetzungen vorzuschlagen, in denen sie nur verheizt und kaputtgemacht werden können. Der Widerspruch zwischen den ehrlichen Genossen in den Organisationen – lassen wir die Schwätzer mal raus – und der Roten Armee Fraktion ist der, daß wir ihnen vorwerfen, die Kräfte der Revolution zu entmutigen, und daß sie uns verdächtigen, wir würden die Kräfte der Revolution verheizen. Daß damit die Richtung angegeben wird, in der die Fraktion der in Betrieben und Stadtteilen arbeitenden Genossen und die Rote Armee Fraktion den Bogen überspannen, wenn sie ihn überspannen, entspricht der Wahrheit. Dogmatismus und Abenteurertum sind seit je die charakteristischen Abweichungen in Perioden der Schwäche der Revolution in einem Land. Da seit je die Anarchisten die schärfsten Kritiker des Opportunismus waren, setzt sich dem Anarchismus-Vorwurf aus, wer die Opportunisten kritisiert. Das ist gewissermaßen ein alter Hut.

Das Konzept Stadtguerilla stammt aus Lateinamerika. Es ist dort, was es auch hier nur sein kann: die revolutionäre Interventionsmethode von insgesamt schwachen revolutionären Kräften.

Stadtguerilla geht davon aus, daß es die preußische Marschordnung nicht geben wird, in der viele sogenannte Revolutionäre das Volk in den revolutionären Kampf führen möchten. Geht davon aus, daß dann, wenn die Situation reif sein wird für den bewaffneten Kampf, es zu spät sein wird, ihn erst vorzubereiten. Daß es ohne revolutionäre Initiative in einem Land, dessen Potential an Gewalt so groß, dessen revolutionäre Traditionen so kaputt und so schwach sind wie in der Bundesrepublik, auch dann keine revolutionäre Orientierung geben wird, wenn die Bedingungen für den revolutionären

Kampf günstiger sein werden, als sie es jetzt schon sind – aufgrund der politischen und ökonomischen Entwicklung des Spätkapitalismus selbst.

Stadtguerilla ist insofern die Konsequenz aus der längst vollzogenen Negation der parlamentarischen Demokratie durch ihre Repräsentanten selbst, die unvermeidliche Antwort auf Notstandsgesetze und Handgranatengesetz[1], die Bereitschaft, mit den Mitteln zu kämpfen, die das System für sich bereitgestellt hat, um seine Gegner auszuschalten. Stadtguerilla basiert auf der Anerkennung der Tatsachen statt der Apologie von Tatsachen.

Was Stadtguerilla machen kann, hat die Studentenbewegung teilweise schon gewußt. Sie kann die Agitation und Propaganda, worauf linke Arbeit noch reduziert ist, konkret machen. Das kann man sich für die Springerkampagne von damals vorstellen und für die Carbora-Bassa-Kampagne[2] der Heidelberger Studenten, für die Hausbesetzungen in Frankfurt, in bezug auf die Militärhilfen, die die Bundesrepublik den Komprador-Regimes in Afrika gibt, in bezug auf die Kritik am Strafvollzug und an der Klassenjustiz, am Werkschutz und innerbetrieblicher Justiz. Sie kann den verbalen Internationalismus konkretisieren als die Beschaffung von Waffen und Geld. Sie kann die Waffe des Systems, die Illegalisierung von Kommunisten, stumpf machen, indem sie einen Untergrund organisiert, der dem Zugriff der Polizei entzogen bleibt. Stadtguerilla ist eine Waffe im Klassenkampf.

Stadtguerilla ist bewaffneter Kampf, insofern es die Polizei ist, die rücksichtslos von der Schußwaffe Gebrauch macht, und die Klassenjustiz, die Kurras[3] freispricht und die Genossen lebendig begräbt, wenn wir sie nicht daran hindern. Stadtguerillla heißt, sich von der Gewalt des Systems nicht demoralisieren zu lassen.

Stadtguerilla zielt darauf, den staatlichen Herrschaftsapparat an einzelnen Punkten zu destruieren, stellenweise außer Kraft zu setzen, den Mythos von der Allgegenwart des Systems und seiner Unverletzbarkeit zu zerstören.

Stadtguerilla setzt die Organisierung eines illegalen Apparates voraus, das sind Wohnungen, Waffen, Munition, Autos, Papiere. Was dabei im einzelnen zu beachten ist, hat Marighella in seinem „Minihandbuch der Stadtguerilla" beschrieben. Was dabei noch zu beachten ist, sind wir jederzeit jedem bereit zu sagen, der es wissen muß, wenn er es machen will. Wir wissen noch nicht viel, aber schon einiges.

Wichtig ist, daß man, bevor man sich entschließt, bewaffnet zu kämpfen, legale politische Erfahrungen gemacht hat. Wo der Anschluß an die revolutionäre Linke auch noch einem modischen Bedürfnis entspricht, schließt man sich besser nur da an, von wo man wieder zurück kann.

Rote Armee Fraktion und Stadtguerilla sind diejenige Fraktion und Praxis, die, indem sie einen klaren Trennungsstrich zwischen sich und dem Feind ziehen, am schärfsten bekämpft werden. Das setzt politische Identität voraus, das setzt voraus, daß einige Lernprozesse schon gelaufen sind.

Unser ursprüngliches Organisationskonzept beinhaltete die Verbindung von Stadtguerilla und Basisarbeit. Wir wollten, daß jeder von uns gleichzeitig im Stadtteil oder

---

1 Das „Handgranaten-Gesetz" räumte dem Berliner Innensenator das Recht ein, bei „einer drohenden Gefahr für die freiheitliche demokratische Grundordnung" „besondere Waffen" (Handgranaten und Maschinengewehre) einzusetzen.
2 Kampagne gegen ein Staudamm-Projekt in Mosambik durch die dortige Kolonialmacht Portugal.
3 Der Polizist Karl-Heinz Kurras erschoß am 2. Juni 1967 bei einer Demonstration gegen den Besuch des iranischen Schahs in Berlin den Studenten Benno Ohnesorg.

im Betrieb in den dort bestehenden sozialistischen Gruppen mitarbeitet, den Diskussionsprozeß mitbeeinflußt, Erfahrungen macht, lernt. Es hat sich gezeigt, daß das nicht geht. Daß die Kontrolle, die die politische Polizei über diese Gruppen hat, ihre Treffen, ihre Termine, ihre Diskussionsinhalte, schon jetzt so weit reicht, daß man dort nicht sein kann, wenn man auch noch unkontrolliert sein will. Daß der einzelne die legale Arbeit nicht mit der illegalen verbinden kann.

Stadtguerilla setzt voraus, sich über seine eigene Motivation im klaren zu sein, sicher zu sein, daß „Bild"-Zeitungsmethoden bei einem nicht mehr verfangen, daß das Antisemitismus-Kriminellen-Untermenschen-Mord&Brand-Syndrom, das sie auf Revolutionäre anwenden, die ganze Scheiße, die nur die abzusondern und zu artikulieren imstande sind und die immer noch viele Genossen in ihrem Urteil über uns beeinflußt, daß die einen nicht trifft.

Denn natürlich überläßt uns das System nicht das Terrain, und es gibt kein Mittel – auch keines der Verleumdung –, das sie nicht gegen uns anzuwenden entschlossen wären.

Und es gibt keine Öffentlichkeit, die ein anderes Ziel hätte, als die Interessen des Kapitals auf die eine oder andere Art wahrzunehmen, und es gibt noch keine sozialistische Öffentlichkeit, die über sich selbst, ihre Zirkel, ihren Handvertrieb, ihre Abonnenten hinausreichte, die sich nicht noch hauptsächlich in zufälligen, privaten, persönlichen, bürgerlichen Umgangsformen abspielte. Es gibt keine Publikationsmittel, die nicht vom Kapital kontrolliert würden, über das Anzeigengeschäft, über den Ehrgeiz der Schreiber, sich in das ganz große Establishment reinzuschreiben, über die Rundfunkräte, über die Konzentration auf dem Pressemarkt. Herrschende Öffentlichkeit ist die Öffentlichkeit der Herrschenden, in Marktlücken aufgeteilt, schichtspezifische Ideologien entwickelnd, was sie verbreiten, steht im Dienst ihrer Selbstbehauptung auf dem Markt. Die journalistische Kategorie heißt: Verkauf. Die Nachricht als Ware, die Information als Konsum. Was nicht konsumierbar ist, muß sie ankotzen. Leserblattbindung bei den anzeigenintensiven Publikationsmitteln, ifas-Punktsysteme beim Fernsehen – das kann keine Widersprüche zwischen sich und dem Publikum aufkommen lassen, keine antagonistischen, keine mit Folgen. Den Anschluß an den mächtigsten Meinungsbildner am Markt muß halten, wer sich am Markt halten will; d. h. die Abhängigkeit vom Springerkonzern wächst in dem Maße, als der Springerkonzern wächst, der angefangen hat, auch die Lokalpresse einzukaufen. Die Stadtguerilla hat von dieser Öffentlichkeit nichts anderes zu erwarten als erbitterte Feindschaft. An marxistischer Kritik und Selbstkritik hat sie sich zu orientieren, an sonst nichts. „Wer keine Angst vor Vierteilung hat, wagt es, den Kaiser vom Pferd zu zerren", sagt Mao dazu.

Langfristigkeit und Kleinarbeit sind Postulate, die für die Stadtguerilla erst recht gelten, insofern wir nicht nur davon reden, sondern auch danach handeln. Ohne den Rückzug in bürgerliche Berufe offen zu halten, ohne die Revolution noch mal an den Nagel im Reihenhaus hängen zu können, ohne also auch das zu wollen, also mit dem Pathos, das Blanqui ausgedrückt hat: „Die Pflicht eines Revolutionärs ist, immer zu kämpfen, trotzdem zu kämpfen, bis zum Tod zu kämpfen."

– Es gibt keinen revolutionären Kampf und hat noch keinen gegeben, dessen Moral nicht diese gewesen wäre: Rußland, China, Kuba, Algerien, Palästina, Vietnam.

Manche sagen, die politischen Möglichkeiten der Organisierung, der Agitation, der

Propaganda seien noch längst nicht erschöpft, aber erst dann, wenn sie erschöpft seien, könnte man die Frage der Bewaffnung aufwerfen. Wir sagen: Die politischen Möglichkeiten werden solange nicht wirklich ausgenutzt werden können, solange das Ziel, der bewaffnete Kampf, nicht als das Ziel der Politisierung zu erkennen ist, solange die strategische Bestimmung, daß alle Reaktionäre Papiertiger sind, nicht hinter der taktischen Bestimmung, daß sie Verbrecher, Mörder, Ausbeuter sind, zu erkennen ist.

Von „bewaffneter Propaganda" werden wir nicht reden, sondern werden sie machen. Die Gefangenenbefreiung lief nicht aus propagandistischen Gründen, sondern um den Typ rauszuholen. Banküberfälle, wie man sie uns in die Schuhe zu schieben versucht, würden auch wir nur machen, um Geld aufzureißen. Die „glänzenden Erfolge", von denen Mao sagt, daß wir sie erzielt haben müssen, „wenn der Feind uns in den schwärzesten Farben malt", sind nur bedingt unsere eigenen Erfolge. Das große Geschrei, das über uns angestimmt worden ist, verdanken wir mehr den lateinamerikanischen Genossen – aufgrund des klaren Trennungsstrichs zwischen sich und dem Feind, den sie schon gezogen haben –, so daß die Herrschenden hier uns wegen des Verdachts von ein paar Banküberfällen so „energisch entgegengetreten", als gäbe es schon das, was aufzubauen wir angefangen haben: die Stadtguerilla der Roten Armee Fraktion.

VI. Legalität und Illegalität

„Die Revolution im Westen, die Herausforderung der kapitalistischen Macht in den Hochburgen, ist das Gebot der Stunde. Sie ist von entscheidender Bedeutung. Die derzeitige Weltsituation kennt keinen Ort und keine Kräfte, die in der Lage wären, eine friedliche Entwicklung und eine demokratische Stabilisierung zu garantieren. Die Krise spitzt sich tendenziell zu. Sich jetzt provinzialistisch abzukapseln oder den Kampf auf später zu verschieben, bedeutet: Man wird in den Strudel des umfassenden Niedergangs hineingerissen." *(Il Manifesto. Aus These 55)*

Die Parole der Anarchisten „Macht kaputt, was Euch kaputt macht" zielt auf die direkte Mobilisierung der Basis, der Jugendlichen in Gefängnissen und Heimen, in Schulen und in der Ausbildung, richtet sich an die, denen es am dreckigsten geht, zielt auf spontanes Verständnis, ist die Aufforderung zum direkten Widerstand. Die Black Power-Parole von Stokely Carmichael: „Vertrau deiner eigenen Erfahrung!" meinte eben das. Die Parole geht von der Einsicht aus, daß es im Kapitalismus nichts, aber auch nichts gibt, das einen bedrückt, quält, hindert, belastet, was seinen Ursprung nicht in den kapitalistischen Produktionsverhältnissen hätte, daß jeder Unterdrücker, in welcher Gestalt auch immer er auftritt, ein Vertreter des Klasseninteresses des Kapitals ist, das heißt: Klassenfeind.

Insofern ist die Parole der Anarchisten richtig, proletarisch, klassenkämpferisch. Sie ist falsch, soweit sie das falsche Bewußtsein vermittelt, man brauchte bloß zuzuschlagen, denen in die Fresse zu schlagen, Organisierung sei zweitrangig, Disziplin bürgerlich, die Klassenanalyse überflüssig. Schutzlos der verschärften Repression, die auf ihre Aktionen folgt, ausgesetzt, ohne die Dialektik von Legalität und Illegalität organisatorisch beachtet zu haben, werden sie legal verhaftet. Der Satz einiger Organisationen „Kommunisten sind nicht so einfältig, sich selbst zu illegalisieren", redet der Klassenjustiz zum Munde, sonst niemandem. Soweit er besagt, daß die legalen Möglichkeiten kommunistischer Agitation und Propaganda, von Organisierung, von politischem und ökonomischen Kampf unbedingt genutzt werden müssen und nicht leichtfertig aufs Spiel gesetzt werden dürfen, ist er richtig – aber das beinhaltet er ja gar nicht. Er beinhaltet, daß die Grenzen, die der Klassenstaat und seine Justiz der sozialistischen Arbeit setzen, ausreichen, um alle Möglichkeiten auszunutzen, daß man sich an die Begrenzungen zu halten hat, daß vor illegalen Übergriffen dieses Staates, da sie ja allemal legalisiert werden, unbedingt zurückzuweichen ist – Legalität um jeden Preis. Illegale Inhaftierung, Terrorurteile, Übergriffe der Polizei, Erpressung und Nötigung durch den Staatsanwalt – Friß Vogel oder stirb, Kommunisten sind nicht so einfältig ...

Der Satz ist opportunistisch. Er ist unsolidarisch. Er schreibt die Genossen im Knast ab, er schließt die Organisierung und Politisierung all derer aus der sozialistischen Bewegung aus, die aufgrund ihrer sozialen Herkunft und Lage nicht anders als kriminell überleben können: den Untergrund, das Subproletariat, unzählige proletarische Jugendliche, Gastarbeiter. Er dient der theoretischen Kriminalisierung all derer, die sich den Organisationen nicht anschließen. Er ist ihr Bündnis mit der Klassenjustiz. Er ist dumm.

(...) Die reformistische Linie zielt darauf, Konflikte zu vermeiden, durch Institutionalisierung (Mitbestimmung), durch Reformversprechen (im Strafvollzug z. B.), indem sie überalterten Konfliktstoff ausräumt (der Kniefall des Kanzlers in Polen z. B.), indem sie Provokationen vermeidet (die weiche Linie der Münchner Polizei und des Bundesverwaltungsgerichts in Berlin z. B.), durch die verbale Anerkennung von Mißständen (in der öffentlichen Erziehung in Hessen und Berlin z. B.). Es gehört zur konfliktvermeidenden Taktik des Reformismus, sich etwas innerhalb und etwas weniger außerhalb der Legalität zu bewegen, das gibt ihm den Schein von Legitimation, von Grundgesetz unterm Arm, das zielt auf Integration von Widersprüchen, das läßt linke Kritik totlaufen, leer laufen, das will die Jungsozialisten in der SPD halten. Daß die reformistische Linie im Sinne von langfristiger Stabilisierung kapitalistischer Herrschaft die effektivere Linie ist, wird nicht bezweifelt, nur ist sie an bestimmte Voraussetzungen gebunden. Sie setzt wirtschaftliche Prosperität voraus, weil die weiche Linie der Münchner Polizei z. B. sehr viel kostspieliger ist als die harte Tour der Berliner – wie es der Münchner Polizeipräsident sinnfällig dargetan hat: „Zwei Beamte mit Maschinengewehr können 1000 Leute in Schach halten, 100 Beamte mit Gummiknüppeln können 1000 Leute in Schach halten. Ohne derartige Instrumente benötigt man 300 bis 400 Polizeibeamte." Die reformistische Linie setzt die nicht bis gar nicht organisierte antikapitalistische Opposition voraus – wie man ebenfalls vom Beispiel München her weiß.

Unter dem Deckmantel des politischen Reformismus nimmt im übrigen die Monopolisierung von staatlicher und wirtschaftlicher Macht zu, was Schiller mit seiner Wirtschaftspolitik betreibt und Strauß mit seiner Finanzreform durchgesetzt hat – die Verschärfung der Ausbeutung durch Arbeitsintensivierung und Arbeitsteilung im Bereich der Produktion, durch langfristige Rationalisierungsmaßnahmen im Bereich der Verwaltung und der Dienstleistungen.

Daß die Akkumulation von Gewalt in den Händen weniger widerstandsloser funktioniert, wenn man sie geräuschloser durchführt, wenn man dabei unnötige Provokationen vermeidet, die unkontrollierbare Solidarisierungsprozesse zur Folge haben können – das hat man aus der Studentenbewegung und dem Mai in Paris gelernt. Deshalb werden die Roten Zellen noch nicht verboten, deshalb wurde die KP als DKP – ohne Aufhebung des KP-Verbots – zugelassen, deshalb gibt es noch liberale Fernsehsendungen, und deshalb können es sich einige Organisationen noch leisten, sich nicht für so einfältig zu halten, wie sie es sind.

Der Legalitätsspielraum, den Reformismus bietet, ist die Antwort des Kapitals auf die Attacken der Studentenbewegung und der APO – solange man sich die reformistische Antwort leisten kann, ist sie die effektivere. Auf diese Legalität setzen, sich auf sie verlassen, sie metaphysisch verlängern, sie statistisch hochrechnen, sie nur verteidigen wollen, heißt, die Fehler der Strategie der Selbstverteidigungszonen in Lateinamerika wiederholen, nichts gelernt haben, der Reaktion Zeit lassen, sich zu formieren, zu reorganisieren, bis sie die Linke nicht illegalisiert, sondern zerschlägt.

(..) Die Genossen, die mit der Frage von Legalität und Illegalität so oberflächlich umgehen, haben offenbar auch die Amnestie in den falschen Hals gekriegt, mit der der Studentenbewegung noch nachträglich der Zahn gezogen worden ist. Indem man die Kriminalisierung Hunderter von Studenten aufhob, kamen diese mit dem Schrecken davon, wurde weiterer Radikalisierung vorgebeugt, wurden sie energisch daran erinnert, was die Privilegien bürgerlichen Studentseins wert sind, trotz Wissenschaftsfabrik Universität, der soziale Aufstieg. So wurde die Klassenschranke zwischen ihnen und dem Proletariat wieder aufgerichtet, zwischen ihrem privilegierten Alltag als Studium und dem Alltag des Akkordarbeiters, der Akkordarbeiterin, die nicht amnestiert wurden vom gleichen Klassenfeind. So blieb einmal mehr die Theorie von der Praxis getrennt. Die Rechnung: Amnestie gleich Befriedung ging auf.

Die sozialdemokratische Wählerinitiative von einigen honorablen Schriftstellern – nicht nur dem abgefuckten Grass –, als Versuch positiver, demokratischer Mobilisierung, als Abwehr also von Faschismus gemeint und deshalb zu beachten, verwechselt die Wirklichkeit von einigen Verlagen und Redaktionen in Funk- und Fernsehanstalten, die der Rationalität der Monopole noch nicht unterworfen sind, die als Überbau nachhinken, mit dem Ganzen der politischen Wirklichkeit. Die Bereiche verschärfter Repression sind nicht die, mit denen ein Schriftsteller es zuerst zu tun hat: Gefängnisse, Klassenjustiz, Akkordhetze, Arbeitsunfälle, Konsum auf Raten, Schule, „Bild" und „BZ", die Wohnkasernen der Vorstädte, Ausländerghettos – das alles kriegen Schriftsteller höchstens ästhetisch mit, politisch nicht.

Legalität ist die Ideologie des Parlamentarismus, der Sozialpartnerschaft, der pluralistischen Gesellschaft. Sie wird zum Fetisch, wenn die, die darauf pochen, ignorieren, daß Telefone legal abgehört werden, Post legal kontrolliert, Nachbarn legal befragt, Denunzianten legal bezahlt, daß legal observiert wird – daß die Organisierung von politischer Arbeit, wenn sie dem Zugriff der politischen Polizei nicht permanent ausgesetzt sein will, gleichzeitig legal und illegal zu sein hat.

Wir setzen nicht auf die spontane antifaschistische Mobilisierung durch Terror und Faschismus selbst und halten Legalität nicht nur für Korrumpierung und wissen, daß unsere Arbeit Vorwände liefert (…). Und für noch mehr Vorwand, weil wir Kommunisten sind und es davon, ob die Kommunisten sich organisieren und kämpfen, abhängt, ob Terror und Repression nur Angst und Resignation bewirken oder Widerstand und Klassenhaß und Solidarität provozieren, ob das hier alles so glatt im Sinn des Imperialismus über die Bühne geht oder nicht. Weil es davon abhängt, ob die Kommunisten so einfältig sind, alles mit sich machen zu lassen, oder die Legalität u. a. dazu benutzen, die Illegalität zu organisieren, statt das eine vor dem anderen zu fetischisieren.

Das Schicksal der Black-Panther-Partei und das Schicksal der Gauche prolétarienne dürfte auf jener Fehleinschätzung basieren, die den tatsächlichen Widerspruch zwischen Verfassung und Verfassungswirklichkeit und dessen Verschärfung, wenn Widerstand organisiert in Erscheinung tritt, nicht realisiert. Die nicht realisiert, daß sich die Bedingungen der Legalität durch aktiven Widerstand notwendigerweise verändern und daß es deshalb notwendig ist, die Legalität gleichzeitig für den politischen Kampf und für die Organisierung von Illegalität auszunutzen, und daß es falsch ist, auf die Illegalisierung als Schicksalsschlag durch das System zu warten, weil Illegalisierung dann gleich Zerschlagung ist und das dann die Rechnung ist, die aufgeht.

Die Rote Armee Fraktion organisiert die Illegalität als Offensiv-Position für revolutionäre Intervention.

Stadtguerilla machen heißt, den antiimperialistischen Kampf offensiv führen. Die Rote Armee Fraktion stellt die Verbindung her zwischen legalem und illegalem Kampf, zwischen nationalem und internationalem Kampf, zwischen politischem und bewaffnetem Kampf, zwischen der strategischen und der taktischen Bestimmung der internationalen kommunistischen Bewegung.

Stadtguerilla heißt, trotz der Schwäche der revolutionären Kräfte in der Bundesrepublik und Westberlin hier und jetzt revolutionär intervenieren!

„Entweder sie sind ein Teil des Problems, oder sie sind ein Teil der Lösung. Dazwischen gibt es nichts. Die Scheiße ist seit Dekaden und Generationen von allen Seiten untersucht und begutachtet worden. Ich bin lediglich der Meinung, daß das meiste, was in diesem Lande vor sich geht, nicht länger analysiert zu werden braucht" – sagt Cleaver.

DEN BEWAFFNETEN KAMPF UNTERSTÜTZEN!
SIEG IM VOLKSKRIEG!

Oskar Negt
Keine Solidarität mit den Desperados der RAF (1972)

Vietnam ist zum Symbol der Gewalt für diese Generation geworden. Nicht nur die alltäglich auf Vietnam niedergehende Bombenlast überschreitet bei weitem die des Zweiten Weltkrieges; die mechanische Vernichtung von Menschenleben hat Ausmaße angenommen, die sehr bald den Verwaltungsmassenmord des Dritten Reiches in den Schatten stellen können. General Westmoreland hat als Oberkommandierender der amerikanischen Truppen in Vietnam selbstsicher verkündet, daß „uns nicht mehr als zehn Jahre vom automatischen Schlachtfeld trennen". Diese Strategie wird heute in ganzer Brutalität befolgt. Die Visionen dieses Generals vom kommenden Reich der Unfreiheit sind die Visionen eines geschichtlich zum Untergang verurteilten Systems, das sich nur noch durch die Ausbildung von technologischen Vernichtungsfantasien und Zerstörungspraktiken am Leben erhalten kann (...).

Mittlerweile weiß jedermann, selbst die Frankfurter Allgemeine beginnt es zu ahnen, daß es besonders in sozialrevolutionären Befreiungskriegen militärisch eingrenzbare Ziele nicht gibt; die Bombardierungen nach Planquadraten treffen alles Leben. Es war der amerikanische Präsident Johnson, der den Begriff der Vergeltung wieder in die politische Sprache einführte. Was ist aber der Unterschied zwischen Strafexpeditionen der Nazis in Oradour und Lidice und einem vernichteten vietnamesischen Dorf, wenn feststeht, daß es begrenzbare militärische Ziele nicht gibt?

Studenten und Jugendliche waren die Einzigen, die das Grundrecht der Informationsfreiheit ernst nahmen, um sich über Völkermordpraktiken auch verbündeter Nationen zu informieren und öffentlich dagegen aufzutreten. Sie wollten nicht in die gleiche Situation kommen, in der die Mitläufer und stillen Dulder des Naziregimes waren: von der Gewalt, von den Konzentrationslagern nichts gewußt zu haben.

Auf ihren Protestdemonstrationen wurden sie geprügelt und beschimpft; für den großen Teil war es die erste Erfahrung der manifesten Gewalt im eigenen Lande, und viele haben das bei späteren Aktionen immer wieder bestätigt und niemals vergessen.

Das politische Bewußtsein der ersten Generation, die vom Krieg nicht unmittelbar getroffen war, entzündete sich am Krieg, an der Gewaltpraxis der alten und neuen Kolonialherren, die mit Blut und Feuer ihre Herrschaft aufrechterhielten. An den großen Protestdemonstrationen, die Jugendliche und Studenten gegen Tschombe und den Schah von Persien veranstalteten, zogen mitunter noch Politiker mit, die aber sehr bald die gesicherte Karriere dem Risiko der politischen Kompromißlosigkeit vorzogen (...).

Gerade in dieser Stunde ist es deshalb notwendig, an jenes fast auf den Tag genau fünf Jahre zurückliegende Ereignis zu erinnern, an dem der neurotische, aufgehetzte Waffensammler Kurras in Polizeidiensten Benno Ohnesorg erschoß – und schließlich freigesprochen wurde. Und auch der wild gewordene Anstreicher, der ein Jahr später das Attentat auf Dutschke verübte, ist nur das traurige Opfer der von der Springer-Presse und ihrem Anhang beharrlich gesteuerten Saat der Gewalt gegen Andersdenkende, die längst noch nicht in ganzem Umfang aufgegangen ist. Wenn Politiker der SPD heute davon sprechen, daß sie in den nächsten Wahlkampf mit kugelsicheren Westen gehen müßten, so werden sie wissen, von welcher Seite ihnen Gewalt droht. Wenn sie aber meinen, sie könnten das Schlagwort von den Linksradikalen als eindeutige Bestimmung für Freund-Feind-Verhältnisse verwenden, so unterliegen sie einer fatalen Täuschung: Es gibt kein objektives und eindeutiges Kriterium für die Unterscheidung von rechts und links; das rituale Bekenntnis zur demokratischen Grundordnung nützt gar nichts (…).

In Deutschland besteht die gefährliche Neigung, grundlegende gesellschaftliche Konflikte durch die Polizei zu lösen. Die Masse der Polizisten steht heute in allen kapitalistischen Ländern an der vordersten Front der Klassenauseinandersetzungen. Sie holen für die, die mit der Aufrechterhaltung dieser gesellschaftlichen Zustände profitable Interessen verbinden, die Kastanien aus dem Feuer. Sie werden schlecht bezahlt; die Planstellenhierarchie ist so, daß für den einfachen Polizisten praktisch nur geringe Chancen des Aufstiegs bestehen, während der Abiturient, gar ein Akademiker, der von oben einsteigt, nach relativ kurzer Zeit Offizier und Vorgesetzter wird. Das kann nicht die Sympathien für die Intellektuellen, mit denen sie sich an den Universitäten und Schulen herumschlagen müssen, erhöhen. Das Wort von Rosa Luxemburg, daß Soldaten und Politiker in Uniform gesteckte Proletarier sind, trifft heute sicherlich nicht mehr in gleicher Weise zu; aber ihre Lebenssituation ist nicht besser als die der Arbeiter. Das einzige Privileg, das sie haben, besteht in der legalen Abreaktion ihrer Aggressionen, die bei ihnen nicht weniger als bei Studenten und anderen Menschen das Produkt von Unterdrückung und Ausbeutung sind.

Wenn man ihnen heute wieder einzureden versucht, das Gewaltpotential dieser Gesellschaft würde sich wesentlich durch die Zentralisierung der Verbrechensbekämpfung und den Ausbau des Polizeiapparates verringern, wird sich dies als eine grandiose Täuschung erweisen. Die Profilierungsbedürfnisse eines „liberalen" Innenministers, der sich als ein Mann von Recht und Ordnung ins Bild setzen will, gehen auf die Amerikanisierung der Verbrechensbekämpfung, die bei der chronischen Neigung der Deutschen, politische Konflikte als kriminelle Delikte zu behandeln, für uns alle eine bedrohliche Entwicklung bedeutet.

Aber kein einziges Problem wäre dadurch gelöst. Denn der Nährboden von Krankheiten, psychischer Zerrüttung, Aggressionen und Gewalt ist der kapitalistische Betrieb, ist die bürgerliche Restfamilie, die ausgleichen soll, was anderswo entsteht; sind die Schulen, in denen die Kinder in kleine Räume eingepfercht sind, so daß sie ihre sozialen Fähigkeiten nicht entwickeln können; es sind die Universitäten mit vollgestopften Hörsälen, in denen vernünftiges Leben kaum noch möglich ist; man sollte sich hüten, die linken Lehrer und Hochschullehrer aus Schulen und Universitäten zu drängen, sie sind die einzigen, die durch alltägliche Überstunden, durch Organisation kleiner Gruppen diesen katastrophalen Laden überhaupt noch am Laufen halten.

Wissen die Politiker, die diese Probleme mit der Polizei lösen wollen, daß der Boden, auf dem kriminelles Verhalten wächst, die mißglückte Sozialisation in der Familie und in der Schule ist? … Ein führender Arzt und enger Freund Nixons hat vorgeschlagen, Massenuntersuchungen aller sechs- bis achtjährigen Kinder einzuleiten, ob sie kriminelle Verhaltensanlagen zeigen. Für gestörte Kinder mit verbrecherischem Kern schlage er den Aufbau von „Behandlungslagern" vor.

Wir wissen heute, daß kriminelles Verhalten ein gesellschaftliches Produkt ist. Würde man nur einen Teil des Geldes, das für die oft aussichtslose Bekämpfung der Folgen, für Gefängnisse, Irrenanstalten, für Polizei und Privatdetektive ausgegeben wird, für die Bekämpfung der Ursachen verwenden, dann könnte man mit langfristigen Wirkungen rechnen. Eine Gesellschaft, die diese Minimalaufgabe nicht zu lösen vermag, hat ihre Berechtigung verloren.

Diese Einschätzung des bestehenden Gewaltpotentials und der Aktionsstrategien der herrschenden Gewalt gegenüber der sozialistischen und kommunistischen Linken darf uns aber nicht den Blick dafür verstellen, unmißverständlich und in aller Öffentlichkeit zu erklären: Es gab und gibt mit den unpolitischen Aktionen, für die die Gruppe um Andreas Baader und Ulrike Meinhof die Verantwortung übernommen hat, nicht die geringste Gemeinsamkeit, die die politische Linke der Bundesrepublik zur Solidarität veranlassen könnte. Das gilt im Grunde für alle Fraktionen der Linken, die sich mehr und mehr auf eine langfristige, beharrliche, sehr viel Klarheit erfordernde Politik eingestellt haben. Wer Politik zu einer individuellen Mutprobe macht, ohne noch die sozialen Ziele und die einzelnen Veränderungsschritte angeben zu können, wird allmählich Opfer der eigenen Illusionen. Er verkennt die Angst, die er verbreitet, als politischen Erfolg.

Wer glaubt, mit exemplarisch gemeinten Aktionen, mit spektakulären Gefangenenbefreiungen, Bankeinbrüchen, Bomben legen unter hiesigen Verhältnissen eine revolutionäre Situation herstellen oder auch nur die Aktionsbasis erweitern zu können, errichtet eine undurchdringliche Mauer zwischen sich und der gesellschaftlichen Erfahrung.

Verletzte oder getötete Springer-Journalisten tasten nicht den Springer-Konzern an; ein verletzter oder getöteter Polizist mag den Polizeiapparat einen Augenblick verunsichern, aber mit Sicherheit wird er ihn langfristig verstärken. Und eines kommt hinzu: So wenig der Polizeiknüppel das Zentrum der reaktionären Gewalt ist, so wenig hat das geschickte Bombenlegen irgendetwas mit revolutionärer Gewalt zu tun. Die Fanale, die sie mit ihren Bomben setzen wollen, sind in Wirklichkeit Irrlichter.

Wenn überhaupt von zusammenhängenden Vorstellungen einzelner dieser Gruppen gesprochen werden kann, so handelt es sich um ein Gemisch von Illegalitätsromantik, falscher Einschätzung der gesellschaftlichen Situation als offener Faschismus und illegitimer Übertragung von Stadtguerilla-Praktiken auf Verhältnisse, die nur aus einer Verzweiflungssituation heraus mit Lateinamerika verwechselt werden können. In der Tat sind es Verzweiflungsaktionen, die hier zur Diskussion stehen; und die politische Kritik an ihnen besteht darin, daß sie lediglich die Krankheitssymptome dieser Gesellschaft auf einer anderen Ebene widerspiegeln. Die Pathologie dieser Gruppen reicht nicht hin, auch nur die pathologischen Erscheinungsformen des Kapitalismus zu treffen, sondern sie ist deren ganz getreues Spiegelbild. Und weil diese Gruppen den Bedürfnissen des Systems entgegenkommen, alle sozialistische Politik zu kriminalisieren, sollten sie ihren aussichtslosen Kampf einstellen und ihre Niederlage offen eingestehen, um nicht noch andere, vor allem Jüngere, in selbstmörderische Abenteuer hineinzuziehen.

Viele, die die Bitterkeit der erfahrenen Ohnmacht gegenüber der Polizei und den Gerichten nach wie vor spüren und mit Sympathie über zwei Jahre hinweg die vom ohnmächtigen Fahndungsapparat Verfolgten begleiteten, ohne allerdings die Rolle des distanzierten Beobachters eines Politschauspiels aufzugeben, werden in dieser Distanzierung nur Einseitigkeit, Verständnislosigkeit für die Motive und Konzeptionen der Baader-Meinhof-Gruppe sehen. Was immer geschieht: für sie hat jeder, der etwas gegen das

System unternimmt, ganz unabhängig von der jeweiligen Beziehung zwischen Zielen und eingesetzten Mitteln, einen verbürgten Anspruch auf Solidarität der gesamten Linken. Aber die Mechanik der Solidarisierung zerstört jede sozialistische Politik. Sie ist das schlechteste Erbteil der Protestbewegung. Die unter Solidarisierungszwang stehende Masse der Politisierten, der Studenten, Schüler, Jungarbeiter, die sich mühsam von ihren Familien, dem disziplinierenden Druck der Betriebe und der Ausbildungssituation abgesetzt haben, verlieren allmählich die Fähigkeit, selber Erfahrungen zu machen. Ständig im Zugzwang, den Anschluß an die radikalsten Positionen nicht zu verpassen, gewinnen sie ihre labile, außen geleitete Identität aus der bloßen Identifizierung mit den Erfahrungen anderer. Selbst ernannte Avantgarden, ob es sich nun um „Partei"-Gründungen oder um die „Rote Armee Fraktion" handelt, spiegeln ihnen gesellschaftliche und geschichtliche Erfahrungen vor, die der einzelne, der Schüler in der Schule, Arbeiter und Lehrling im Betrieb, Student in der Hochschule, in den eigenen Arbeitszusammenhängen weder nachvollziehen noch auf politische Konsequenzen bringen kann.

Und was bedeutet hier überhaupt Solidarität? Sie beruht stets auf Gegenseitigkeit. Ohne ein Minimum an proletarischer Öffentlichkeit, ohne die Möglichkeit der aktiven Beteiligung an der Diskussion über Strategie und Taktik, über geplante Aktionen, verliert Solidarität ihren materiellen Boden; sie wird zu einer Form erpresserischer Solidarität, die auf Trennungsängsten beruht, und diese schlägt mit Sicherheit auf die Akteure zurück. Durch sie wird jeder, der seine eigene politische Existenzweise einem kurzfristigen Abenteuer nicht zu opfern bereit ist, der keine aktive Hilfe leistet, wenn sie ungebeten und oft auch anonym vor der Türe steht, mit dem Verratsstigma belastet. Der Versuch, jeden vor vollendete Tatsachen zu stellen, mag nicht in ihrer Absicht liegen, aber eine politische Kritik an der Praxis der Baader-Meinhof-Gruppe, an individuellem Terror, der zur Verschärfung der Klassenkämpfe und zur gewalttätigen Selbstentlarvung des kapitalistischen Systems führen soll, ist auch gar nicht auf der Ebene von guten Absichten und verstehbaren Motivationen möglich. Der Knoten, der mechanisierte Solidarität, Minderwertigkeitskomplexe gegenüber der angeblich großen, revolutionären Politik der „Rote Armee Fraktion", die die Alltagsarbeit der Basisarbeit auf das Niveau blinder Handwerkelei herabdrückt, und verzerrte Realitätsauffassung miteinander verknüpft, mit der fatalen Wirkung der Vernebelung der Gehirne zahlreicher Einzelner innerhalb der Linken – dieser Knoten kann nur zerhauen, nicht mehr mit behutsamem Verständnis aufgelöst werden.

Die Gleichung von Radikalität und revolutionärer Politik geht nicht auf; wenn Marx sagt, radikal sein bedeutet die Sache an der Wurzel packen, die Wurzel für den Menschen sei aber der Mensch, so kann sich keine sozialistische Politik von der Erfahrungsweise der Menschen, vor allem der arbeitenden Massen, ungestraft ablösen. Eine Gruppe, die diesen Boden verläßt, hat kein objektives Korrektiv mehr für die Überprüfung der politischen Wirksamkeit ihrer Aktionen; sie folgt einer abstrakten Stufenleiter formaler Radikalität; da die Wirkungen sie jedweder Kontrolle entziehen, muß jeder Aktion eine neue, radikalere aufgesetzt werden. Am Ende steht die totale Isolierung, der als Offensivstrategie getarnte Rückzug auf das eigene Überleben, dessen Ausweglosigkeit auch durch das gemeingefährliche Anlegen von Waffenlagern in Hochhäusern und durch das Hin- und Herschleppen von Waffen und Sprengstoff nicht zu verdecken ist. Daß die führenden Köpfe der „RAF" nach den Bombenanschlägen fast mit einem Schlage gefaßt werden konnten, ist weder dem Verrat noch der gewachsenen Organisationsfähigkeit der Polizei zu danken, sondern der Logik ihrer eigenen Strategie. Die Bomben haben die Massen aufgerüttelt, wachsam gemacht – zweifellos. Aber nicht gegenüber dem Klassenfeind und den existierenden Gewaltverhältnissen, sondern gegenüber den unmittelbaren Urhebern ihrer Angst.

Die mit der Baader-Meinhof-Gruppe im Bewußtsein der Linken entstandenen Probleme stellen sich nicht in erster Linie auf einer moralischen Ebene – obwohl ohne politische Moral revolutionäre Politik undenkbar ist. Der noch heute bei manchem, der kaum eigene politische Erfahrungen gemacht hat, wirksame Komplex von Sentimentalität und Sympathie gegenüber dieser Gruppe wird sich erst dann auflösen, wenn die eklatante Unangemessenheit von Mitteln und Zielen ihrer Strategie und Taktik sichtbar wird. – Niemand verwechselt ungestraft lateinamerikanische Militärdiktaturen, an deren konkreten Verhältnissen die ursprüngliche Konzeption der Stadtguerilla entwickelt wurde, mit halbwegs funktionierenden demokratisch-parlamentarischen Systemen, die sich im Ernstfall immer noch auf eine relativ stabile Massenloyalität stützen können ...

Die „Rote Armee Fraktion" hat die Absicht, die kapitalistischen Widersprüche auf die Spitze zu treiben, um sie dem Volk durchsichtiger und erkennbarer zu machen. Was sie aber bewirkt hat, ist das Gegenteil: Sie hat sie verschleiert. Der alten Täuschung, daß die revolutionären Chancen um so größer sind, je stärker der staatliche Repressionsapparat ist, sind auch sie zum Opfer gefallen. Denn revolutionäre Situationen stellen sich durch erhöhte Repression nur dann her, wenn gleichzeitig das politische Herrschaftssystem, das staatliche Gewaltmonopol im Zerfall begriffen ist. Erst dann suchen die Massen selbsttätig nach neuen politischen Ausdrucksformen ihrer Lebensinteressen.

Wo dieses politische Herrschaftssystem, wie zur Zeit in der Bundesrepublik, relativ intakt und aktionsfähig ist, bewirkt die voluntaristische Strategie der Verschärfung der Klassenkämpfe nur die Einschnürung der Aktionsmöglichkeiten der gesamten Linken.

Die an diesen drei Komplexen aufgezeigte Verkehrung der Absichten und Motive der „RAF" läßt sich an jedem anderen Punkt der Strategie und Taktik der Baader-Meinhof-Gruppe in gleicher Weise nachweisen. Theorie und Praxis, die in der Stadtguerilla die einzig sinnvolle organisatorische Einheit gewonnen haben soll, weisen bei keiner Gruppe der politischen Linken so sehr auseinander wie bei der „Roten Armee Fraktion". Ihre Absichten und Motive, ihre Deklamationen und Programme schlagen, weil sie bloß formal sind, die konkreten Erfahrungszusammenhänge der Wirklichkeit nicht in sich enthalten, zwangsläufig in ihr Gegenteil um. Das liegt nicht an diesen Absichten und Motiven, sondern an der Realität, auf die sie bei der praktischen Aktion stoßen.

Jeder politisch ernstzunehmende Sozialist muß heute begreifen, daß es ohne aktive Unterstützung der Arbeiterklasse keine wirkliche Veränderung in diesem Lande gibt; wir müssen uns mit aller Kraft dagegen wehren, uns die fatale Alternative von Bombenlegern und Anpassung aufzwingen zu lassen. Die Arbeiterbewegung ... hat in ihrer Geschichte einen unerbittlichen Kampf gegen den individuellen Terrorismus aus den eigenen Reihen und vor allem gegen jene Gruppen geführt, die sich den Arbeitern als Avantgarden aufzwingen wollten. Lenin hat unermüdlich immer wieder darauf hingewiesen, daß die Massen ihre Erfahrungen mit den Klasseninstitutionen selber machen müssen; daß sie Selbstbewußtsein und Selbsterziehung nur aus ihren eigenen Kämpfen gewinnen können.

Auch für diese Gesellschaft gilt, daß ein unter Opfern durchgestandener Streik, Arbeitskämpfe auf den verschiedensten Ebenen, politische Demonstrationen immer noch mehr an sozialistischem Bewußtsein und Erfahrungserweiterung der Arbeiter und der Intellektuellen bewirken als tausend Bomben (...).

Schreckliche Situation: Interview mit Sartre über seinen Besuch bei Baader (1974)

Gegen den Widerspruch der Bundesanwaltschaft gab das Oberlandesgericht Stuttgart Jean-Paul Sartre, 69, die Erlaubnis, Andreas Baader in der Untersuchungshaft zu besuchen. Die Feministin Alice Schwarzer, mit Sartre und Simone de Beauvoir befreundet, erfragte die Motive des Philosophen.

FRAGE: Sartre, warum besuchen Sie Baader?
SARTRE: Weil Baader zur internationalen Linken gehört. Das heißt, seine Prinzipien sind links, seine Handlungen sind es vielleicht nicht unbedingt. (...)
FRAGE: Ist Ihre Begegnung mit Baader ein persönlich gemeinter Besuch oder eine politische Geste, die Sie ebenso für ein anderes inhaftiertes Mitglied der RAF gemacht hätten?
SARTRE: Selbstverständlich das letztere. Ich hätte genausogut Ulrike Meinhof besuchen können oder Holger Meins, als er noch lebte, oder einen der anderen. Was mich vor allem interessiert, sind die Handlungsmotive der Gruppe, ihre Hoffnungen, ihre Aktionen und – allgemeiner – ihr Politikverständnis.
FRAGE: Und welche konkreten Resultate erhoffen Sie sich von Ihrem Besuch?
SARTRE: Ich hoffe, auf der Pressekonferenz, die ich anschließend machen werde, ein bißchen mehr über die Lebensbedingungen von Baader und seinen Genossen bekanntgeben zu können und die Öffentlichkeit über die schreckliche Situation dieser Leute in der Isolierhaft zu informieren. Vielleicht kann mein Besuch auch Anstoß sein für eine verstärkte Diskussion über die Aktivitäten dieser Gruppe. Ich habe ja die seltene Gelegenheit, mich durch einen der Betroffenen direkt zu informieren, während man sonst vor allem auf Spekulationen und Informationen aus zweiter Hand angewiesen ist,
FRAGE: Sie haben im Sommer in Ihrer Zeitschrift „Les Temps Modernes" einen Aufsatz über die Isolierhaft veröffentlicht. Es gibt Stimmen in der Bundesrepublik, die diese Haft Folter nennen. Sind Sie derselben Meinung?
SARTRE: Nicht im Sinne der klassischen Folter, bei der das Opfer direkt einem bestimmten Folterknecht ausgeliefert ist. Aber das, was da so anonym und indirekt mit den Gefangenen geschieht, kommt auf dasselbe raus.
FRAGE: Werden Sie mit Baader auch über den Tod des Berliner Richters von Drenkmann[4] reden?
SARTRE: Ganz sicher. Nach dem, was ich weiß, scheint mir diese Tat nicht nur ungeschickt zu sein, sondern mehr: ein Verbrechen! Wenn dieser Mann noch nicht einmal mit den Prozessen gegen die RAF zu tun hatte, dann gibt die Tatsache, daß einer Richter ist, doch niemandem das Recht, ihn umzubringen. Ich könnte verstehen, wenn ein wichtiger Richter, der mit der Affäre befaßt ist, als Geisel genommen würde. Aber das – nein.
FRAGE: Heißt das, daß Sie sich als Linker zwar mit der RAF solidarisch fühlen im Kampf gegen die Repression, nicht aber mit den Aktionen der RAF und ihrer Strategie, die darauf zielt, mittels Stadtguerilla einen Volkskrieg auszulösen?

---

4 Günter von Drenkmann (1910 –1974) war Präsident des Kammergerichts Berlin und wurde von der „Bewegung 2. Juni" getötet, einen Tag nachdem Holger Meins im Hungerstreik gestorben war.

SARTRE: Richtig. Ich bin nicht mit diesen Aktionen einverstanden. Aus einem ganz einfachen Grund: In Frankreich zum Beispiel wären sie sinnlos! Ich kenne die deutsche Situation nicht so gut, aber sie wird ähnlich sein. Das heißt, ich bin nicht a priori gegen jeden bewaffneten Kampf. Unter gewissen Umständen halte ich ihn für angebracht – so war es zum Beispiel in Algerien und Kuba. Die Guerilla ist eine Möglichkeit, die Macht zu erlangen. Es gibt allerdings Umstände, wo der Versuch, einen Volkskrieg auszulösen, von vornherein zur Niederlage verdammt ist. So heute in Frankreich. Und noch etwas: Revolutionäre Aktion ist nicht immer gleichzusetzen mit bewaffnetem Kampf! Sie hat viele Formen.

FRAGE: Zum Beispiel?

SARTRE: Es geht zunächst darum, neue Kampf- und Organisationsformen zu schaffen, neue Parteien und Gruppen. Keine der existierenden hat eine wirklich revolutionäre Kraft. Ich glaube nicht an die Möglichkeit der Befreiung eines Landes durch Wahlen. Ich glaube, daß der Sturz der bürgerlichen Mächte, die den Menschen entmenschlichen, gewalttätig sein wird. Ich kann mir nichts anderes vorstellen.

FRAGE: Müssen sich nur die Machtverhältnisse ändern, oder muß nicht schon vor und mit der Veränderung das Bewußtsein der Menschen anders werden?

SARTRE: Selbstverständlich. Wir haben bisher nicht von der ideologischen Revolution gesprochen. Eine Revolution ist etwas Umfassendes. Sie setzt eine Veränderung des Denkens voraus, ja sogar der Wahrnehmung. gleichzeitig einen Umsturz der Produktionsformen und Besitzverhältnisse. Die Revolution bedeutet nicht nur Änderung von Gesellschaft und Ökonomie, sondern auch Änderung der Menschen.

FRAGE: Wäre es innerhalb dieser Ihrer Konzeption einer revolutionären Entwicklung möglich, daß kleine von der Mehrheit der Bevölkerung und der Linken abgeschnittene Gruppen im Namen der „Massen" und stellvertretend für sie agieren?

SARTRE: Nein. Eine kleine Gruppe kann einen Putsch machen, aber keine Revolution. Aktionen kleiner Gruppen können nur provisorische Elemente sein. Was nun die Aktionen der RAF angeht, möchte ich zunächst mit den Leuten selbst diskutieren, bevor ich mir eine Meinung bilde.

FRAGE: Von Ihnen hat de Gaulle einmal gesagt: „Voltaire verhaftet man nicht!" Haben Sie dieses Privileg?

SARTRE. Ja, noch. Und ich gedenke, es auch weiter zu nutzen.

FRAGE: Im Zuge der bevorstehenden RAF-Prozesse sollen in der Bundesrepublik jetzt die Gesetze so geändert werden, daß der Kontakt zwischen Angeklagtem und Verteidiger in bestimmten Fällen von einem Richter überwacht werden kann.

SARTRE: Ich habe es gelesen: eine wahrlich fragwürdige Justiz! Ein Anwalt muß frei sprechen können, ein Angeklagter noch mehr. Was sie sich zu sagen haben, geht nur sie etwas an. Ich finde die Vorstellung ungeheuerlich, daß die repressiven Kräfte heute so stark sind, daß ein Richter die von Angeklagtem und Anwalt gemeinsam aufgebaute Verteidigung kontrollieren und behindern kann!

FRAGE: Sie, Sartre, haben 1970 die Verantwortung für „La Cause du peuple", ein maoistisches Kampfblatt übernommen, um die bedrohte Existenz dieser Zeitung zu sichern, Linke vor dem Zugriff der Polizei und Justiz zu schützen und die Öffentlichkeit auf die zunehmende Repression gegen Linke aufmerksam zu machen. Das ist Ihnen gelungen. Wenn Sie heute eine Bilanz Ihrer vier Jahre konkreten Engagements ziehen, was haben Sie gelernt?

SARTRE: Die Existenz brüderlicher Beziehungen zwischen den Menschen. Und, daß die alte Formel der Französischen Revolution, Freiheit – Gleichheit – Brüderlichkeit, immer noch gültig ist. Ich denke, daß der Sozialismus, der geboren werden muß, kein menschlicher Sozialismus sein wird, wenn er nicht diese drei Prinzipien beinhaltet. Seit der Französischen Revolution haben sie sicherlich ihren Sinn geändert, ihren Wert jedoch haben sie behalten.

FRAGE: Sie bedauern also nicht Ihre politischen Aktivitäten seit dem Mai 1968?

SARTRE: Keineswegs. Sicher, ich habe mich vielleicht manchmal geirrt, wie jeder. Aber gerade seit ich wie in diesen Monaten systematisch meine Erfahrungen und Gedankengänge seit meiner Jugend aufarbeite, bin ich im Gegenteil überrascht von ihrer Kontinuität.

Interview mit der Roten Zora: Bildet Banden (1984)

FRAGE: Fangen wir damit an, wer ihr eigentlich seid?

ZORA 1: Meinste das jetzt persönlich – dann sind wir Frauen zwischen 20 und 51, einige von uns verkaufen ihre Arbeitskraft auf dem Markt der Möglichkeiten, einige nehmen sich, was sie brauchen, andere sind noch nicht durchs soziale Netz gefallen. Einige haben Kinder, viele andere nicht. Manche Frauen sind lesbisch, andere lieben Männer. Wir kaufen in ekelhaften Supermärkten, wir wohnen in häßlichen Häusern, wir gehen gerne spazieren oder ins Kino, ins Theater, die Disco, wir feiern Feste, wir pflegen das Nichtstun. Klar – wir leben in dem Widerspruch, daß viele Sachen, die wir machen wollen, hinkriegen wollen, spontan und nach dem Bockprinzip nicht klappen können. Aber nach gelungenen Aktionen freuen wir uns riesig.

FRAGE: Wie seid ihr zu eurem Namen gekommen?

ZORA 2: Die „rote Zora und ihre Bande" – das ist die wilde Göre, die die Reichen bestiehlt, um's den Armen zu geben. Und Banden bilden, sich außerhalb der Gesetze zu bewegen, das scheint bis heute ein männliches Vorrecht zu sein. Dabei müssten doch gerade die tausend privaten und politischen Fesseln, mit denen wir als Mädchen und Frauen kaputtgeschnürt werden, uns massenhaft zu „Banditinnen" für unsere Freiheit, unsere Würde, unser Menschsein machen. Gesetze, Recht und Ordnung sind grundsätzlich gegen uns, selbst wenn wir uns ein paar Rechte schwer erkämpft haben und täglich neu erkämpfen müssen. Radikaler Frauenkampf und Gesetzestreue – das geht nicht zusammen!

FRAGE: Aber es ist doch kein Zufall, daß euer Name die gleichen Anfangsbuchstaben wie der der Revolutionären Zellen hat.

ZORA 1: Nein, natürlich nicht. Rote Zora soll auch ausdrücken, daß wir die gleichen Grundsätze wie die RZ haben, dieselbe Konzeption, illegale Strukturen aufzubauen, ein Netz zu schaffen, das der Kontrolle und dem Zugriff des Staatsapparates entzogen ist. Nur so können wir – im Zusammenhang mit den offenen, legalen Kämpfen der verschiedenen Bewegungen – auch subversive und direkte Aktionen durchführen. „Wir schlagen zurück!" – diese Parole der Frauen aus dem Mai 68 ist heute in Bezug auf die individuelle Gewalt gegenüber Frauen unumstritten. Heftig umstritten und weitgehend tabuisiert ist sie jedoch als Antwort auf die Herrschaftsverhältnisse, die diese Gewalt erst ständig auf's Neue erzeugen.

FRAGE: Was für Aktionen habt ihr bisher gemacht und auf welchem Hintergrund?

ZORA 2: Angefangen haben die „Frauen der RZ" 1974 mit einem Bombenanschlag auf das Bundesverfassungsgericht in Karlsruhe, weil wir ja alle die Abschaffung des § 218[5] wollten und nicht diese jederzeit manipulierbare Indikationslösung. In der Walpurgisnacht 1977 haben wir einen Sprengsatz bei der Bundesärztekammer gezündet, weil von dort aus selbst diese reduzierte Abtreibungsreform mit allen Mitteln hintertrieben wurde. Dann der Anschlag auf Schering während des Duogynonprozesses.[6] Und immer wieder Angriffe gegen Sexshops. Eigentlich sollte täglich einer dieser Pornoläden

---

5 Paragraph, mit dem Abtreibung in Deutschland unter Strafe gestellt wurde.
6 Prozeß gegen den Schering-Konzern, bei dem es um mißbildungsauslösende Präparate ging.

brennen oder verwüstet werden! Also: wir halten es für eine absolute Notwendigkeit, die Ausbeutung der Frau als Sexualobjekt und Kinderproduzentin aus dem „Privatbereich" herauszureißen und mit Feuer und Flamme unsere Wut und unseren Zorn darüber zu zeigen.

ZORA 1: Wir beschränken uns allerdings nicht auf Strukturen direkter, d. h. augenscheinlicher Frauenunterdrückung. Als Frauen sind wir ebenso von den gesellschaftlichen Gewaltverhältnissen insgesamt betroffen, ob es sich nun um Stadt- oder Umweltzerstörung handelt oder um kapitalistisch organisierte Produktionsformen, also Verhältnisse, denen auch die Männer ausgesetzt sind. Wir wollen keine „linke" Arbeitsteilung nach dem Motto: die Frauen für die Frauenfragen, die Männer für allgemeine politische Themen. Die Verantwortung für die Veränderung unseres Alltags lassen wir uns nicht nehmen! Deshalb haben wir z. B. die Prachtschlitten der Anwälte vom Miethai Kaußen angezündet, die für eine ganze Reihe brutaler Häuserräumungen verantwortlich waren. Deshalb haben wir durch den Nachdruck „echter Fahrscheine", die wir zusammen mit den RZs im Ruhrgebiet verteilt haben, ein bißchen den Nulltarif eingeführt.

ZORA 2: Unsere letzten Anschläge richteten sich gegen Siemens und die Computerfirma Nixdorf. Sie treiben mit der Entwicklung neuer Herrschaftstechnologien immer ausgeklügeltere Möglichkeiten der Kriegsproduktion und der Widerstandsbekämpfung voran. Darüberhinaus ging es uns dabei um ihre Vorreiterfunktion bei der Umstrukturierung von Arbeit, vor allem auf dem Rücken der Frauen weltweit. So wie hier die Frauen in Heimarbeit, Kapovaz[7] und Teilzeitarbeit voneinander isoliert und ohne soziale Absicherung profitabler ausgebeutet werden sollen – mit den Technologien dieser Firmen – so werden die Frauen in der sogenannten Dritten Welt bei der Produktion dieser Elektronik regelrecht verschlissen. Mit 25 sind sie total kaputtgearbeitet, ausrangiert!

FRAGE: Diese Verbindung zur Dritten Welt, Ausbeutung der Frauen dort – inwieweit ist das wichtig für euch?

ZORA 1: Diesen Zusammenhang haben wir bisher bei all unseren Anschlägen erklärt, so auch gegen die Frauenhändler und die philippinische Botschaft im vergangenen Jahr. Wir kämpfen nicht für die Frauen in den Ländern der Peripherie, sondern mit ihnen – z. B. gegen die Ausbeutung der Frauen als Ware. Dieser moderne Sklavinnenhandel hat ja seine Entsprechung in den ehelichen Besitzverhältnissen hier. Die Formen der Unterdrückung sind zwar verschieden, aber sie haben gemeinsame Wurzeln. Wir wollen uns nicht länger gegeneinander ausspielen lassen. Die Spaltung zwischen Männern und Frauen findet international ihre Entsprechung in der Spaltung zwischen den Völkern der Ersten und der Dritten Welt. Wir selbst profitieren von der Internationalen Arbeitsteilung. Wir wollen unsere Verflechtung mit diesem System durchbrechen und unsere Gemeinsamkeiten mit den Frauen anderer Länder rauskriegen.

FRAGE: Ihr habt erklärt, wie ihr eure Praxis begreift. Warum ihr euch im Zusammenhang der RZs organisiert, geht daraus allerdings nicht hervor.

ZORA 2: Hauptgrund ist erstmal, daß diese Politik von den RZs entwickelt wurde und wir finden sie nach wie vor richtig. Wir haben in unserer Entwicklung eigene Inhalte bestimmt – deswegen sind wir ja als Frauen autonom organisiert – greifen aber auf die

---

7 Kapazitätsorientierte variable Arbeitszeit.

Erfahrungen der RZs zurück. Darüberhinaus kann eine Zusammenarbeit von radikalen Gruppen den militanten Widerstand insgesamt stärken. Es gab produktive Zusammenarbeit wie die Aktionen zum Reagan-Besuch oder das Diskussionspapier zur Friedensbewegung („In Gefahr und höchster Not bringt der Mittelweg den Tod!"). Es gibt auch immer wieder nervige Diskussionen. Denn die Männer, die ansonsten ihren radikalen Bruch mit diesem System in eine konsequente Praxis umsetzen, sind oft erschreckend weit davon entfernt, zu begreifen, was antisexistischer Kampf heißt und welche Bedeutung er für eine sozialrevolutionäre Perspektive hat. Es ist unter uns Frauen auch umstritten, wo die Grenzen sind, an denen uns die Zusammenarbeit stärkt oder unseren Frauenkampf lähmt. Wir denken aber, daß uns mit einigen Frauen der RZs unsere feministische Identität verbindet.

FRAGE: Heißt das, daß ihr euch als Feministinnen versteht?

ZORA 1: Ja, selbstverständlich gehen wir davon aus, daß das Private politisch ist. Deshalb sind unserer Auffassung nach alle sozialen, ökonomischen und politischen Verhältnisse, die das sogenannte Private ja erst strukturieren und verfestigen, eine Aufforderung zum Kampf gerade für uns Frauen. Das sind die Ketten, die wir zerreißen wollen. Aber es ist zu kurz gegriffen, die Unterdrückung von Frauen hier in der BRD zum alleinigen Dreh- und Angelpunkt von Politik zu machen und andere Herrschafts- und Gewaltverhältnisse wie Klassenausbeutung, Rassismus, die Ausrottung ganzer Völker durch den Imperialismus dabei auszublenden. Diese Haltung geht der Misere niemals auf den Grund: daß nämlich Frauenunterdrückung und geschlechtliche Arbeitsteilung Voraussetzung und Grundlage für Ausbeutung und Herrschaft in jeglicher Form sind – gegenüber anderen Rassen, Minderheiten, Alten und Kranken und vor allem gegenüber Aufständischen und Unbezähmbaren.

ZORA 2: Die Schwierigkeiten fangen für uns da an, wo feministische Forderungen dazu benutzt werden, in dieser Gesellschaft „Gleichberechtigung" und Anerkennung zu fordern. Wir wollen keine Frauen in Männerpositionen und lehnen Frauen ab, die Karriere innerhalb patriarchaler Strukturen unter dem Deckmantel des Frauenkampfes machen. Solche Karrieren bleiben ein individueller Akt, von dem nur einige privilegierte Frauen profitieren. Denn die Verwaltung, die Gestaltung der Macht wird Frauen in dieser Gesellschaft nur gewährt, wenn sie in diesen Positionen Interessen der Männer vertreten oder der jeweilige Aufgabenbereich Fraueninteressen gar nicht erst zuläßt.

FRAGE: Die Frauenbewegung war in den 1970er Jahren ziemlich stark. Sie hat auf legalem Weg einiges erreicht. Stichworte dazu sind: Kampf gegen 218, Öffentlichmachung von Gewalt gegen Frauen in Ehe und Familie, Vergewaltigung als Akt der Macht und Gewalt, Schaffung autonomer Gegenstrukturen. Warum behauptet ihr dann die Notwendigkeit des bewaffneten Kampfes?

ZORA 1: Sicher, die Frauenbewegung hat vieles erreicht, und ich finde, das wichtigste Ergebnis ist, daß sich ein breites gesellschaftliches Bewußtsein von Frauenunterdrückung entwickelt hat. Und daß Frauen ihre Unterdrückung nicht mehr individuell erfahren, sich gar selbst die Schuld an ihrer Misere geben, sondern daß Frauen sich zusammengefunden und ihre gemeinsame Stärke erfahren haben. Auch das, was durch die Frauenbewegung aufgebaut wurde, die Frauenbuchläden, die Frauenzentren, Frauenzeitungen oder Treffs wie die Sommeruni und Kongresse – das alles gehört mittlerweile zur politischen Realität und ist fester Bestandteil für die Weiterentwicklung unseres Kampfes.

ZORA 2: Manche Erfolge waren auch eher Ausdruck einer gesellschaftlichen Situation, in der Frauen Freiräume gewährt werden konnten; klar – als man die Frauen in die Produktion und in die Büros haben wollte, wurden mehr Kindergartenplätze geschaffen. Zur grundsätzlichen Änderung der Lebenssituation der Frau hat das nicht geführt. Dazu gehört eine kontinuierliche Bewegung, deren Ziele nicht integrierbar sind, deren kompromißloser Teil sich nicht in legale Formen zwängen läßt – deren Wut und Entschlossenheit in außerparlamentarischen Kämpfen und antiinstitutionellen Formen ungebrochen zum Ausdruck kommt.

ZORA 1: Der legale Weg ist nicht ausreichend, denn die gewöhnlichen Unterdrückungs- und Gewaltstrukturen sind ja die Legalität: wenn Ehemänner ihre Frauen schlagen und vergewaltigen, dann ist das legal. Wenn Frauenhändler unsere Schwestern aus der Dritten Welt kaufen und an deutsche Biedermänner weiterverkaufen, dann ist das legal. Wenn Frauen für ein Existenzminimum eintönigste Arbeit machen müssen und dabei ihre Gesundheit ruinieren, dann ist das legal. Alles Gewaltverhältnisse, die wir nicht länger bereit sind zu ertragen und hinzunehmen, die nicht allein dadurch abzuschaffen sind, daß wir sie anprangern. Die öffentliche Bewußtmachung des Ausmaßes an Gewalt gegen Frauen ist ein wichtiger Schritt, der aber nicht dazu geführt hat, sie zu verhindern. Es ist ein Phänomen, daß den schreienden Ungerechtigkeiten, denen Frauen ausgesetzt sind, ein unglaubliches Maß an Ignoranz entgegenschlägt. Es ist eine Toleranz, die männliches Nutznießertum entlarvt. Dieser „Normalzustand" hängt damit zusammen, daß es wenig militante Gegenwehr gibt. Unterdrückung wird erst sichtbar durch Widerstand. Deswegen sabotieren, boykottieren wir, fügen Schaden zu, rächen uns für erfahrene Gewalt und Erniedrigung, indem wir die Verantwortlichen angreifen (…).

FRAGE: Begreift ihr euch als Teil der Frauenbewegung oder als Teil der Guerilla oder beides und wie seht ihr den Zusammenhang?

ZORA 1: Wir sind Teil der Frauenbewegung, wir führen den Kampf um Frauenbefreiung. Neben den theoretischen Gemeinsamkeiten gibt es noch einen anderen Zusammenhang zwischen unserer Praxis und der legalen Frauenbewegung: nämlich den der subjektiven Radikalisierung, die auch anderen Frauen Mut machen kann, sich zu wehren, die dazu beiträgt, daß Frauen sich selbst und ihren Widerstand ernstnehmen. Das Gefühl der Stärke, wenn du siehst, du schaffst etwas, wovor du vorher Angst hattest und wenn du siehst, es bewirkt was. Diese Erfahrung würden wir auch gerne vermitteln. Wir denken nicht, daß das in den Formen ablaufen muß, die wir gewählt haben. Zum Beispiel die Frauen, die in Berlin eine Peep-Show störten, dort Frauenzeichen und Gestank hinterließen, solche Aktionen machen uns Mut, stärken uns und wir hoffen, daß es anderen Frauen mit unseren Aktionen auch so geht. Unser Traum ist, daß es überall kleine Frauenbanden gibt – wenn in jeder Stadt ein Vergewaltiger, ein Frauenhändler, ein prügelnder Ehemann, ein frauenfeindlicher Zeitungsverleger, ein Pornohändler, ein schweinischer Frauenarzt damit rechnen und sich davor fürchten müßte, daß eine Bande Frauen ihn aufspürt, ihn angreift, ihn öffentlich bekannt und lächerlich macht – also z. B. an seinem Haus steht, wer er ist, was er getan hat – an seiner Arbeitsstelle, auf seinem Auto – Frauenpower überall!

FRAGE: Bei euren Aktionen gefährdet ihr unter Umständen das Leben Unbeteiligter. Wie könnt ihr das verantworten?

ZORA 2: Woher kommt eigentlich die Unterstellung, daß, wer mit Unkraut-Ex oder mit Sprengstoff hantiert, all das über Bord werfen würde, was für euch, für die Frauenbewegung, für die Linke wie selbstverständlich gilt? Umgekehrt! Gerade die Möglichkeit, Leben zu gefährden, zwingt uns zu besonderer Verantwortlichkeit. Du weißt genauso gut wie wir, daß wir einpacken könnten, wenn du mit deiner Frage recht hättest. Es wäre doch paradox, gegen ein System zu kämpfen, dem menschliches Leben nur so viel wert ist, wie es verwertbar ist und im Zuge dessen ebenso zynisch, ebenso brutal zu werden, wie die Verhältnisse sind. Es gibt -zig Aktionen, die wir wieder verworfen haben, weil wir die Gefährdung Unbeteiligter nicht hätten ausschließen können. Manche Firmen wissen sehr genau, warum sie sich mit Vorliebe in belebten Häusern einnisten. Sie spekulierten auf unsere Moral, wenn sie sich in Mehrfamilienhäusern niederlassen, um dadurch ihr Eigentum zu schützen.

FRAGE: Was sagt ihr zu dem Argument: bewaffnete Aktionen schaden der Bewegung. Sie tragen dazu bei, daß die Frauenbewegung mehr als bisher überwacht, bespitzelt wird, daß sie als terroristisch diffamiert, von der Mehrheit der Frauen abgespalten und isoliert werden könnte?

ZORA 1: Der Bewegung schaden – damit meinst du die einsetzende Repression. Es sind nicht die Aktionen, die der Bewegung schaden – im Gegenteil: sie sollen und können die Bewegung direkt unterstützen. Unser Angriff auf die Frauenhändler hat z. B. mit dazu beigetragen, daß deren Geschäfte öffentlich wurden, daß sie sich bedroht fühlen und wissen, daß sie mit dem Widerstand von Frauen rechnen müssen, wenn sie ihre Geschäfte weiterbetreiben. Und wenn die Herren wissen, sie haben mit Widerstand zu rechnen, dann ist das eine Stärkung für unsere Bewegung.

ZORA 2: Die radikalen Teile mit allen Mitteln abzuspalten und zu isolieren, um die Bewegung insgesamt zu schwächen, ist seit jeher Strategie der Widerstandsbekämpfung. Wir haben in den 1970er Jahren die Erfahrung gemacht, wohin es führt, wenn Teile der Linken die Propaganda des Staates übernehmen, wenn sie anfangen, für staatliche Verfolgung, Vernichtung und Repression diejenigen verantwortlich machen, die kompromißlos kämpfen. Sie verwechseln dabei nicht nur Ursache und Wirkung, sondern rechtfertigen damit implizit den Staatsterror. Sie schwächen damit ihre eigene Position. Sie engen den Rahmen ihres Protests, ihres Widerstands selbst ein.

ZORA 1: Unsere Erfahrung ist: um unberechenbar zu bleiben und uns vor den Zugriffen des Staates zu schützen, ist ein verbindlicher Zusammenschluß notwendig. Wir können es uns nicht mehr leisten, daß jede Gruppe alle Fehler wiederholt. Es muß Strukturen geben, in denen Erfahrungen und Kenntnisse ausgetauscht werden und der Bewegung nützen können.

FRAGE: Wie sollen nicht autonom/radikal organisierte Frauen verstehen, was ihr wollt? Bewaffnete Aktionen haben doch eine „abschreckende Wirkung".

ZORA 2: Warum hat es keine abschreckende Wirkung, wenn ein Typ Frauen verkauft, sondern wenn sein Auto brennt? Dahinter steckt, daß gesellschaftlich legitimierte Gewalt akzeptiert wird, während ein entsprechendes Zurückschlagen abschreckt. Mag sein, daß es erschreckt, wenn Selbstverständliches in Frage gestellt wird, daß Frauen, die von klein auf die Opferhaltung eingebleut kriegen, verunsichert sind, wenn sie damit konfrontiert werden, daß Frauen weder Opfer noch friedfertig sind. Das ist eine Herausforderung. Die Frauen, die ihre Ohnmacht wütend erleben, finden sich in unseren Aktionen wieder. Denn so, wie jeder Gewaltakt gegenüber einer Frau ein Klima von Bedrohung gegenüber allen Frauen schafft, so tragen unsere Aktionen, auch wenn sie sich nur gegen einzelne Verantwortliche richten, mit dazu bei, ein Klima zu entwickeln: Widerstand ist möglich!

Anhang

Autorinnen und Autoren des Bandes

Cleaver, Eldridge (1935–1998) wurde 1958 wegen versuchten Totschlages und Vergewaltigung verurteilt. Die Strafe saß er in den berüchtigten Strafanstalten San Quentin und Folsom ab. Nach seiner Entlassung 1966 stieg Cleaver zu einem führenden Mitglied der Black Panther Partei auf und wurde ihr „Informationsminister". Bereits im Gefängnis hatte er Essays zur Rassenfrage und zu revolutionärer Gewalt verfaßt, die 1968 als Buch unter dem Titel „Seele auf Eis" erschienen. Dieses Werk galt damals als ein Manifest der „Black Power"-Bewegung. Nach einem Schusswechsel mit Polizisten in Oakland im selben Jahr, floh Cleaver ins Exil nach Kuba, Algerien und Frankreich. Im französischen Exil wurde er zum gläubigen Christen. Nach seiner Rückkehr in die USA 1975 mußte er zunächst acht Monate Haft abbüßen. In den 1980er Jahren unternahm er mehrfach erfolglose Versuche, für die Republikaner in Kalifornien in den US-Senat gewählt zu werden.

Debray, Régis (*1940) studierte in Paris Philosophie bei dem marxistischen Professor Louis Althusser. In den 1960ern lehrte er zunächst Philosophie an der Universität von Havanna und zog dann zusammen mit Che Guevara in Bolivien in den Guerillakrieg, wo er nach dessen Niederlage 1967 verhaftet wurde. 1970 wurde er Dank einer internationalen Solidaritätskampagne aus dem Gefängnis entlassen und ging nach Chile. Sein 1967 erschienenes Buch „Revolution in der Revolution?" galt lange als Handbuch für Guerillabewegungen Lateinamerikas. Zurückgekehrt nach Frankreich diente er ab 1981 als außenpolitischer Berater der Regierung von François Mitterrand.

Fanon, Frantz (1925–1961) war ein bedeutender Theoretiker des antikolonialen Kampfes. Er wurde auf Martinique geboren, das noch heute ein französisches Überseedepartement darstellt. Nach der Besetzung Frankreichs durch Deutschland 1940 schloß er sich den „Freien Französischen Streitkräften" Charles de Gaulles an. Nach dem Krieg studierte Fanon in Lyon Medizin und Philosophie. Zwischen 1953 und 1956 fungierte er als Leiter der psychiatrischen Abteilung der Klinik von Blida-Joinville in Algerien, trat aber aus politischen Gründen zurück und schloß sich der FLN (Nationalen Befreiungsfront Algerien) an. Er bereiste das Land, um die psychologischen Folgen von Krieg und Kolonialherrschaft zu erforschen. 1957 verbannte ihn die Regierung aus Algerien. Im Exil diente er unter anderem als Botschafter der FLN in Ghana. Zur Behandlung einer Leukämieerkrankung ging er in die USA, wo er 1961 verstarb. Sein Buch „Schwarze Haut, weiße Masken" (1952) gilt heute als Standardwerk der „Postcolonial Studies".

Figner, Wera (1852–1942) wurde als Tochter eines russischen Adeligen geboren. Während ihres Medizinstudiums in Zürich kam sie mit der sozialistischen Bewegung in Kontakt. Zurück in Rußland, schloß sie sich den Volkstümlern an und wurde 1879 Mitglied des Exekutivkomitees der Organisation „Volkswille". Für ihre Beteiligung an der Planung des erfolgreichen Attentats auf den Zaren Alexander II. wurde sie 1884 zunächst zum Tode verurteilt. Nach Umwandlung der Strafe in lebenslange Haft saß sie 20 Jahre auf der Festungsinsel Schlüsselburg ein. Als sie im Zuge der Revolution von

1905 Rußland verlassen konnte, war sie in Paris in einer Gruppe zur Unterstützung russischer Gefangener aktiv. Nach der Februarrevolution von 1917 leitete sie das „Komitee zur Hilfeleistung für befreite Sträflinge und Verbannte" und wurde zum Mitglied der Konstituante, dem neuen Parlament, gewählt, das die Bolschewiki im Januar 1918 gewaltsam auflösten.

Kautsky, Karl (1854–1938) galt als einer der bedeutendsten marxistischen Theoretiker der deutschen Sozialdemokratie im Kaiserreich. Während der Zeit der Sozialistengesetze lebte Kautsky von 1885 bis 1890 in London und war eng mit Friedrich Engels befreundet. Von 1893 bis 1917 war er leitender Redakteur der SPD-Theoriezeitung „Die Neue Zeit". Während des Ersten Weltkriegs gründete Kautsky 1917 die USPD (Unabhängige Sozialdemokratische Partei Deutschlands) aus Protest gegen die Kriegspolitik der Parteimehrheit. Nach der Oktoberrevolution wurde er zum scharfen Kritiker der Bolschewiki und verließ 1919 die USPD, als diese weiter nach links rückte, um schließlich wieder zur SPD zurückzukehren. Ab 1924 lebte er in Wien. Nach dem „Anschluß" Österreichs an das Deutsche Reich emigrierte er in die Niederlande.

King, Martin Luther jr. (1929–1968) war Baptistenpastor und führende Persönlichkeit der schwarzen Bürgerrechtsbewegung in den USA. Schon im Alter von 15 Jahren wurde er zum Studium am Morehouse College zugelassen, damals die einzige Hochschule für Schwarze im Süden. 1955 machte King seinen Doktor in Philosophie an der Boston University. Weltweites Aufsehen erregte der von ihm mitorganisierte Boykott der öffentlichen Busse in Montgomery (Alabama) aus Protest gegen die Rassentrennung. Aus der Bewegung ging die Bürgerrechtsorganisation „Southern Christian Leadership Conference" hervor, als deren Präsident er fungierte. 1963 organisierte King den „Marsch auf Washington für Arbeitsplätze und Freiheit". Ein Jahr später wurde ihm der Friedensnobelpreis verliehen. Sein Engagement gegen den Vietnamkrieg brachte ihm Kritik des weißen Establishments ein sowie Beschattung durch das FBI. Am 4. April 1968 wurde King in Memphis erschossen, wo er seine Solidarität mit den streikenden städtischen Reinigungsarbeitern bekunden wollte.

Landauer, Gustav (1870–1919) zählt zu den bedeutendsten Theoretikern des Anarchismus. Nach Beendigung eines Philosophiestudiums wurde er durch die Übersetzung von Werken von William Shakespeare und Oscar Wilde bekannt. Zwischen 1909 und 1915 gab Landauer die Zeitschrift „Der Sozialist" in Berlin heraus. Als Anarchist und Pazifist bekämpfte er den Ersten Weltkrieg. Nach Ausrufung der Münchner Räterepublik am 7. April 1919 wurde er zum Beauftragten für Volksaufklärung ernannt. Allerdings trat er schon nach drei Tagen enttäuscht von allen Ämtern zurück. Nach der Niederschlagung der Räterepublik wurde er verhaftet und einen Tag später von Soldaten im Zuchthaus Stadelheim ermordet.

Lenin, Wladimir Iljitsch (1870–1924) war der führende Kopf der Bolschewiki, jener Strömung der russischen Sozialdemokratie, die für den Aufbau einer Avantgardepartei von Berufsrevolutionären eintrat und den Zarismus in einer Revolution von Arbeitern und

Bauern stürzen wollte. Im Schweizer Exil versuchte er nach 1914, eine Opposition in der internationalen Sozialdemokratie gegen den Weltkrieg aufzubauen. Zurückgekehrt nach Rußland, gehörte er 1917 zu den Führern der Oktoberrevolution. Außerdem war Lenin Mitbegründer der Kommunistischen Internationale (Komintern). Während des Bürgerkrieges propagierte er „Roten Terror" und „Ernährungsdiktatur". 1921 setzte Lenin gegen Widerstände in der Partei die marktorientierte „Neue Wirtschaftspolitik" durch.

Luxemburg, Rosa (1871–1919) gehört bis heute zu den wichtigsten Theoretikerinnen des Marxismus. Sie wurde in Zamość geboren, das damals polnischer Teil des russischen Zarenreiches war. Um einer Verhaftung wegen Teilnahme an der marxistischen Untergrundbewegung zu entgehen, emigrierte sie 1888 in die Schweiz. In Zürich studierte sie Staatswissenschaften und gründete 1893 die revolutionäre „Sozialdemokratie des Polnischen Königreiches". Luxemburg übersiedelte nach Berlin und wurde zur Wortführerin des linken Flügels der SPD. Ab 1907 lehrte sie Marxismus und Ökonomie an der Reichsparteischule. Im August 1914 gründete sie aus Protest gegen die Unterstützung des Krieges durch die SPD-Parteiführung die Gruppe „Internationale", aus der der „Spartakusbund" hervorging. Wegen ihres Engagements gegen den Krieg saß sie bis 1918 insgesamt über drei Jahre im Gefängnis. Im Anschluß an ihre Entlassung gründete sie im Januar 1919 zusammen mit Karl Liebknecht die KPD (Kommunistische Partei Deutschlands). Nach der Niederschlagung des Spartakus-Aufstands in Berlin wurde sie verhaftet und am 15.1.1919 von rechtsradikalen Freikorps ermordet.

Malatesta, Errico (1853–1932) war ein italienischer Anarchist. Schon im Alter von 14 Jahren wurde er wegen eines Protestschreibens an den König zum ersten Mal festgenommen. 1872 fungierte er als Sekretär der italienischen Sektion der I. Internationalen und stand den Ideen Michail Bakunins nahe. Wegen Beteiligung an einem gescheiterten bewaffneten Aufstand floh er 1877 ins Exil. Zurück in Italien verurteilte ihn ein Gericht 1883 wegen seiner Schriften zu drei Jahren Haft. Malatesta floh aus dem Gefängnis, hielt sich zeitweise in Argentinien auf und war in der dortigen Arbeiterbewegung aktiv. Aufgrund seiner Teilnahme am Generalstreik in Italien 1914 mußte er wieder ins Londoner Exil gehen. Nach erneuter Rückkehr beteiligte er sich 1920 an der Bewegung der Betriebsbesetzungen, wurde inhaftiert, kam aber vor der faschistischen Machtergreifung wieder frei. Als die unabhängige Presse 1926 verboten wurde, konnte er seine anarchistische Publikation nicht mehr weiterführen. Malatesta lebte bis zu seinem Tod 1932 unter Bewachung der Polizei in Rom.

Mao, Zedong (1893–1976) gehörte zu den Gründungsmitgliedern der Kommunistischen Partei Chinas (KPCh). Ende der 1920er Jahre entwickelte er die Strategie der ländlichen Guerilla-Stützpunktgebiete. Im Stützpunktgebiet Yan'an stieg er 1938 zum Führer der KPCh auf und nahm eine „Sinisierung" des Marxismus-Leninismus vor, die in Form der „Mao-Zedong-Ideen" zur Parteiideologie erhoben wurde. Nach dem Sieg der Revolution 1949 dominierte Mao bis zu seinem Tod die Politik der Volksrepublik. Der von ihm forcierte „Große Sprung nach vorne" (1958–1961) endete in einer Hungersnot. 1966 rief er die Jugend in der Kulturrevolution zur Rebellion auf. Als die Fraktionskämpfe in einem Bürgerkrieg eskalierten, setzte er die Armee ein, um die Bewegung zu stoppen.

Mühsam, Erich (1878–1934) war ein deutscher Anarchist, Schriftsteller und Publizist. Im Zuge der Novemberrevolution von 1918 wurde er Mitglied des Revolutionären Arbeiterrates in München. Nach der Ermordung des bayerischen Ministerpräsidenten Kurt Eisner durch einen rechten Attentäter gehörte Mühsam zu den führenden Köpfen der Münchner Räterepublik. Als Folge der blutigen Niederschlagung der Bewegung durch die Reichswehr und rechtsradikale Freikorps wurde er zu 15 Jahren Festungshaft verurteilt, aber 1924 amnestiert. Zwischen 1925 und 1929 engagierte sich Mühsam in der Gefangenenhilfsorganisation „Rote Hilfe" und Anfang der 1930er Jahre in der anarcho-syndikalistischen Freien Arbeiter-Union Deutschlands (FAUD). Kurz nach der Machtergreifung durch die Nationalsozialisten wurde Mühsam verhaftet und am 10.6.1934 im Konzentrationslager Oranienburg ermordet.

Most, Johann (1846–1906) kam in Augsburg in ärmlichen Verhältnisse zur Welt. 1868 zog er nach Wien und machte sich in der sozialdemokratischen Arbeiterbewegung als begnadeter Redner einen Namen. Nach seiner Rückkehr nach Deutschland übernahm Most den Posten des Chefredakteurs der Arbeiterzeitung „Chemnitzer Freie Presse". 1874 wurde er als jüngster Abgeordneter in den deutschen Reichstag gewählt. Seine mitreißenden Reden brachten ihm mehrfach Gefängnisstrafen ein. Nach Verabschiedung der Sozialistengesetze emigrierte Most nach London, wo er die Zeitung „Freiheit" herausgab. 1880 wurde Most aus der Sozialdemokratischen Arbeiterpartei Deutschlands ausgeschlossen und vollzog eine Wende zum Anarchismus. Ein Artikel, in dem er das Attentat auf den Zaren Alexander II. feierte, führte zu einer Verurteilung zu 16 Monaten Zwangsarbeit. Nach seiner Entlassung ging er in die USA, wo sich die „Freiheit" und Mosts Schriften unter den deutschstämmigen Arbeitern großer Beliebtheit erfreuten. 1886 wurde er in Zusammenhang mit einer Bombenexplosion auf dem Heumarkt in Chicago zu einem Jahr Gefängnis verurteilt.

Negt, Oskar (*1934) wurde in einer Familie von Kleinbauern und Arbeitern in Ostpreußen geboren. Während seines Philosophiestudiums trat er dem Sozialistischen Deutschen Studentenbund (SDS) bei und promovierte 1962 bei Theodor W. Adorno. 1968 wurde Negt zu einem der Wortführer der Außerparlamentarischen Opposition (APO) und des Offenbacher „Sozialistischen Büros". Von 1970 bis 2002 lehrte Negt Soziologie an der Universität Hannover. Zusammen mit Alexander Kluge verfaßte er einflußreiche Schriften wie „Öffentlichkeit und Erfahrung" (1972). Während der Bundestagwahl 1998 engagierte er sich im Beraterstab von SPD-Kanzlerkandidat Gerhard Schröder. 2006 wurde er mit dem Bundesverdienstkreuz 1. Klasse ausgezeichnet.

Ramus, Pierre (1882–1942) wurde als Sohn eines jüdischen Kaufmanns in Wien geboren. Als er 1898 wegen sozialdemokratischer Propaganda aus dem Gymnasium ausgeschlossen wurde, schickten ihn seine Eltern zu Verwandten in die USA. Neben einem Studium an der Columbia-Universität war er dort in der anarchistischen

Bewegung aktiv. 1902 wurde er als angeblicher Streikführer zu fünf Jahren Haft verurteilt, worauf er nach England floh. Nach seiner Rückkehr nach Wien 1907 wurde Ramus ein vielbeachteter anarchistischer Publizist. Mit Beginn des Ersten Weltkrieges wurde er zwei Mal wegen Spionage und Hochverrat verhaftet und stand bis Kriegsende unter Hausarrest. Nach der Revolution von 1918 fungierte er als Vertreter der Anarchisten im Wiener Arbeiterrat. Aufgrund des Einmarsches der deutschen Truppen in Österreich mußte er 1938 fliehen. Er starb 1942 auf dem Schiff, das ihn nach Mexiko ins Exil bringen sollte.

Die **Rote Armee Fraktion** (1970–1998) verstand sich als kommunistische und antiimperialistische „Stadtguerilla", die als Teil einer weltweiten Bewegung eine Revolution in der BRD möglich machen wollte. Sie verübte zahlreiche Anschläge, bei denen bis 1993 insgesamt 34 Personen getötet wurden, vorwiegend Führungskräfte der westdeutschen Wirtschaft und Politik sowie US-Soldaten. 27 Mitglieder und Sympathisanten der Gruppe kamen bei Verhaftungen, Schußwechseln mit der Polizei, wegen Hungerstreik und Selbstmord im Gefängnis ums Leben. Die Befreiung Andreas Baaders im Mai 1970, der wegen einer Kaufhausbrandstiftung aus Protest gegen den Vietnamkrieg eine Haftstrafe abbüßte, gilt als Geburtsstunde der RAF. Der Staat reagierte im Kampf gegen die RAF mit Anti-Terrorgesetzen, Isolationshaft, der Einschränkung der Rechte von Anwälten, Rasterfahndung und Aufrüstung der Polizei. 1998 erklärte die RAF in ihrer Auflösungserklärung das Projekt „Stadtguerilla" für gescheitert.

Die **Rote Zora** war eine feministische und linksradikale Gruppe in der BRD, die sich von den „Revolutionären Zellen" löste und zwischen 1977 und 1995 zahlreiche Sprengstoff- und Brandanschläge verübte. Der Name der Gruppe bezog sich auf das Jugendbuch „Rote Zora und ihre Bande" von Kurt Held (1941). Zu den Anschlagszielen gehörten Forschungseinrichtungen und Unternehmen, die zur Gentechnik forschten oder in Ländern der Dritten Welt billig produzieren ließen, sowie auch Sexshops oder die philippinische Botschaft. 2007 wurde ein Mitglied der Gruppe nach einem Geständnis der Beteiligung an zwei Anschlägen zu zwei Jahren Haft auf Bewährung verurteilt.

Sartre, Jean-Paul (1905–1980) war ein französischer Philosoph, der als Hauptvertreter des Existenzialismus gilt. Er studierte an der Elitehochschule École normale supérieure. Ab Mitte der 1930er Jahre wurde er durch seine Romane, philosophische Schriften und Theaterstücke berühmt. Während der deutschen Besatzung Frankreichs im Zweiten Weltkrieg war Sartre im Widerstand aktiv. Nach der Niederschlagung des Aufstandes in Ungarn durch die sowjetische Armee 1956 wandte er sich von der Kommunistischen Partei Frankreichs (KPF) ab und wurde zum Kritiker des Stalinismus. Im Gegensatz zur Partei setzte sich Sartre für die Unabhängigkeit Algeriens ein und unterstützte die algerische FLN (Nationale Befreiungsfront). Während der Pariser Maiunruhen 1968 begrüßte er die Revolte der Studierenden und Arbeiter. Für einige Jahre sympathisierte er mit der maoistischen Bewegung in Frankreich. Er war außerdem der Lebensgefährte der bedeutenden feministischen Theoretikerin Simone de Beauvoir.

Steinberg, Isaac (1888–1957) trat 1906 während seines Jurastudiums an der Staatlichen Universität in Moskau der Partei der Sozialrevolutionäre bei. Im deutschen Exil machte er 1910 seinen Doktor in Jura an der Universität Heidelberg. In Rußland nahm er aktiv an der Oktoberrevolution teil und wurde Volkskommissar für Justiz in der Koalitionsregierung der Bolschewiki mit den linken Sozialrevolutionären. Aus Protest gegen den Friedensschluß von Brest-Litowsk zwischen Rußland und dem deutschen Kaiserreich legte er im März 1918 sein Amt nieder. Als Kritiker des Bolschewismus wurde er 1923 ausgewiesen und ging nach Deutschland. Steinberg mußte vor den Nazis nach London fliehen, wo er in der „Freeland League" aktiv wurde, die sich für die Ansiedlung von jüdischen Flüchtlingen in Australien und später in Surinam einsetzte. In den USA wurde er als orthodoxer Jude ein führender Aktivist der jiddischen Sprach- und Kulturbewegung.

Trotzki, Leo (1879–1940) gründete 1897 den südrussischen Arbeiterbund. 1899 wurde er wegen sozialdemokratischer Aktivitäten nach Sibirien verbannt. Nach gelungener Flucht ins Exil nach London gehörte er zu den leitendenden Redakteuren der Zeitschrift „Iskra". Die nächsten Jahre kam es zu Konflikten mit Lenin, da Trotzki dessen Konzeption einer Avantgardepartei von Berufsrevolutionären kritisierte. Nach seiner Teilnahme an der russischen Revolution von 1905 wurde er ein zweites Mal zu lebenslanger Verbannung verurteilte, konnte aber wieder ins Exil fliehen. Im Zuge der Februarrevolution von 1917 kehrte er nach Rußland zurück, schloß sich den Bolschewiki an und wurde in das Zentralkomitee gewählt. Als Vorsitzender des Petrograder Sowjets und Leiter der „Roten Garden" spielte Trotzki in der Oktoberrevolution und im Bürgerkrieg als Volkskommissar für Kriegswesen eine wichtige Rolle. Als sich die Konflikte mit der Parteiführung um Stalin häuften, wurde Trotzki als einer der Führer der „Linken Opposition" schließlich 1928 in die Türkei ausgewiesen. Im mexikanischen Exil gründete er die „Vierte Internationale". Am 21.8.1940 starb er infolge eines Anschlags eines sowjetischen Agenten.

Quellen

Kapitel I

Lenin, Wladimir Iljitsch (1983): „Das Militärprogramm der Proletarischen Revolution", in: Über sozialistische Landesverteidigung, Berlin: Dietz Verlag, 71-84.

Ramus, Pierre (2001): Erkenntnis und Befreiung: Konturen einer libertären Sozialverfassung, Wien: Verlag Monte Verita, 80-89

Mao Zedong (1968): „Probleme des Krieges und der Strategie" in: Ausgewählte Werke, Band II, Peking: Verlag für fremdsprachige Literatur, 255-271.

Debray, Régis (1967): Revolution in der Revolution? Bewaffneter Kampf und politischer Kampf in Lateinamerika, München: Trikont Verlag, 43-59.

Kapitel II

Figner, Wera (1928): Nacht über Rußland. Lebenserinnerungen von Wera Figner, Berlin: Malik Verlag, 69-172. (gekürzt)

Most, Johann (1972): „Es lebe der Tyrannenmord!" in: Erwin Oberländer (Hg.): Dokumente der Weltrevolution: Der Anarchismus, Olten u. Freiburg im Breisgau: Walter Verlag, 291-296.

Luxemburg, Rosa (1905): „Terror", in: Gesammelte Werke, Band 1, Berlin (Ost): Dietz Verlag, 519-522.

Trotzki, Leo (1911): „Über den Terror" in: Der Kampf, Band V, Heft 2.

Landauer, Gustav (1901): Anarchische Gedanken über den Anarchismus, in: Die Zukunft, 10.

Mühsam, Erich (1988): Befreiung der Gesellschaft vom Staat, Berlin: Karln Kramer Verlag.

Kapitel III

Kautsky, Karl (1919): Terrorismus und Kommunismus: Ein Beitrag zur Naturgeschichte der Revolution, Berlin: Verlag Neues Vaterland, E. Berger & Co.

Trotzki, Leo (1920): Terrorismus und Kommunismus: Anti-Kautsky, Hamburg: Verlagsbuchhandlung Carl Hoym., S. 35-44

Steinberg, Isaac (1981): Gewalt und Terror in der Revolution: Das Schicksal der Erniedrigten und Beleidigten in der russischen Revolution, Berlin: Karin Kramer Verlag, 289-311.

Malatesta, Errico (1980): „Revolutionärer Terror" in: Gesammelte Schriften, Band 2, Berlin: Karin Kramer Verlag.

Kapitel IV

Fanon, Frantz (1961): Die Verdammten dieser Erde, Frankfurt am Main: Suhrkamp, 31-78 (gekürzt).

King, Martin Luther (1993): Aufruf zum zivilen Ungehorsam, Düsseldorf: Econ, 83-102 (gekürzt).

Cleaver, Eldridge (1970): Nach dem Gefängnis, Reinbek bei Hamburg: Rowohlt, 75-79.

Kapitel V

„Die Rote Armee Fraktion: Das Konzept Stadtguerilla" (1997), in: ID-Verlag (Hg.): Rote Armee Fraktion: Texte und Materialien zur Geschichte der RAF, Berlin: ID-Verlag, 27-48.

Negt, Oskar (1972): Keine Solidarität mit der RAF. Rede zum Angela-Davis-Kongress 1972, in: W&F Wissenschaft & Frieden, 5.6.2001.

„Schreckliche Situation – Interview mit Sartre über seinen Besuch bei Baader" (1974), in: Der Spiegel (1974), Nr.49.

„Interview mit der Roten Zora" (1993) in: ID-Archiv im IISG (Hg.): Die Früchte des Zorns: Texte und Materialien zur Geschichte der Revolutionären Zellen und der Roten Zora, Berlin: ID-Verlag.

Weiterführendes

Literatur

Bakunin, Michael (1980): „Gewalt für den Körper, Verrat für die Seele?" Ein Brief von Michael Bakunin an Sergej Necaev. Eine Debatte über Ethik und Moral der Revolutionäre und den „Revolutionären Katechismus", Berlin: Karin Kramer Verlag.
Benjamin, Walter (1985): Zur Kritik der Gewalt und andere Aufsätze, Frankfurt(M): Suhrkamp.
Derrida, Jacques (1998): Gesetzeskraft: der „mystische Grund der Autorität", Frankfurt am Main: Suhrkamp.
Djilas, Milovan (1978): Der Krieg der Partisanen: Memoiren 1941-1945, Wien: Molden.
Engels, Friedrich (1958): Ausgewählte militärische Schriften, Berlin: Verlag des Ministeriums für Nationale Verteidigung.
Grünberg, Karl (1919): Die sozialistische Volkswehr. „Sozialistische Volkswehr" an Stelle des stehenden Kasernenheeres! Praktische Anregungen und Vorschläge für eine sofortige Umrüstung Deutschlands im Sinne des „Erfurter Programms", Berlin: H. Hoffmann's Verlag.
Guevara, Ernesto Che (1986): Guerillakampf und Befreiungsbewegung, Dortmund: Weltkreis-Verlag.
Haritz, Detlef (1983): Zwischen Miliz und stehendem Heer: der Milizgedanke in der sozialdemokratischen Militärtheorie 1848 bis 1917, Berlin: Freie Universität, Dissertation.
Hikel, Christine und Sylvia Schraut (Hg.) (2012). Terrorismus und Geschlecht: politische Gewalt in Europa seit dem 19. Jahrhundert, Frankfurt, Main: Campus-Verlag.
ID-Archiv im IISG (Hg.) (1993): Die Früchte des Zorns: Texte und Materialien zur Geschichte der Revolutionären Zellen und der Roten Zora, Berlin: ID-Verlag.
ID-Verlag (Hg.) (1997): Rote Armee Fraktion: Texte und Materialien zur Geschichte der RAF, Berlin: ID-Verlag.
Kampwirth, Karen (2002): Women and Guerrilla Movements: Nicaragua, El Salvador, Chiapas, Cuba, University Park: Pennsylvania State University Press.
Kippenberger, Hans (Hg.) (1971): Der bewaffnete Aufstand: Versuch einer theoretischen Darstellung, Frankfurt (M): Europäische Verlagsanstalt.
Kraushaar, Wolfgang (2006): Die RAF und der linke Terrorismus, Hamburg: Hamburger Ed.
Le Duan (1973): Die vietnamesische Revolution: Grundprobleme und Hauptaufgaben, Frankfurt am Main: Verlag Marxistische Blätter.
Lenin, W.I. (1957): Clausewitz' Werk „Vom Kriege." Auszüge und Randglossen, Berlin: Verlag des Ministeriums für Nationale Verteidigung.
Lenin, W.I. (1983): Über sozialistische Landesverteidigung, Berlin: Dietz Verlag.
Marin, Lou (Hg.) (2013): Albert Camus – Libertäre Schriften (1948-1960), Hamburg: Laika Verlag, 2013.

Maschke, Günter (1973): Kritik des Guerillero: zur Theorie des Volkskriegs, Frankfurt am Main: S. Fischer.
Mayer, Arno J. (2000): The Furies: Violence and Terror in the French and Russian Revolutions, Princeton: Princeton University Press.
Nowosadtko, Jutta (2002): Krieg, Gewalt und Ordnung: Einführung in die Militärgeschichte, Tübingen: Edition Diskord.
Ryan, James (2012): Lenin's Terror: The Ideological Origins of Early Soviet State Violence, London: Routledge.
Schmieding, Walther (1979). Aufstand der Töchter: Russische Revolutionärinnen im 19.Jahrhundert, München: Kindler.
Schmitt, Carl (1992): Theorie des Partisanen: Zwischenbemerkung zum Begriff des Politischen, Berlin: Duncker & Humblot.
Schickel, Joachim (Hg.) (1970): Guerrilleros, Partisanen: Theorie und Praxis, München: Hanser.
Straßner, Alexander (Hg.) (2009): Sozialrevolutionärer Terrorismus: Theorie, Ideologie, Fallbeispiele, Zukunftsszenarien, Wiesbaden: VS Verlag für Sozialwissenschaften.
Tolmein, Oliver (2002): „RAF - das war für uns Befreiung": ein Gespräch mit Irmgard Möller über bewaffneten Kampf, Knast und die Linke, Hamburg: Konkret-Literatur-Verlag.
WILDCAT und ihre Freunde (Übers.) (1986): Rote Brigaden: Fabrikguerilla in Mailand 1980-81: Ex-Militante der Kolonne Walter Alasia erzählen ihre Geschichte, Berlin: Sisina.
Zhang Ning (2008): „The Political Origins of Death Penalty Exceptionalism: Mao Zedong and the Practice of Capital Punishment in Contemporary China", in: Punishment and Society, Vol. 10, No. 2, 120.

Filme

Globale Linke in den 1960er und 1970er Jahren:
A Grin without a Cat (Frankreich 1977, Regie: Chris Marker)

Algerischer Unabhängigkeitskrieg:
Die Schlacht von Algier (Algerien 1966, Regie: Gilo Pontecorvo)

Black Panther und Bürgerrechtsbewegung:
Eyes on the Prize: America's Civil Rights Years 1954–1985 (USA 1987–90, Produktion: Henry Hampton)
Panther (USA 1995, Regie: Mario Van Peebles)

Kubanische Revolution
Soy Cuba (Kuba 1964, Regie: Mikhail Kalatozov)

Chinesische Kulturrevolution:
Morning Sun (USA 2003, Regie: Carma Hinton, Geremie Barmé, Richard Gordon)

Chile 1973:
Die Schlacht um Chile (Chile 1973-1979, Regie Patricio Guzmán)

Österreichische Bauernrevolte:
Die Siebtelbauern (Ö/D 1998, Regie: Stefan Ruzowitzky)

Mexikanische Revolution:
„*Viva Zapata!*" (USA 1952, Regie: Elia Kazan, Drehbuch: John Steinbeck)

Spanischer Bürgerkrieg
Durruti – Biographie einer Legende (BRD 1972, Regie: Hans Magnus Enzensberger)

„Stadtguerilla" und Terrorismus:
Die Reise (Deutschland, Schweiz 1985-86, Regie: Markus Imhoof)
Die Rote Zora (Ö/D 2000, Regie: Oliver Ressler)
Die Stille nach dem Schuss (Deutschland 2000, Regie: Volker Schlöndorff)
United Red Army (Japan 2007, Regie: Koji Wakamatsu)
The Weather Underground (USA 2002, Regie: Sam Green, Bill Siegel)
Starbuck Holger Meins: Ein Porträt als Zeitbild (Deutschland 2001, Regie: Gerd Conradt)
Carlos: Der Schakal (Frankreich/Deutschland 2010, Regie: Olivier Assayas)

Theaterstücke

Bertolt Brecht, Die Maßnahme (1930)
Jean-Paul Sartre, Die schmutzigen Hände (1948)

Edition Linke Klassiker im Promedia Verlag

Barbara Eder/Felix Wemheuer (Hg.)
Die Linke und der Sex
Klassische Texte zum wichtigsten Thema

ISBN 978-3-85371-327-3, br.,
176 Seiten, 12,90 €

Fritz Keller/Stefan Kraft (Hg.)
Rosa Luxemburg
Denken und Leben
einer internationalen Revolutionärin

ISBN 978-3-85371-232-0, br.,
176 Seiten, 12,90 €

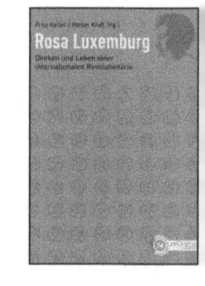

Angelika Ebbinghaus (Hg.)
Die 68er
Schlüsseltexte der globalen Revolte

ISBN 978-3-85371-278-8, br.,
224 Seiten, 12,90 €

PROMEDIA

Gesamtkatalog: Wickenburgg. 5/12, A-1080 Wien
Fax: +43 1 405 71 59-22,
www.mediashop.at, promedia@mediashop.at

Dieter Reinisch (Hg.)
Der Urkommunismus
Auf den Spuren der egalitären Gesellschaft

ISBN 978-3-85371-350-1, br.,
176 Seiten, 12,90 €

Gerhard Senft (Hg.)
Essenz der Anarchie
Die Parlamentarismuskritik
des libertären Sozialismus

ISBN 978-3-85371-253-3, br.,
176 Seiten, 12,90 €

Wolfgang Kruse (Hg.)
Die Französische Revolution
Programmatische Texte
von Robespierre bis de Sade

ISBN 978-3-85371-341-9, br.,
176 Seiten, 12,90 €

PROMEDIA

Gesamtkatalog: Wickenburgg. 5/12, A-1080 Wien
Fax: +43 1 405 71 59-22,
www.mediashop.at, promedia@mediashop.at

Edition Linke Klassiker

im
Promedia
Verlag